힘들 때 읽어두면
든든한 힘이 되는
진짜 기본
강아지 육아
304

KOGATAKEN KARA OGATAKEN MADE,
GENEKI JUISHI GA KENSHUBETSU NO NAYAMI MO KAISETSU!
INU TAIZEN 304
© Koichi Fujii 2021
First published in Japan in 2021 by KADOKAWA CORPORATION, Tokyo.
Korean translation rights arranged with KADOKAWA CORPORATION, Tokyo through
Shinwon Agency Co., Seoul.

이 책의 한국어판 저작권은 신원에이전시를 통한 저작권자와의 독점 계약으로 삼호미디어에 있습니다.
신 저작권법에 의하여 한국 내에서 보호를 받는 저작물이므로 무단전재와 무단복제를 금합니다.

틈날 때 읽어두면
든든한 힘이 되는

진짜 기본
강아지 육아
304

후지이 고이치 지음 | 장하나 옮김

저자의 말

사랑하는 반려견과 함께 오래오래 건강하고 행복한 삶을 만들어보세요

강아지는 '어쩐지 키우기'가 어렵다. 제가 지난 30년 동안 수의사 생활을 해오면서 몸소 느낀 바입니다.

반려견의 화장실 교육이나 식사 교육, 사회화 시기의 훈육은 앞으로 우리 강아지의 성격과 삶을 좌우한다고 해도 과언이 아니죠. 키우는 것이 쉽지는 않지만, 반려견과 함께하는 삶은 강아지의 크나큰 사랑과 한결같은 마음을 깨달아가는 행복한 나날이기도 합니다.

'반려견의 건강과 행복은 반려인에게 달려 있다.' 이번 기회에 이 말을 전하고 싶어서 책을 집필했습니다.

반려인들은 모두 강아지도 사람처럼 오래오래 살며 '평생 건강했으면 좋겠다'고 바라지요.

강아지의 질환은 견종에 따른 차이도 크고, 이런 아이가 있는가 하면 저런 아이도 있습니다. 또한 신체 증상은 여러 가지 요인이 얽혀 있어서 '설사를 하니까 이런 질환이다' 라고 일률적으로 말할 수는 없어요. 하지만 반려인 스스로 원인을 유추하여 당장 병원에 가야 할지를 판단할 수만 있어도 불안에 떨며 시간을 허비하는 일은 피할 수 있답니다.

 이 책에는 반려견과 오래오래 건강하고 행복한 삶을 만들 수 있도록 지금까지 쌓아온 저의 경험들을 모두 담았습니다. 반려인이 반려견과의 유대를 깊게 하고, 불안을 떨치는 데 도움이 된다면 더할 나위 없이 기쁠 것입니다.

후지이 동물병원 원장 후지이 고이치

CONTENTS

저자의 말 · 4

1 가장 알고 싶은 강아지의 마음

마음 강아지의 이런 점이 궁금해요!

- 001 강아지도 웃나요? ········· 22
- 002 강아지도 희로애락을 느끼나요? ········· 23
- 003 왜 오줌 쌀 때 다리를 들까요? ········· 24
- 004 배를 보이는 건 복종의 신호인가요? ········· 25
- 005 꼬리를 흔드는 건 좋아서 그러는 건가요? ········· 26
- 006 강아지의 마음은 어느 부위로 알 수 있나요? ········· 28
- 007 강아지가 왠지 절 싫어하는 것 같아요... ········· 29
- 008 여성과 남성 중 누굴 더 좋아해요? ········· 30
- 009 성견이 되었는데도 얼굴이 귀여워요~ ········· 31
- 010 어떻게 그렇게 제 마음을 잘 알까요~ ········· 32
- 011 혹시 사람이 하는 말을 이해할까요? ········· 33
- 012 고개를 갸우뚱하고 바라보는 모습이 너무 귀여워요~ ········· 34
- 013 눈을 마주치는 건 왜 그런 거죠? ········· 35
- 014 아이 콘택트는 어떻게 가르치죠? ········· 36
- 015 왜 그렇게 놀고 싶어 할까요? ········· 37
- 016 울음소리의 의미를 알고 싶어요 ········· 38
- 017 풀을 샐러드처럼 먹어요! ········· 39
- 018 왜 그렇게 냄새를 맡는 걸까요? ········· 40
- 019 강아지 사회에선 어떻게 교류하나요? ········· 41
- 020 강아지들끼리도 서로 잘 맞는지 알 수 있나요? ········· 42
- 021 자는 모습이 너무 독특해요 ········· 44
- 022 잠꼬대를 하는 건 꿈을 꾸고 있어서인가요? ········· 45
- 023 다른 강아지를 질투할 때도 있나요? ········· 46
- 024 강아지도 새침데기가 있나요? ········· 47
- 025 사이렌이 울리면 하울링해요 ········· 48
- 026 왜 입을 핥을까요? ········· 49

027	올려다보는 강아지가 너무 귀여워요	50
028	발바닥에서 팝콘 냄새가 나요~	51
029	방방 뛰는 건 좋아서 그런 건가요?	52
030	사람을 어떻게 생각할까요?	53

행동 이런 행동은 가끔 걱정스러워요

031	우리 아이는 커뮤니케이션에 서툰 것 같아요	54
032	강아지에게 친구가 꼭 있어야 하나요?	55
033	안을 때 '킹' 하고 울어요	56
034	혼자 집을 지키게 하면 싫어할까요?	57
035	초인종 소리에 짖어요	58
036	간식이 눈앞에 있어도 모르는데 눈이 안 좋아서 그런 건가요?	59
037	똥을 싸기 전에 왜 빙글빙글 돌까요?	60
038	왜 똥을 먹나요?	61
039	왜 똥 위에서 뒹구는 건가요?	62
040	막 세탁한 옷에서 노는 건 왜 그럴까요?	63
041	마운팅의 의미를 알고 싶어요	64
042	화장실까지 따라오는 건 한시도 떨어지고 싶지 않아서겠죠?	65
043	강아지가 함께 자려고 하지 않아요!	66
044	혼내는데 하품을 해요...	67
045	혹시 스트레스를 받고 있을까요?	68
046	말을 잘 안 들어요~	69
047	왜 주의를 줘도 계속 반복하죠?	70
048	꼬리를 쫓아 빙글빙글 돌아요	71
049	우리 강아지는 겁쟁이일까요?	72
050	배웅이나 마중을 안 해줘요...	73
051	가볍게 무는 건 왜 그럴까요?	74
052	강아지에게 몰래카메라를 해도 괜찮나요?	75

알고 보면
어렵지 않아요 멍~

식사 · 화장실 · 산책이 가장 중요해요

식사 어떤 사료가 좋을까요?

- **053** 사료 종류가 너무 많아서 못 고르겠어요! ············ 78
- **054** 성장 단계나 견종에 맞는 사료로 바꿔야 할까요? ········ 79
- **055** 원하는 만큼 사료를 주면 안 되겠죠? ············ 80
- **056** 사료는 하루에 몇 번 주는 게 좋아요? ············ 81
- **057** 이 사료가 우리 강아지에게 맞을까요? ············ 82
- **058** 올바른 사료 보관법을 알고 싶어요 ············ 83
- **059** 씹지 않고 삼키는데 괜찮을까요? ············ 84
- **060** 습식 사료만 먹고 싶어 해요! ············ 85
- **061** 강아지는 무슨 맛을 좋아해요? ············ 86
- **062** 강아지에게 생고기를 먹여도 되나요? ············ 87
- **063** 강아지가 먹으면 안 되는 음식을 알고 싶어요 ············ 88
- **064** 사료 색깔을 보면 솔직히 맛없어 보여요... ············ 90
- **065** 입맛이 없어 보일 땐 어떻게 해야 하나요? ············ 91
- **066** 매일 똑같은 사료만 먹으면 물리지 않을까요? ············ 92
- **067** 하루 간식은 어느 정도가 적당한가요? ············ 94
- **068** 보상으로 어떤 간식을 주면 좋을까요? ············ 95
- **069** 우족이 맛있나요? ············ 96
- **070** 사료와 수제 음식, 어느 쪽이 좋나요? ············ 97
- **071** 토핑이 없으면 사료를 먹지 않아요... ············ 98
- **072** 식기는 어떤 타입이 좋나요? ············ 99

물 잘 먹고 잘 마시는 건 건강하다는 증거?

- **073** 하루 음수량의 기준은 얼마인가요? ············ 100
- **074** 물을 어느 정도 마시고 있는지 알고 싶어요 ············ 101
- **075** 물을 줄 때 주의할 점이 있나요? ············ 102

- **076** 우리 강아지는 물 마시는 게 서툰 것 같아요... ········· 103
- **077** 물을 쉽게 마시게 해주는 방법이 있나요? ··········· 104

화장실 실내 배변이냐, 실외 배변이냐, 그것이 문제로다...

- **078** 대소변은 하루에 몇 번이 적당한가요? ············· 106
- **079** 실내 배설과 실외 배설 중 어느 쪽이 좋은가요? ········ 107
- **080** 화장실 교육법을 알려주세요! ·················· 108
- **081** 산책을 시작했더니 밖에서만 배설하려고 해요! ········ 110
- **082** 강아지에게는 어떤 화장실이 이상적인가요? ·········· 111
- **083** 실내 화장실은 어디에 마련하는 게 좋나요? ·········· 112
- **084** 배변 패드를 갈기갈기 찢어요~ ················· 114
- **085** 화장실을 못 가려요~ ······················ 115

좋아하는 거니까
놓치지 않을 거예요 멍~

산책 산책은 강아지의 삶의 낙

- **086** 산책을 하지 않는 강아지도 있나요? ·············· 116
- **087** 하루 산책은 어느 정도가 적당한가요? ············· 117
- **088** 산책 중에 반려인이 조심할 점은 무엇인가요? ········· 118
- **089** 산책하다가 갑자기 안 움직여요~ ··············· 119
- **090** 산책 코스는 매일 바꾸는 게 좋나요? ············· 120
- **091** 더운데도 물을 잘 마시지 않아 걱정이에요 ··········· 122
- **092** 겨울 산책에선 무엇을 주의해야 하나요? ············ 123
- **093** 비 오는 날에도 산책을 하는 게 좋나요? ············ 124
- **094** 강아지에게도 옷이 필요할까요? ················ 125
- **095** 옷을 입힐 때 주의 사항이 있나요? ··············· 126
- **096** 산책 중 배뇨 매너에 대해서 알고 싶어요 ··········· 127
- **097** 산책하고 나면 발바닥을 닦아줘야 하나요? ·········· 128
- **098** 주의해야 하는 관리가 있으면 알려주세요 ··········· 129

3 귀엽고 궁금한 강아지의 생태

생태 강아지의 신체 기능은 이렇게 대단해요

- **099** 냄새를 너무 잘 맡아도 피곤할 것 같아요... ··············· 132
- **100** 코가 짧은 개는 냄새를 잘 못 맡나요? ··············· 133
- **101** 축 처진 귀라도 잘 들리나요? ··············· 134
- **102** 강아지 귀에서 냄새가 나요... ··············· 135
- **103** 계산을 할 수 있는 강아지도 있나요? ··············· 136
- **104** 그럼 강아지는 얼마나 영리한가요? ··············· 137
- **105** 강아지의 조상은 역시 늑대인가요? ··············· 138
- **106** 가리킨 방향으로 고개를 돌리는데 정말 대단한 것 같아요 ··· 139
- **107** 강아지의 수염은 왜 있나요? ··············· 140
- **108** 강아지는 순산한다던데 진짜인가요? ··············· 141

성격 견종마다 성격은 천차만별이에요

- **109** 실제로 개와 원숭이는 사이가 나쁜가요? ··············· 142
- **110** 강아지의 성격은 어떻게 결정되나요? ··············· 143
- **111** 견종별 성격을 알려주세요 ··············· 144

장점 강아지와 함께하는 삶은 건강에도 좋아요!

- **112** 강아지를 기르면 건강해지나요? ··············· 146
- **113** 강아지는 아이의 교육에도 긍정적인가요? ··············· 148
- **114** 나이가 많은데 강아지를 키워도 될까요? ··············· 149

4 강아지와 함께 살고 싶어요

반려인은 내 가족이에요 멍~

입양 강아지는 어디서 어떻게 입양하나요?

- 115 강아지는 어디서 입양하면 좋나요? ········· 152
- 116 동물보호센터와 보호견에 대해서 알고 싶어요 ········· 153
- 117 강아지를 선택할 때 중요한 점은 무엇인가요? ········· 154
- 118 아기강아지의 성격을 쉽게 파악할 수 있는 방법이 있을까요? ·· 155
- 119 사회화가 뭐예요? ········· 156
- 120 사회화는 언제까지 계속하는 거죠? ········· 157
- 121 60세가 넘어서 강아지를 키우고 싶어지면 어쩌죠? ········· 158
- 122 강아지가 혼자 남게 될까 봐 걱정돼요... ········· 159
- 123 여러 강아지를 동시에 키우면 너무 힘들까요? ········· 160
- 124 두 마리를 키울 때 주의해야 할 점은 무엇인가요? ········· 161
- 125 역시 먼저 살던 강아지를 먼저 챙겨야 할까요? ········· 162
- 126 고양이와 살고 있는데 강아지를 키워도 괜찮을까요? ········· 163

입양 백신 접종과 중성화 수술이 궁금해요

- 127 백신 접종에 대해서 알고 싶어요 ········· 164
- 128 백신은 언제 접종하는 게 좋을까요? ········· 165
- 129 아기강아지를 입양했을 때 해야 할 일이 많아서 혼란스러워요! ··· 166
- 130 광견병은 어떤 질환이에요? ········· 168
- 131 하지만 일본에서는 광견병이 발생하지 않잖아요 ········· 169
- 132 백신 부작용이 걱정돼요 ········· 170
- 133 면역이 생길 때까지 기다리면 사회화 시기가 끝나잖아요! ······ 172
- 134 중성화 수술에 대해서 알고 싶어요 ········· 173
- 135 중성화 수술은 언제 하면 좋나요? ········· 174
- 136 중성화 수술을 하면 성격이 변하나요? ········· 175

| 입양 | **강아지가 안전하게 살기 위한 훈육** |

137	강아지 훈육은 꼭 필요하나요?	176
138	훈육을 하려니 불쌍해요...	177
139	꼭 가르쳐야 할 지시는 무엇인가요?	178
140	훈육이 어려워요...	179
141	전문가에게 트레이닝을 받는 경우도 있나요?	180

5 스트레스 없는 삶이 중요해요

요즘 너무 집에만 있었어요 멍~

| 삶 | **매일의 관리가 수명을 연장해요** |

142	양치질로 수명을 연장할 수 있다는 게 사실인가요?	184
143	입안을 보면 건강 상태를 알 수 있나요?	185
144	강아지가 싫어해서 양치질을 잘 못하겠어요	186
145	칫솔로 치주낭의 치석을 제거할 수 있나요?	188
146	마취 없이 치석을 제거하고 싶어요...	189
147	강아지는 어디를 만져주면 좋아하나요?	190
148	강아지 마사지법을 알려주세요	191
149	강아지도 어깨가 결리나요?	192
150	강아지의 발톱은 깎아주는 게 좋나요?	193
151	발톱을 잘 못 깎겠어요	194
152	발톱을 깎을 때 주의할 점이 있나요?	195
153	빗질을 해줘야 하나요?	196
154	강아지도 목욕해야 하나요?	197
155	샤워를 무서워해요...	198
156	샤워 후에는 꼭 드라이기로 말려줘야 하나요?	199

157	항문낭이 막힐 수도 있나요?	200
158	항문낭 짜는 방법을 알려주세요!	201
159	있으면 도움이 되는 케어 아이템을 알고 싶어요	202

삶 요즘은 집에서 시간을 보내는 일이 늘었어요

160	실내와 실외, 어디에서 기르는 게 좋나요?	204
161	실내에서는 풀어놔도 괜찮나요?	205
162	어떤 공간이 강아지가 지내기에 좋나요?	207
163	밖에 강아지 집을 둔다면 어디가 가장 좋을까요?	208
164	음악을 틀면 강아지가 가버려요...	210
165	강아지의 건강을 해치는 뜻밖의 원인이 있으면 알려주세요	211

사계절 더위는 강아지에게 가장 큰 적!

166	강아지에게 쾌적한 온도는 몇 도인가요?	212
167	강아지가 열사병에 걸리지 않을까 걱정돼요...	213
168	평소 체온을 재두는 편이 좋을까요?	214
169	열사병에 걸리면 어떻게 해야 하나요?	215
170	천둥을 무서워해요!	216
171	썸머컷을 하고 싶은데 자외선이 걱정돼요	218
172	강아지를 두고 집을 비울 때는 무엇을 조심해야 하나요?	219
173	강아지 몸이 차요! 괜찮을까요?	220
174	공기가 너무 건조한 것 같아요	221

용품 매일 쓰는 물건이니까...

175	목줄과 하네스 중 어느 쪽이 좋아요?	222
176	매너 벨트를 착용한 채로 자도 되나요?	223
177	강아지를 두고 집을 비울 때 주면 좋은 장난감을 알고 싶어요	224
178	강아지 용품은 어떻게 관리하나요?	225

위험 집 안의 여러 가지 위험한 요소

179 강아지가 잘못 삼키기 쉬운 것을 알고 싶어요 ·················· 226
180 수건을 너무 좋아해서 놓질 않아요 ······························· 227
181 관엽식물을 만져서 그만하라고 했어요~ ························ 228
182 담배 연기는 강아지에게도 당연히 안 좋나요? ················ 230
183 사람 약을 먹여도 되나요? ·· 231
184 살충제나 세제를 잘못 먹을까 봐 걱정이에요 ·················· 232
185 사고가 발생하기 쉬운 시기가 있나요? ··························· 233

해충 벼룩, 진드기 대책의 최신 상식

186 벼룩과 진드기 구제는 언제 시작하면 좋을까요? ·············· 234
187 추천하는 구충제를 알려 주세요! ·································· 235
188 실내에서 키워도 벼룩과 진드기 대책이 필요하나요? ········ 236
189 심장사상충이란 어떤 질병인가요? ································ 238
190 검사 상으로는 기생충이 없다고 하는데 대책이 꼭 필요하나요? ··· 239
191 벼룩과 진드기 대책으로 주의해야 할 점은 무엇인가요? ······ 240
192 강아지가 사람에게 옮기는 병이 있나요? ························ 241

외출 함께 여기저기 가고 싶어요!

193 반려견 놀이터를 이용할 때 주의점은 무엇인가요? ············ 242
194 반려견 놀이터에서 놀고나서 축 늘어져 있어요... ············ 243
195 차를 타고 멀리 갈 때는 무엇을 주의해야 하나요? ············ 244
196 우리 강아지가 차멀미를 하는 것 같아요... ····················· 245
197 강아지와 함께 캠핑을 가도 괜찮을까요? ························ 246
198 강아지에게 쾌적한 이동 가방을 알고 싶어요 ·················· 247

| 돌발상황 | 이럴 땐 어떻게 해야 하나요? |

- **199** 켄넬이 필요한가요? ········· 248
- **200** 켄넬에 들어가질 않아요... ········· 249
- **201** 강아지가 달아나버렸어요! ········· 250
- **202** 마이크로칩을 삽입하는 게 좋을까요? ········· 251
- **203** 강아지를 맡기고 싶은데 괜찮을까요? ········· 252
- **204** 재해를 대비해서 해야 할 일은 무엇인가요? ········· 253
- **205** 반려견이 사람을 물었어요 ········· 254
- **206** 사고를 막기 위해 해야할 일은 무엇인가요? ········· 255
- **207** 강아지 학대 현장을 목격했어요! ········· 256
- **208** 알 수 없는 바이러스가 유행하면 어떻게 해야 하나요? ········· 257

6 건강 이상 신호를 놓치지 마세요

| 건강 | 신체 변화를 알아채고 싶어요 |

- **209** 강아지의 컨디션은 어떻게 알 수 있죠? ········· 260
- **210** 소형견이 더 약한가요? ········· 261
- **211** 강아지를 쓰다듬다가 멍울을 발견했어요! ········· 262
- **212** 작은 멍울이니까 좀 더 지켜봐도 괜찮겠죠? ········· 263
- **213** 핥은 곳에서 냄새가 나요~ ········· 264
- **214** 치주 질환에 걸리면 어떻게 돼요? ········· 265
- **215** 치아가 갈색인 이유는 충치 때문인가요? ········· 266
- **216** 흔들리는 치아는 빼는 게 좋나요? ········· 267
- **217** 유치와 영구치가 같이 나버렸어요! ········· 268
- **218** 집에서 눈 건강을 확인할 수 있나요? ········· 269

매일 함께하니까 알아채 줄 거죠 멍?

- **219** 강아지 시력이 떨어진 것 같아요 ……………………………… 270
- **220** 눈이 하얗게 흐려져 있어요! 백내장인가요? ………………… 271
- **221** 눈머리에 하얀 막이 있는데 이건 뭔가요? …………………… 272
- **222** 눈곱이 까매요! 이거 병인가요? ………………………………… 273
- **223** 눈 주변이 갈색으로 변색됐어요! ………………………………… 274
- **224** 코를 너무 심하게 골아요... …………………………………… 275
- **225** 호흡이 거친데 괜찮을까요? ……………………………………… 276
- **226** 귀에서 이상한 냄새가 나요... …………………………………… 277
- **227** 콧물이 흘러요. 감기인가요? ……………………………………… 278
- **228** 강아지에게도 알레르기가 있나요? ……………………………… 279
- **229** 계속 발을 핥는데 어떡하죠? ……………………………………… 280
- **230** 활발한 건 좋지만 다칠까 봐 걱정이에요 ……………………… 281
- **231** 걷는 게 뭔가 좀 이상해요 ………………………………………… 282
- **232** 강아지가 화상을 입었어요! ……………………………………… 283

건강 병에 걸렸으면 어쩌죠?

- **233** 소변 색이 평소보다 진해요! ……………………………………… 284
- **234** 오줌이 반짝반짝 빛나요! ………………………………………… 285
- **235** 배뇨 횟수가 늘었는데 괜찮을까요? ……………………………… 286
- **236** 간단한 채뇨 방법을 알려주세요! ………………………………… 287
- **237** 강아지가 변비인 것 같아요... …………………………………… 288
- **238** 건강한 대변은 어떤 상태인가요? ………………………………… 289
- **239** 병원에 가야 할 설사 증상은 무엇인가요? …………………… 290
- **240** 튀김을 줬더니 설사를 해요... …………………………………… 291
- **241** 약을 잘 먹이는 방법을 알고 싶어요! …………………………… 292
- **242** 토했는데 괜찮을까요? …………………………………………… 293
- **243** 토한 것을 먹어버렸어요! ………………………………………… 294
- **244** 왜 갑자기 요가 자세를 잡나요? ………………………………… 295
- **245** 수컷인데 고환이 하나밖에 없는 것 같아요... ………………… 296

246	아기강아지의 기침이 멈추지 않아요	297
247	기침? 재채기? 어느 쪽이죠?	298
248	큰일이에요. 코끝이 말랐어요!	299
249	코피가 나요!	300
250	평소 알아두면 도움이 되는 건 무엇인가요?	301
251	강아지도 마음의 병에 걸리나요?	302

비만 강아지의 비만과 현대병

252	우리 강아지는 많이 먹지도 않는데 살이 쪘어요	304
253	우리 강아지는 날씬한가요? 뚱뚱한가요?	305
254	강아지의 적정 체중을 알고 싶어요	306
255	역시 뚱뚱한 강아지가 병에 걸리기 쉽겠죠?	307
256	어느 정도의 페이스로 감량하면 좋을까요?	308
257	운동만으로 살을 뺄 수 있나요?	309
258	식사량은 얼마만큼 줄이는 게 좋나요?	310
259	다이어트에 추천하는 수제 음식은 무엇인가요?	311

병원 믿을 수 있는 병원을 찾고 싶어요

260	어떨 때 병원에 가야할까요?	312
261	진료 시간이 아닌데 아프면 어떡하죠?	314
262	우리 강아지는 동물병원을 너무 싫어해요...	315
263	증상을 잘 설명하지 못하겠어요!	316
264	당황해서 선생님께 이것저것 물어보지 못했어요	317
265	항생제는 꼭 필요한가요?	318
266	강아지 치료에도 세컨드 오피니언이 필요할까요?	319
267	매일 면회가는 게 민폐는 아닐까요?	320
268	강아지에게도 정밀 의료란 게 있나요?	321
269	정기검진 횟수와 비용이 궁금해요	322
270	강아지에게도 뜸과 침이 효과가 있나요?	323

7. 알면 알수록 재미있는 견종 이야기

견종 견종마다 이렇게 다르다니...

견종마다 크기도 성격도 천차만별이에요 멍~

- **271** 왜 강아지는 고양이보다 종류가 많나요? ········· 326
- **272** 역시 소형견이 더 기르기 쉽겠죠? ············· 327
- **273** 견종별 걸리기 쉬운 질환이 있나요? ············ 328
- **274** 왜 대형견은 수명이 짧나요? ················ 329
- **275** 왜 강아지 나이를 사람 나이로 계산하죠? ········ 330
- **276** 꼬리 없는 강아지가 있다니 신기해요 ··········· 331
- **277** 장모종은 털이 너무 많이 빠져서 힘들어요... ······ 332
- **278** 경찰견은 셰퍼드밖에 할 수 없나요? ············ 333
- **279** 혈통서는 언제 도움이 돼요? ················ 334
- **280** 강아지의 혈액형에 대해서 알고 싶어요 ········· 335

8. 강아지 사회에도 고령화가 찾아왔어요

고령화 강아지의 고령화 사정

나이 들어도 매일 반려인과 놀고 싶어요 멍...

- **281** 강아지의 평균 수명을 알고 싶어요 ············ 338
- **282** 세계에서 가장 오래 산 강아지는 몇 년을 살았나요? ······· 340
- **283** 강아지 성격이 갑자기 나빠졌어요 ············· 341
- **284** 노화 신호는 어디를 보면 알 수 있나요? ········· 342

고령화 세심하게 돌봐주세요

- **285** 나이 든 강아지를 위해 무언가 해주고 싶어요... ······ 344
- **286** 밥을 먹는 게 힘들어 보여요 ················ 345

287	노령견의 식사에서 주의할 점은 무엇인가요?	346
288	고령인데도 식욕이 왕성해요. 괜찮을까요?	347
289	잠만 자는 데 괜찮을까요?	348
290	큰일났어요. 욕창이 생겼어요!	349
291	가장 약해지는 부위는 어디에요?	350
292	화장실을 잘 못가려요	351
293	어떤 '놀이'를 하면 효과적일까요?	352
294	강아지도 치매에 걸리나요?	353
295	치매에 걸렸을 때 어떻게 관리해줘야 하나요?	354

우리 가족과 살아서 다행이에요 멍~

9 강아지의 삶의 질

일생 많은 강아지가 암과 마주하게 돼요

296	강아지의 암에 대해서 알고 싶어요	358
297	암을 예방하는 생활습관을 알려주세요!	359
298	병인지 알아차릴 수 있을까요?	360
299	식사로 서포트할 수 있는 것이 있나요?	361

일생 치료는 강아지의 마음이 최우선이에요

300	언제 수술하면 좋을까요?	362
301	치료 방법이 망설여진다면 어떻게 해야 하나요?	363
302	진통제를 먹이고 싶지 않아요...	364
303	더는 치료할 게 없다고 선고받으면...	365
304	강아지에게 행복이란 무엇일까요?	366
	강아지에게 주로 발병하는 질환 일람	368

1장

가장 알고 싶은 강아지의 마음

- 강아지의 이런 점이 궁금해요!
- 이런 행동은 가끔 걱정스러워요

강아지의 마음

001 강아지도 웃나요?

행복해하는 표정이 꼭 웃는 얼굴 같죠
사람과 닮은 표정도 지을 수 있어요

"우리 아이는 웃어요."

반려인들에게서 자주 듣는 이야기입니다. 눈을 반달처럼 뜨고 입꼬리를 올린 표정이 꼭 사람의 웃는 얼굴 같아서 보고만 있어도 치유받는 느낌이 들죠.

그런데 진짜로 웃는 걸까요? 답은 '웃는 것처럼 보인다'입니다. 개는 '웃는다'는 고차원적인 감정을 느끼지 못하기 때문이에요.

하지만 기쁘거나 편안할 때 보이는 표정이니까, 반려인 눈에 웃는 얼굴로 비친다면 그건 진실이겠죠?

개와 늑대의 표정근을 비교한 결과, 늑대에게는 없지만 개에게는 눈썹을 올리는 내안각거근과 눈꼬리를 귀 쪽으로 바짝 당기는 외안각후인근이 있었습니다. 오랜 세월 사람과 함께 살면서 커뮤니케이션 능력을 기른 결과가 아닐까 합니다.

강아지의 마음

002 　강아지도 희로애락을 느끼나요?

감정은 있지만 죄의식이나 수치심을 느끼는지는 밝혀지지 않았어요

비록 사람처럼 웃을 수는 없지만, 개는 희로애락과 비슷한 감정을 느낄 수 있다고 해요.

다만, 개의 감정 발달은 2~3세 아이 수준에서 그치기 때문에, 3세부터 생기는 죄의식이나 수치심 같은 복잡한 감정을 느끼는지는 아직 증명되지 않았어요.

반려인에게 혼이 난 반려견이 잘못했다는 표정을 보이는 경우가 있는데 이는 반성하는 뜻에서 그러는 게 아닙니다. 애초에 '잘못했다'라는 감정을 느끼지 못하기 때문이죠. '반려인이 웃지 않는다. 그럼 나도 웃지 말아야지.' 이런 반응에 가까워요.

수치심도 마찬가지입니다. 반려견은 뭔가를 잘 해내지 못해 비웃음을 사도 부끄러워하지 않아요. 반려인이 즐거워 보이면 어떤 일에 실패해도 마냥 함께 기뻐합니다. 그런 면에서 보면 굉장히 긍정적이라고 할 수 있겠죠.

마음 — 강아지의 이런 점이 궁금해요!

강아지의 마음
003

왜 오줌 쌀 때 다리를 들까요?

자신을 더 크고 강하게 보이기 위해서죠
소형견일수록 필사적으로 어필한답니다

강아지의 오줌에는 배뇨와 마킹이라는 두 가지 의미가 있어요. 다리를 들어 소변을 보는 건 주로 자신의 세력을 주장하기 위한 마킹입니다.

뒷다리를 치켜들어 최대한 높은 곳에 소변을 보려고 하죠. 자신을 크게 보이려고 까치발을 하거나 물구나무를 서는 강아지도 있을 정도니까요. 소형견일수록 다리를 더더욱 높이 들어 마킹을 하는 경향이 있습니다. 암컷 중에도 이런 아이가 있어요.

중성화 수술을 하지 않은 강아지는 발정기에 마킹 빈도가 증가할 수 있습니다. 도가 지나치다면 수술을 검토해보는 방법도 있어요.

참고로 3kg 이상 포유류의 배뇨 시간이 약 21초로 모두 같다는 사실을 아시나요? 신체 크기가 완전히 달라도 인간과 강아지 모두 배뇨 시간이 같다니 신기하죠.

마음 — 강아지의 이런 점이 궁금해요!

 강아지의 마음 **004**

배를 보이는 건
복종의 신호인가요?

'하지 마세요' 또는 '쓰다듬어 주세요' 같은 동작이라도 반대의 의미가 있답니다

'강아지가 상대에게 배를 보이는 건 복종의 신호'라는 말이 사실일까요?

사실 이 동작은 다양한 의미로 해석할 수 있습니다. 반려인에게 배를 보이는 건 믿고 응석 부리는 증거예요. 즉 '쓰다듬어 주세요'라는 신호지요.

반면에 아무것도 하지 말라는 뜻에서 배를 보이는 경우도 있으므로 판단이 어려울 때도 있어요. 꼬리를 배 쪽으로 만다거나 아래쪽에서 흔들고 있으면 후자의 경우니까 주의해서 봐주세요.

심한 장난을 치다가 혼날 것 같을 때 배를 보이는 경우도 있지만, 이는 복종의 뜻에서 '죄송해요'라고 한다기보다 '이제 그만 좀 하시지'라는 뉘앙스의 신호일 때가 많습니다. '복종'의 뜻에서 배를 보이는 건 주로 강아지들 사이에서 취하는 행동이랍니다.

 마음 강아지의 이런 점이 궁금해요!

강아지의 마음 005

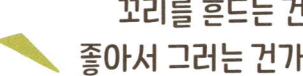

꼬리를 흔드는 건 좋아서 그러는 건가요?

같은 '꼬리 흔들기'라도 위치나 빠르기에 따라 의미가 달라져요
꼬리로 마음을 섬세하게 표현하지요

마음 — 강아지의 이런 점이 궁금해요!

이미 알고 계시겠지만, 강아지는 꼬리로 다양한 기분을 표현해요. 이번 기회에 그 움직임 속에 숨겨진 강아지의 마음을 확인해보면 어떨까요? 오른쪽 페이지에 강아지가 주로 보이는 꼬리의 움직임을 소개했습니다.

펨브록 웰시코기(이하 웰시코기)처럼 꼬리가 거의 없는 개나 퍼그처럼 꼬리가 짧은 개는 꼬리 대신에 엉덩이를 흔들기도 해요.

꼬리는 문에 끼거나 벽에 부딪히는 것만으로도 골절이나 탈구되기 쉬운 부위예요. 어린아이가 있는 집은 아이에게 '꼬리를 잡거나 잡아당기면 안 된다'고 가르쳐주세요.

꼬리의 다양한 역할

- **균형을 잡는다** … 갑자기 방향을 전환할 때 도움이 된다. 수영할 때도 꼬리를 사용한다.
- **체온을 조절한다** … 추운 날에는 코로 차가운 공기가 들어가는 걸 막기 위해, 몸을 둥글게 말거나 꼬리로 얼굴을 가린다.

다리 사이로 말려 들어가 있다
공포를 느끼고 있다.

낮은 위치에서 흔든다
복종하고 있다.

힘을 주어 유지하고 있다
뭔가에 주목하고 있다.

높은 위치에서 털을 곤두세우고 있다
긴장하고 있다.

높은 위치에서 빠르게 흔든다
흥분 상태다.

높은 위치에서 천천히 흔든다
기대하고 있다.

힘을 주어 올리고 있다
자신감에 차 있다.

힘을 빼고 있다
긴장을 푼 상태다.

마음 — 강아지의 이런 점이 궁금해요!

강아지의 마음
006
강아지의 마음은 어느 부위로 알 수 있나요?

눈이나 귀의 움직임으로도 알 수 있지만 재밌는 부위는 입이에요
강아지는 '말'을 잘한답니다

강아지는 귀를 눕히거나 눈을 움직여서도 마음을 표현합니다.

그런데 재밌는 건 입의 움직임이에요. 입으로도 감정을 전달하는데, 주로 다음과 같은 의미가 담겨 있어요.

마음 - 강아지의 이런 점이 궁금해요!

- **입이 살짝 벌어져 있고 혀가 조금 보인다** … 편안한 상태로 안심하고 있다. 눈꼬리가 내려가 있어 웃는 얼굴처럼 보이기도 한다.
- **입을 살짝 벌리고 있지만 혀는 보이지 않는다** … 불안감을 느끼고 있다. 기분이 나쁘지는 않지만 떨떠름한 상태다.
- **입가가 느슨해져 있고 혀가 절반 이상 나와 있다** … 응석을 부리고 싶거나 기대하고 있다. 눈빛이 반짝반짝하다.
- **입을 살짝 다물고 이빨을 드러내고 있다** … 짜증나고 불쾌한 상태다.
- **송곳니나 잇몸을 보인다** … 코 주위에 주름이 잡혀 있으면 완전한 위협 상태다.
- **입을 꾹 다물고 있다** … 뭔가에 집중하고 있다. 긴장하거나 경계 상태일 수 있다.

강아지의 마음
007

 강아지가 왠지 절 싫어하는 것 같아요...

갑자기 다가가지 마세요!
그래도 별 효과가 없다면 반려인과
친한 모습을 보여주세요

강아지가 너무 좋아서 갑자기 쓰다듬거나 껴안지는 않았나요?

  사람과 마찬가지로 강아지도 퍼스널 스페이스(신체를 둘러싼 개인 공간 영역)를 침해받는 걸 무척 싫어한답니다. 이런 경험이 반복된 강아지는 사람을 향해 짖거나 물 수도 있어요. 강아지에게 매우 좋지 않죠.

  혹시 '그런 행동을 하지 않았는데도' 강아지가 자신을 싫어한다고 느끼면 우선 반려인과 친하게 지내는 모습을 보여주세요. '반려인과 아는 사이니까 적이 아니야'라고 느끼게 하는 작전입니다.

> 1 반려인에게 인사한다. 즐겁게 대화한다.
> 2 가볍게 쥔 손을 강아지 앞에 낮은 위치로 내밀어 냄새를 맡게 해서 인사를 나눈다.

  강아지는 높은 톤의 목소리, 부드러운 표정, 느긋한 움직임을 좋아해요. 이런 행동들을 의식해서 해보세요.

강아지의 마음

008 여성과 남성 중 누굴 더 좋아해요?

여성을 더 좋아해요
사실 강아지와 여성은 서로 친밀한 관계랍니다

강아지는 남성보다 여성을 좋아해요. 목소리 톤이나 부드러운 동작도 한몫하지만 표정과 동작, 울음소리를 통해 여성 쪽에서 강아지의 감정을 더 잘 이해하기 때문이죠. 이건 연구로도 밝혀졌습니다.

그렇다고 남성을 따르지 않는 건 아니에요. 가능한 한 높은 톤으로 아기에게 말하듯 해보세요.

강아지와 여성이 서로 친밀한 관계임을 보여주는 미국의 연구[※]가 있습니다. 연구에 따르면, 여성은 남성이나 고양이보다, 강아지와 함께 잘 때 더 편안하고 쾌적하게 잘 수 있다고 합니다. 강아지는 고양이와 다르게 밤의 75%를 수면에 소비해서 반려인의 숙면을 방해하지 않기 때문이죠.

마음 — 강아지의 이런 점이 궁금해요!

※ 미국 캐니지우스 대학의 조사

강아지의 마음 009 — 성견이 되었는데도 얼굴이 귀여워요~

강아지는 어린 늑대의 모습으로 성견이 되는 동물이에요 그래서 사람과도 친해질 수 있는 거죠

같은 갯과 동물인 늑대나 여우는 어린 시절에는 인형처럼 귀여운데, 다 자라면 생김새가 매서워집니다. 하지만 강아지는 성견이 되어도 귀여운 생김새를 유지하죠. 곰곰이 생각해보면 조금 신기하지 않나요?

이건 아이인 채로 어른이 되는 네오테니(neoteny, 유형성숙) 현상이에요. 고양이나 개 등 인간과 오랜 세월 살아온 동물에게서 나타나죠. 견종에 따라 다르지만, 비교적 동글동글하고 귀여운 강아지의 얼굴은 어린 늑대의 모습과 매우 비슷합니다.

또한, 늑대는 세 살이 넘어서부터는 거의 놀지 않지만, 강아지는 열 살이 돼도 놀고 싶어 해요.

아이인 채로 자라기 때문에 늘 호기심이 가득해서 사람이나 다른 강아지와의 교류를 적극적으로 즐길 수 있는 것이죠. 개의 귀여운 외모는 가축화 과정에서 길러진 무기라고 할 수 있습니다.

> 마음 — 강아지의 이런 점이 궁금해요!

강아지의 마음
010

어떻게 그렇게
제 마음을 잘 알까요~

강아지의 높은 공감 능력은
실험으로도 증명될 정도죠!
기분 탓이 아니랍니다

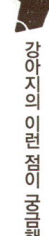

마음 — 강아지의 이런 점이 궁금해요!

강아지는 반려인이 즐거워할 땐 함께 신나하고, 우울해할 땐 살며시 다가와 줍니다. 마치 우리의 마음을 잘 알고 있다는 듯이 말이죠.

실제로 강아지가 반려인의 기분을 이해한다는 사실을 보여주는 연구 결과[※]가 있습니다.

연구에서는 13개 조의 반려인과 반려견에게 심박계를 달아 반려인이 편안함을 느끼는 상황과 스트레스를 받는 상황에서 각각 15초 간격으로 심박수를 측정했습니다.

그러자 일부 조에서 반려인과 반려견의 심박수가 함께 변화했습니다. 단시간까지 포함하면 절반가량의 조에서 심박수가 비슷하다는 결과가 나왔습니다.

함께 살아온 시간이 길수록, 또한 수컷이 암컷보다 공감 능력이 더 높은 경향이 있었는데, 견종의 차이는 없었어요. 내 마음을 찰떡같이 알아주는 강아지잖아요. 오래오래 사랑해주세요.

※ 일본 아자부 대학 등의 연구팀

강아지의 마음 011 — 혹시 사람이 하는 말을 이해할까요?

단어라면 이해할 수 있어요
짧게, 하이톤으로 전달하는 게 요령이죠

긴 문장은 강아지가 알아듣기 힘들지만, 짧은 말은 충분히 이해할 수 있어요. 반려견과 커뮤니케이션하는 요령은 짧게 말하는 것입니다. 예를 들어 칭찬할 때는 '진짜 잘했네~ 상 줘야겠다~'가 아니라 '착하네'처럼 짧게 하이톤으로 말해주세요.

주의를 줄 때도 '기다려', '아니야'와 같은 짧은 언어가 효과적이에요. 단, 이때는 낮고 강한 톤으로 말합니다. 낮은 목소리만으로도 강아지에게 '평소랑 다르니까 이건 안 되는 거야' 하고 느끼게끔 하는 효과가 있어요.

말은 강아지 훈육에서 중요하기 때문에 꼭 알기 쉬운 언어로 해주세요. 이를테면 '라떼'라는 이름의 강아지에게 '기다려(일본어로 '마떼')'라고 하면 발음이 비슷해서 헷갈려 합니다. 이런 경우에는 '기다려' 대신에 '스테이(stay)'로 바꿔 말하면 강아지에게 더 효과적으로 전달할 수 있겠죠.

마음 — 강아지의 이런 점이 궁금해요!

강아지의 마음
012

고개를 갸우뚱하고 바라보는 모습이
너무 귀여워요~

반려인의 목소리에 열심히 귀 기울이는 기특한 포즈랍니다

강아지의 이런 점이 궁금해요!

반려견이 '네?'라고 묻듯이 고개를 갸우뚱하는 모습은 정말이지 너무 사랑스럽죠. 이건 반려인의 목소리에 관심을 기울여 열심히 알아들으려고 노력하는 모습이에요. 고개를 갸웃하여 귀의 위치나 각도를 조절해가면서 어느 방향에서 목소리가 들려오는지를 확인합니다.

인간은 정보를 수집할 때 시각에 의존하는 탓에 눈을 가까이 대거나 멀리 떼지만, 강아지는 귀에 의존하기 때문에 귀의 위치를 조정해서 고개를 기울여요.

반려인을 향해 고개를 갸우뚱하고 있다면 반려견과의 커뮤니케이션을 기대하고 있다는 뜻입니다. '귀여워', '착하네'처럼 강아지의 기대에 부합하는 따스한 말을 해주세요.

013 강아지의 마음

눈을 마주치는 건 왜 그런 거죠?

강아지는 '아이 콘택트'를 할 수 있는 신기한 동물이에요
사랑 호르몬도 증가한답니다

강아지는 늘 반려인을 바라보고 있어요. 이런 행동, 즉 아이 콘택트는 사실 굉장한 능력이에요. 단순히 눈을 맞추는 게 아니라 아이 콘택트를 통해 반려인과 대화를 나누고 싶어 하는 거죠. 사람을 제외하고 눈으로 커뮤니케이션할 수 있는 동물은 강아지뿐이랍니다.

   반려견과 눈을 맞추면 뭔가 말로 표현할 수 없는 행복감이 차오릅니다. 여기에는 과학적인 이유가 있어요. 뇌 속 호르몬인 옥시토신의 효과지요. 옥시토신은 '사랑 호르몬'이라는 별칭으로 불리기도 합니다. 눈을 자주 맞출수록 '잘해주고 싶다', '친해지고 싶다', '지켜주고 싶다'라는 마음이 샘솟으며 신뢰감이 깊어지죠.

마음 — 강아지의 이런 점이 궁금해요!

강아지의 마음
014
아이 콘택트는 어떻게 가르치죠?

칭찬과 보상이 기본이에요
이름을 부르며 눈을 맞추는 것이 중요해요

강아지는 반려인의 신호에 반응해 눈을 맞춤으로써 명령을 들을 준비를 합니다. 반려인에게 아이 콘택트는 '주목시킨다'는 뜻이 있어 모든 훈육의 기본이 되죠.

강아지의 이런 점이 궁금해요!

1 강아지를 바라보면서 이름을 부른다.
2 강아지가 다가왔을 때 한번 더 이름을 불러 아이 콘택트에 성공하면 칭찬한다. (보상을 줘도 OK)
3 강아지가 무언가에 열중하고 있을 때 보상 간식을 준비한다. 간식을 반려인의 코 근처에 둔 채 강아지의 이름을 부른다. 강아지가 간식을 봤다면 눈 근처기 때문에 아이 콘택트를 할 수 있다. 보상을 준다.

이름을 불렀을 때 아이 콘택트를 할 수 있느냐가 중요합니다. 위에서 내려다보는 상태를 싫어하는 강아지도 있으므로 처음에는 쭈그리고 앉는 등 낮은 자세로 시도해보세요.

강아지의 마음 015

왜 그렇게 놀고 싶어 할까요?

사냥 본능을 자극하기 때문이에요
장난감을 사용해
사냥감의 움직임을 재현해주세요

강아지는 놀이를 통해 '사냥하고 싶다!'라는 본능적인 욕구를 충족시킵니다. 강아지의 움직임을 잘 관찰해보면 놀이를 통해 사냥을 재현해낸다는 것을 알 수 있어요.

마음 — 강아지의 이런 점이 궁금해요!

- 장난감을 슬쩍 보여준다 → '사냥감이다!'
- 장난감을 움직여 보인다 → '사냥감을 쫓아야지!'
- 장난감을 줄 듯 말 듯 애를 태우다 물게 한다 → '사냥감을 잡았다!'
- 물고 있는 장난감을 조금씩 움직이며, 밀고 당기기를 하여 흔들고 물어뜯게 한다 → '사냥감을 놓치지 않는다!'
- 장난감을 줘서 자유롭게 물어뜯도록 한다 → '맛있게 먹어야지!'

장난감을 그냥 주는 데서 그치지 말고 포식 행동을 모방한 놀이 방법으로 강아지의 사냥 본능을 깨워주세요. 단, 강아지를 너무 흥분시키는 극심한 밀고 당기기는 피하는 편이 좋습니다.

강아지는 수건을 잡아 당겨주는 것을 좋아하죠. 하지만 투쟁 본능을 자극하거나 일부러 져주는 건 강아지에게 우선권을 넘긴다는 의미가 될 수 있으니 주의해야 합니다.

강아지의 마음
016 ◀ 울음소리의 의미를 알고 싶어요 ▶

높은 소리일수록 불안이나 고통을, 낮은 소리일수록 경계나 위협을 의미해요

울음소리로 나타내는 강아지의 마음을 이번 기회에 확인해보세요.

강아지의 울음소리는 높을수록 불안이나 공포를, 낮을수록 경계나 위협을 의미합니다.

마음 — 강아지의 이런 점이 궁금해요!

- **왈** = 즐겁다
  즐거운 마음으로 인사하고 있다. 식사나 놀이를 요구할 때 내는 소리기도 하다.
- **끄응끄응** = 불안
  응석을 부리고 싶을 때나 불안할 때, 통증이 있을 때도 새끼강아지처럼 운다.
- **아르르~** = 위협
  상대를 위협하거나 '가까이 오지 마!' 하고 쫓아낼 때 내는 소리. 흥분 상태일 수도 있다.
- **왕왕왕!** = 경계
  주위에 경계를 알리는 울음소리. 경보기 같은 역할을 한다.
- **끼잉!** = 통증이나 고통
  갑자기 통증이나 공포를 느낄 때 내는 비명. 충격을 받았을 때는 길게 소리내기도 한다.
- **작은 소리로 웅얼거리듯 운다** = 근심
  조심스럽게 원하는 바를 요구할 때, 처음 보는 사람이 있을 때 낸다.

강아지의 마음
017 ▶ 풀을 샐러드처럼 먹어요! ◀

식물섬유를 보충하거나 양치질을 대신하는 거예요
갑자기 먹기 시작하면 병에 걸렸다는
신호일지도 몰라요

개의 식성은 원래 육식에 가까운 잡식이기 때문에 풀을 먹어도 이상할 건 없어요. 식물섬유를 보충하거나 양치질(치실) 대용으로 풀을 먹는 강아지도 있지요.

   식후에 풀을 먹는다면 소화불량인 경우가 대부분입니다. 풀을 섭취해 메슥거림을 해소하려는 것이죠.

   주의해야 할 점은 갑자기 풀을 먹기 시작할 때예요. 담낭, 간, 췌장 등의 질병을 의심해 볼 수 있어요. 실제로 반려인이 "풀을 자주 먹어요."라고 했을 때 진찰해보면 질병이 발견되는 일이 많았습니다. 특히 나이가 들어서 먹기 시작했다면 각별히 주의해야 해요.

   대변에 풀이 그대로 나왔다면 너무 많이 섭취해서 그래요. 풀을 먹는 횟수나 양이 증가하면 진찰을 한번 받아보세요.

   야외에서 자라는 풀은 제초제나 다른 강아지의 오줌에 오염됐을 수 있으니 가급적이면 먹이지 마세요.

마음 — 강아지의 이런 점이 궁금해요!

강아지의 마음
018
왜 그렇게 냄새를 맡는 걸까요?

강아지는 정보 수집으로 스트레스를 풀어요
냄새를 맡는 건 즐거운 문화 활동이랍니다

사람이 눈으로 세상을 파악한다면 강아지는 코로 느낍니다. 냄새를 맡음으로써 그 장소의 상황이나 위험 요소를 판단하지요.

특히 처음 가본 곳이나 동물 냄새가 배어 있는 곳에서는 꼼꼼하게 냄새를 맡습니다.

강아지의 이런 점이 궁금해요!

냄새를 맡는 건 강아지 입장에서 즐거운 문화 활동이에요. 뇌에 좋은 자극을 줄 뿐만 아니라 심박수를 낮추고 스트레스를 감소시키죠.

산책은 강아지를 위한 시간이에요. 천천히 냄새를 맡을 수 있도록 해주세요. '킁킁'거리기 시작했다면 30초 정도 기다려주고, 그런 다음 '가자'라고 말합니다.

아스팔트는 화학물질 등이 많기 때문에 흙이나 풀이 있는 장소를 선택해주세요.

강아지의 마음
019
강아지 사회에선 어떻게 교류하나요?

'항문샘' 냄새가 명함 대신이랍니다
서로의 엉덩이 냄새로 상대를 확인해요

강아지는 처음 보는 강아지를 만나면 서로 엉덩이 냄새를 맡습니다. 강아지 엉덩이에 있는 항문샘에서는 강한 냄새를 풍기는 분비물이 나오는데 강아지마다 그 냄새가 달라요. 그래서 서로의 냄새를 맡으며 상대를 파악해요. 이를테면 명함 교환 같은 것이죠.

자신감이 넘치는 강아지는 꼬리를 들어 상대에게 냄새를 맡게 하지만, 자신감이 없는 강아지는 꼬리를 내려 엉덩이를 보호합니다.

의외로 흔히 볼 수 있는 타입이 '내 냄새는 맡게 하고 싶지 않지만, 네 냄새는 맡고 싶어'예요. 그래서 서로의 엉덩이 냄새를 맡으려고 빙글빙글 돌지요.

강아지들끼리의 그루밍도 커뮤니케이션의 한 가지입니다. 잘 보면 목에서 위쪽을 핥을 거예요. 스스로 그루밍할 수 없는 부위를 핥아준다는 의미가 있습니다.

반려인이 반려견을 만질 때도 강아지의 발이 잘 닿지 않는 머리, 목, 등 위쪽을 쓰다듬어 주세요.

마음
강아지의 이런 점이 궁금해요!

강아지의 마음
020
 강아지들끼리도 서로
잘 맞는지 알 수 있나요?

첫인상으로 결정돼요
오른쪽? 왼쪽?
꼬리의 움직임을 관찰한답니다

마음

강아지의 이런 점이 궁금해요!

최근 연구[※]에서 강아지는 기쁠 땐 꼬리를 오른쪽으로 흔들고, 불안이나 스트레스를 느낄 땐 꼬리를 왼쪽으로 흔든다는 결과가 나왔습니다.

이는 우반신이 좌뇌, 좌반신이 우뇌와 연결되어 있기 때문이에요. 뇌는 즐거울 땐 좌뇌가, 우울할 땐 우뇌가 활성화됩니다. 그런 뇌 활동에 맞춰 꼬리가 반응하는 거죠.

더욱이 강아지들은 인간이 타인의 표정을 읽듯이 처음 만났을 때 꼬리의 움직임으로 상대를 파악한다고 해요. 오른쪽으로 흔들고 있으면 친해지고 싶다는 뜻입니다.

꼬리가 짧거나 없는 강아지는 자칫 상대 강아지에게 '무슨 생각하는지 모르겠어'라는 인상을 줄 수도 있어요. 하지만 항목 19(41p)처럼 엉덩이 냄새를 맡는 등의 다른 소통 방법들도 있습니다. 교류를 많이 하면 다양한 방법으로 자신의 마음을 능숙하게 전달할 수 있게 된답니다.

※ 이탈리아 트리에스테 대학의 연구

강아지의 마음 021 — 자는 모습이 너무 독특해요

무방비하게 자는 모습은 신뢰한다는 증거예요
힘이 들어가 있을 땐
불안이나 건강 이상을 의미합니다

강아지의 자는 모습은 심리 상태를 반영한다고 합니다. 대표적인 5가지 자는 모습을 소개할게요.

강아지의 이런 점이 궁금해요!

- **동그랗게 말고 잔다**
  도넛처럼 동그랗게 말고 자는 이유는 체온을 유지하기 위함이다. 경계심이 강한 타입은 배를 지키려고 계절과 상관없이 동그랗게 말고 잔다.
- **옆으로 누워 잔다**
  다리를 가볍게 뻗어 옆으로 누운 상태. 몸에 힘을 빼고 편안하게 잠들어 있다. 강아지의 자는 모습 중 가장 흔히 볼 수 있는 자세.
- **스핑크스 자세로 잔다**
  엎드린 자세로 굳어 있는 모습. 불안을 느껴 배를 지키고 무슨 일이 생겼을 때 바로 움직일 수 있도록 준비된 상태. 질병 등으로 통증을 느껴서 그럴 수도 있다.
- **배꼽을 위로 향하게 하고 잔다**
  이른바 '대자로 누운 자세'. 배꼽을 훤히 드러낸 무방비 상태로 매우 편안하다는 의미.
- **엎드려 누워 잔다**
  주로 더울 때 시원함을 느끼기 위한 자세로, 턱까지 바닥에 대고 있을 때가 많다. 몸이 유연한 강아지는 손발을 슈퍼맨처럼 쭉 뻗고 자기도 한다.

강아지의 마음 022

잠꼬대를 하는 건 꿈을 꾸고 있어서인가요?

실제로 증명할 순 없지만
무서운 꿈이나 달리는 꿈을 꾸고 있을지도 몰라요

자다가 '크르르릉' 하고 울거나 다리를 들썩이고, 잠꼬대를 하는 모습은 강아지와 함께 살면서 볼 수 있는 즐거움 중 하나지요.

  실험 쥐를 대상으로 한 연구[※]에서는 자기 전에 음식물을 보여주자 수면 중에 뇌세포가 음식물을 찾는 듯한 반응을 보였습니다. 이는 동물도 꿈을 꾼다, 즉 강아지도 꿈을 꿀 가능성이 있다는 사실을 보여주는 결과죠.

  참고로 성견의 평균 수면 시간은 1일 12~15시간, 그중 약 30%가 논렘 수면(얕은 잠)이라고 합니다. 이는 수면 중에도 주위의 경계를 게을리하지 않는 야생의 습성을 보여주는 예죠. 어린 강아지 때는 거의 렘 수면(깊은 잠)이 차지하지만, 성장하면서 논렘 수면의 비율이 높아진다는 것이 그 증거입니다.

※ 영국 유니버시티 칼리지 런던의 연구

마음 — 강아지의 이런 점이 궁금해요!

강아지의 마음 023

다른 강아지를 질투할 때도 있나요?

강아지는 자신의 봉제인형을 라이벌로 느끼기도 해요
일부러 질투를 유발해선 안 돼요

강아지의 이런 점이 궁금해요!

반려인이 다른 강아지를 쓰다듬을 때 반려견이 짖거나 끼어드는 모습을 흔히 볼 수 있어요. 이건 라이벌에 대한 반려인의 관심을 뺏기 위해 어필하는 거랍니다.

'반려인을 뺏기면 강아지는 질투하는 듯한 행동을 취한다'라는 연구 발표※도 있어요. 연구에서는 반려인에게 강아지를 무시하고 ①그림책을 낭독한다, ②양동이를 가지고 논다, ③강아지의 봉제인형을 쓰다듬는다, 이 3가지 행동을 취하게 했습니다.

그러자 ③강아지의 봉제인형에 대해서는 78%의 반려견이 반려인에게 어필하며, 인형에 달려들어 물어뜯는 일도 발생했어요.

재밌는 점은 86%의 강아지가 봉제인형의 엉덩이 냄새를 맡았다고 해요. 반려견이 봉제인형을 라이벌로 여기고 있다는 증거지요.

'질투'라는 감정이 있는지는 알 수 없지만, 일부러 질투를 유발하는 행동은 삼가는 편이 좋습니다.

※ 캘리포니아 대학 샌디에이고 캠퍼스의 연구

강아지의 마음

024 강아지도 새침데기가 있나요?

새침데기의 대명사는 시바견?
자립심이 강한 시바견은
시큰둥한 모습도 매력적이죠

새침데기라고 하면 보통 고양이가 떠오르지만, 강아지 중에도 그런 강아지가 있어요. 바로 시바견을 비롯한 일본견이지요.

일본견은 야생에서 살던 성질이 현대까지 강하게 남아 있어 자립심이 매우 강합니다. 그래서 반려인보다 자신이 하고 싶은 일을 우선시하는 경향이 있죠.

반려인이 놀이로 유혹해도 자기 기분이 안 내키면 '새침하게' 모른 척하다가도, 이내 언제 그랬냐는 듯 반려인에게 꼭 붙어 천연덕스럽게 '애교'를 발휘해요.

서양견들도 새침데기같은 행동을 합니다. 안으면 꿈틀꿈틀대서 '싫은가?' 싶을 수도 있지만, 그건 강아지가 좀 더 안기기 쉬운 자세를 취하려는 몸짓이에요.

언뜻 잘 안다고 생각했던 행동도 강아지의 마음을 헤아려 보니 새로운 매력이 보이지 않나요?

마음

강아지의 이런 점이 궁금해요!

025 강아지의 마음

  사이렌이 울리면 하울링해요

저 멀리 동료가 있다고 착각해서 하울링하는 거예요 조금 쓸쓸한 마음이랍니다

강아지의 조상인 늑대는 하울링으로 멀리 떨어진 동료들과 소통을 했어요. 영역을 알리고 동료를 부르며 무리의 유대를 깊게 하려는 목적이었죠. 강아지도 늑대의 동료이기 때문에 그 특기를 이어받았다고 할 수 있습니다.

 실내에서 생활하는 강아지라도 밤이 되면 하울링하는 아이가 있습니다. 구급차의 사이렌 소리에 반응하는 건 동료의 목소리라고 착각해서라는 설이 유력해요. 멀리서 동료의 소리가 들려온다는 생각에 '나 여기 있어!'라고 대답하는 거죠. 반려인이 부재중일 때 불안해서 하울링하는 경우도 있는데, 두 경우 모두 '외로움'이 담겨 있습니다.

 주의해야 할 점은 평소에는 하울링을 하지 않는데 갑자기 하울링을 시작했을 때예요. 어딘가 다쳤거나 건강에 이상이 생겼을 수 있으므로 전신을 꼼꼼하게 체크해주세요.

> 마음
> 강아지의 이런 점이 궁금해요!

강아지의 마음
026
왜 입을 핥을까요?

입을 핥는다는 건 무한한 신뢰의 표현이에요
야생 시절의 식습관에서 유래한 행동이랍니다

강아지가 반려인의 얼굴, 특히 입 주변을 핥을 때가 있습니다. 아시다시피 이건 애정 표현 중 하나죠. 그런데 왜 하필 입일까요?

이건 야생 시절의 습성과 관계가 있습니다. 새끼강아지는 먹을 것을 조를 때 어미개의 입을 핥아요. 그러면 어미개가 씹어서 말랑하게 만든 먹이(이유식)를 뱉어내 새끼강아지에게 먹이지요. 입을 핥는 행동은 배가 고프다는 것을 어필하는 표현일 수도 있고, 먹이를 주는 상대를 신뢰한다는 신호이기도 해요.

하지만 강아지와 반려인의 건강을 생각하면 얼굴 쪽은 핥지 못하게 하는 편이 좋습니다. '인수 공통 감염병'이라고 해서 반려동물의 질환이 사람에게 감염될 수도 있기 때문이죠. 반대도 마찬가지입니다.

애정 표현을 받고 싶을 때는 손을 내밀어 핥게 하세요.

> 마음
> 강아지의 이런 점이 궁금해요!

강아지의 마음

027 올려다보는 강아지가 너무 귀여워요

사람과 살면서 습득한 표정 중 하나예요 전략적으로 구사하는 강아지도 있답니다!

강아지의 올려다보는 표정은 사람을 무방비 상태로 만듭니다.

"왠지 애처롭게 쳐다봐서 그만 간식을 줘버렸지 뭐야."

이렇게 말하는 반려인들도 많을 것입니다.

이런 강아지의 눈빛은 사실 강아지가 사람과 살면서 습득한 표정 중 하나예요. 이 표정을 지을 수 있는 건 눈썹을 올리는 내안각거근이 발달했기 때문이죠. 앞서 말씀드렸다시피 늑대에게는 없는 근육입니다.

사람도 무언가 바라는 게 있을 때 애처로운 눈빛을 보이잖아요. 실은 강아지도 똑같아요. 몇 가지 다른 의미도 있지만, 조심스럽게 상황을 살피면서 '그만했으면 좋겠어', '산책가고 싶어'라는 희망 사항을 전달하죠 (이런 눈빛을 발사하면 요구가 통한다는 걸 깨달은 강아지도 있어요!).

덧붙이자면 한 연구※에서는 올려다보기를 잘하는 강아지가 더 빨리 입양된다는 사실이 밝혀졌습니다. 이 눈빛은 참으로 여러모로 효과가 있는 모양이에요.

마음 — 강아지의 이런 점이 궁금해요!

※ 미국 포츠머스 대학의 발표에 따른 판명

강아지의 마음
028

발바닥에서
팝콘 냄새가 나요~

냄새의 정체는 '땀 × 효모균'이에요
강아지가 더욱더 사랑스러워지는 고소한 냄새죠

'패드(발바닥)에서 팝콘 냄새가 난다'고 느끼는 반려인이 많지 않나요?

  여기에는 여러 가지 설이 있어요. 하나는 강아지 패드에 있는 에크린 땀샘에서 나온 땀이 효모균과 뒤섞여서 난다는 설이고, 또 하나는 흙이나 풀이 땀과 뒤섞여서 난다는 설이에요. 어쨌든 굉장히 고소한 냄새죠.

  참고로 포유류의 땀샘에는 2가지 종류가 있습니다.

  체온조절을 위해 땀을 배출하는 에크린 땀샘과, 겨드랑이 밑 등 특정 부위에 있으며 독특한 냄새의 땀을 배출하는 아포크린 땀샘이 바로 그것이죠.

  강아지는 에크린 땀샘이 발바닥 패드에만 있어서, 땀으로 체온조절을 할 수 없답니다.

마음 — 강아지의 이런 점이 궁금해요!

강아지의 마음 029 방방 뛰는 건 좋아서 그런 건가요?

부탁을 들어줄 사람이 왔다!
귀여운 행동으로 원하는 걸 요구할지도 몰라요

강아지의 이런 점이 궁금해요!

펜스에 가까이 갔을 때 방방 뛰는 반려견을 보면 '그렇게 좋아? 아이 귀여워~'라는 마음이 들지요. 하지만 강아지는 좋아서 그런다기보다 '뭐 좀 해주세요', '놀아줘요', '안아줘요' 등을 반려인에게 표현하고 있는 거예요.

강아지는 뭔가 원할 때는 방방 뛰지만, 원하는 걸 받고 나면 거의 뛰지 않는다는 게 그 증거지요. 귀여운 행동으로 원하는 걸 어필하고 있는 거랍니다.

주로 소형견에서 많이 보이는 행동이에요. '얍삽하네'라는 생각이 들면서도 무심코 요구를 들어주고 말지요. 펜스에 있는 강아지들이 더 방방 뛰는 이유는 반려인이 위에서 쓰다듬거나 간식을 주기 때문이에요. 하지만 소형견은 슬개골이 약해서 뛰어오르는 습관을 들이면 다리와 허리 쪽에 부담이 가게 됩니다. 손이 좀 가더라도 펜스의 문을 열어서, 강아지가 뛰지 않아도 되는 위치에서 교감해주세요. 방방 뛰면 펜스에서 나올 수 있다는 인식을 심어주지 않는 것도 중요하답니다.

강아지의 마음
030
사람을 어떻게 생각할까요?

신뢰할 수 있는
다른 종의 동료라고 인식해요

강아지는 사람을 어떻게 생각할까요?

'사람은 다른 종의 동물이지만 사이 좋은 동료로 생각한다'는 게 답입니다. 새는 알에서 부화하고 3일 안에 본 대상을 부모라고 인식하는 '각인'이 있지만, 강아지에게는 그런 게 없어요.

반려견이 사람과 비슷한 행동을 보이면 흐뭇하지만, '가족이니까 뭐든 똑같이 해줘야지'라는 생각은 하지 않아도 됩니다.

예를 들어 훈육이나 문제행동 방지 차원에서 다음과 같은 규칙을 정해두면 좋아요.

마음
강아지의 이런 점이 궁금해요!

- 식사하는 장소와 시간을 나눈다.
- 자신의 공간에서 자게 한다.

강아지의 마음
031

우리 아이는 커뮤니케이션에 서툰 것 같아요

좋아서 앞서나가는 타입, 무서워서 어울리지 못하는 타입 등 강아지도 다양한 타입이 있답니다

마음

이런 행동은 가끔 걱정스러워요

커뮤니케이션에 서툰 강아지 중에는 친해지고 싶은 마음이 강한 나머지 지나치게 앞서가는 타입이 있습니다. 좋아서 막무가내로 다가갔다가 상대 강아지에게 혼쭐이 날 때도 있죠.

산책을 하고 있는데 맞은 편에서 다른 강아지가 오고 있다면, 일반적으로 강아지는 일단 멈춰서 상대를 관찰합니다(이때 꼬리를 몸의 오른쪽이나 왼쪽 방향으로 흔들어요).

그런 다음 코끝을 대거나 엉덩이 냄새를 맡으며 서로 인사를 나눕니다. 느닷없이 거리를 좁히는 행동은 규칙 위반이에요.

'우리 아이는 커뮤니케이션에 서툰 것 같아'라는 생각이 든다면 다음과 같은 방법을 시도해보세요.

- 상대에게 돌진하지 않도록 리드 줄을 짧게 잡는다. 강아지를 앞세우지 않는다.
- 강아지가 먼저 상대에게 다가가지 않게 '기다려'라고 지시하고 대기한다. 상대 강아지가 먼저 다가올 때까지 기다린다.

적극적으로 상대에게 다가가긴 하지만, 실은 공포로 가득한 아이도 있습니다. 두 쪽 모두 다른 강아지에게 익숙지 않은 사회화 훈련 부족이라고 할 수 있어요.

강아지의 마음 032 강아지에게 친구가 꼭 있어야 하나요?

무리해서 친구를 만들 필요는 없지만 다른 강아지에게 익숙해지는 데 도움이 돼요

반려견에게 친구가 없다고 안타까워하는 반려인도 많은 듯합니다. 하지만 무리해서 친구를 만들어 줄 필요는 없어요.

'친구다!'라면서 산책 중에 발견한 다른 강아지에게 반려견을 막무가내로 가까이 밀어붙이진 않나요?

사람은 반려견을 위해서 한 행동일지라도 강아지들은 서로 으르렁거리며 난투극을 벌일지도 모릅니다. 강아지끼리의 일은 강아지에게 맡기는 것이 최고예요. 친구가 없어서 외로울 것 같으면 반려인이 더 많이 놀아주세요.

다만 아기강아지의 경우는 친구가 많으면 좋습니다. 서로 장난치다가 깨물 때의 힘 조절이나 인사법 등을 배우며 사회성을 익힐 수 있기 때문이죠. 그러면 산책할 때 다른 강아지에게 무턱대고 짖거나 덤벼들지 않습니다.

강아지의 마음 033 안을 때 '낑' 하고 울어요

안는 방법이 잘못됐을지도 몰라요
안기 전에 한마디 건네는 배려도 중요하답니다

이런 행동은 가끔 걱정스러워요

아기를 안아 올리듯 강아지의 정면에서 양쪽 겨드랑이에 손을 넣어 안진 않나요? 강아지는 아이 콘택트를 하긴 하지만 너무 가까운 거리에서 눈을 맞추는 것을 싫어한답니다. 또한, 팔을 벌리는 듯한 동작에도 서툴러요.

강아지를 안을 때는 미리 한마디 건네주세요. 갑자기 안아 올리면 무서워합니다. 그럼 바르게 안는 방법을 소개할게요.

> 1 강아지의 이름을 부르며 '안아줄게' 하고 신호를 보낸다.
> 2 강아지가 반응하면 강아지의 앞발을 한쪽 손이나 팔로 가볍게 누른다.
> 3 강아지의 몸을 자신의 몸에 밀착시킨 다음 반대쪽 팔이나 손으로 강아지의 엉덩이를 감싸듯이 뒷다리를 지지한다.

바르게 안았는데도 '낑' 하고 작은 소리로 운다면 관절 문제가 의심됩니다. 위쪽을 올려다보지 않거나 단차를 오르지 못할 때도 진찰을 한번 받아보는 것을 추천해요.

강아지의 마음
034
혼자 집을 지키게 하면 싫어할까요?

필요 이상으로 죄책감을 느끼지 마세요! 혼자서도 집을 잘 볼 수 있어요

기본적으로 강아지는 혼자 있는 것을 싫어하지만, 안심하고 머물 수 있는 공간, 쾌적한 온도, 충분한 물과 식사만 있으면 혼자서도 충분히 집을 지킬 수 있어요.

주의해야 할 점은 강아지를 혼자 있게 한 죄책감 때문에 필요 이상으로 응석을 받아주는 일입니다. 나가기 전에 몇 번이고 사과하거나 "다녀올게."하며 반복해서 돌아보진 않나요?

이런 행동은 오히려 분리불안증의 원인이 될 수 있어요. 혼자 남겨진다는 것에 대한 강한 불안을 느끼며 패닉에 빠지는 마음의 병이지요.

집에 돌아왔을 때 좋아서 달려드는 강아지에게 간식을 주는 행동도 달려드는 습관이 들 수 있어 좋지 않습니다.

외출할 때나 집에 돌아왔을 땐 태연하게 행동해주세요. 잠깐이라도 함께할 수 있는 시간을 소중히 보낸다면 반려견도 충분히 이해할 거예요.

마음 이런 행동은 가끔 걱정스러워요

강아지의 마음
035
 초인종 소리에 짖어요

최전선에서 '적이 침입했다!'고 알리는 거예요 가족을 보호하기 위한 표현이죠

강아지는 인터폰이 울리면 방문객(개에게는 수상한 사람)이 집(자신의 영역)에 들어온다는 것을 학습합니다. 그래서 반려인에게 '적이 침입했다!'고 알리고 싶어 하죠. 경계하며 짖는 건 강아지의 장기예요.

경비견 역할로선 훌륭하지만, 인터폰이 울릴 때마다 짖는다면 소음 문제 때문에 고민일 수 있겠죠. 여기에는 다음과 같은 해결책이 있어요.

마음 — 이런 행동은 가끔 걱정스러워요

- **써클이나 펜스(강아지 울타리)를 준비한다**
  강아지는 자신의 공간을 세력권이라고 생각한다. 실내에 그냥 풀어두면 모든 공간을 세력권으로 착각하여 짖기 쉬우므로 개의 생활 공간을 한정한다. 현관에서 떨어진 장소가 좋다.
- **짖어도 혼내지 않는다**
  짖으면 관심을 가져준다고 착각한다.
- **초인종 소리에 허둥지둥하지 않는다**
  반려인이 허둥지둥하면 강아지도 덩달아 흥분한다.

그래도 짖는다면 반려견 행동 전문가에게 상담을 받아보세요.

강아지의 마음

036

간식이 눈앞에 있어도 모르는데 눈이 안 좋아서 그런 건가요?

강아지의 시력은 0.1~0.4 정도예요
너무 가까우면 초점을 잘 못 맞추지만,
동체 시력은 뛰어나답니다

강아지의 눈은 움직이는 것을 잘 포착해내지만, 가까이에 멈춰 있는 것은 잘 인식하지 못해요. 시력만으로 본다면 눈앞에 떨어진 간식도 눈치채지 못하죠. 별 반응이 없을 때는 조금 떨어진 곳에서 사물을 움직여주세요. 눈으로 좇을 수만 있다면 보이는 데는 문제가 없는 것입니다.

조금 더 자세히 이야기해볼까요? 강아지는 눈의 초점을 잘 못 맞추기 때문에 30cm 거리에 있는 작은 것은 보이지 않습니다. 또렷이 보려면 2~3m의 거리가 필요하죠. 반대로 10~20m 떨어져 있으면 눈으로는 판단할 수 없어요.

시력은 사람으로 치면 0.1~0.4 정도이며, 색도 잘 식별하지 못합니다. 하지만 시력이 약한 건 아니에요. 동체 시력이 뛰어나서 1초 동안 겨우 4mm 정도의 움직임도 감지할 수 있으며, 시야가 넓어 250도까지 볼 수 있거든요. 사냥하기에 안성맞춤인 눈이죠. 강아지의 시력은 야외에서 움직이는 것을 발견하는 능력이 매우 뛰어나답니다.

마음

이런 행동은 가끔 걱정스러워요

강아지의 마음 037 — 똥을 싸기 전에 왜 빙글빙글 돌까요?

지축을 따르기 위해서예요
아직 명확한 이유는 밝혀지지 않았어요

벌레나 새에게는 자기장을 감지하는 능력이 있는데, 최근 들어 개나 곰 등의 포유류에도 이런 능력이 있다는 사실이 밝혀졌습니다.

강아지가 배변 전에 그 자리에서 빙글빙글 도는 움직임은 남북의 지축에 몸을 맞추고 있을 가능성이 있습니다. 배변 시에 얼굴 방향을 확인해보세요. 항상 같은 쪽을 향하지 않나요?

참고로 왜 지축을 따르는지 그 이유는 아직 밝혀지지 않았습니다만, 지구의 움직임을 따르는 것이 강아지 입장에선 뭔가 더 쾌적한 걸지도 몰라요.

마음 — 이런 행동은 가끔 걱정스러워요

강아지의 마음 038 — 왜 똥을 먹나요?

공복과 따분함이 주요 원인이에요
먹어서 문제될 건 없지만
그만두게 하고픈 행동 중 하나죠

눈앞에서 반려견이 똥을 먹는다면 정말 깜짝 놀랄 노릇이지요.

똥을 먹는 '식분증'은 어린 강아지에게 자주 보이는 행동이니 우선 너무 놀라지 마세요. 공복과 따분함 등이 원인인데 대부분 성장하면 자연스럽게 없어집니다.

만약 성견이 되어도 사라지지 않는다면 다음과 같은 이유를 생각해 볼 수 있어요.

이런 행동은 가끔 걱정스러워요

- 화장실이 아닌 곳에서 배변을 했다가 반려인에게 혼나고 나서 '똥을 누면 안 된다'고 착각하고 있다. 그 뒤로 먹어서 숨기는 일이 습관이 되었다.
- 똥을 먹으면 반려인이 관심을 가져준다고 학습했다.
- 똥에는 쓴맛이 나는 담즙이 들어 있으므로 속이 쓰릴 때 풀을 먹는 것과 같은 이유로 먹는 경우가 있다.

자신의 똥을 먹는다고 해가 될 건 없지만 그만두게 하고 싶다면, 당장 문제를 해결해주는 것이 가장 좋아요. 따분해서 그러는 경우가 대부분이라서 매일 운동시키는 것도 좋은 방법입니다.

강아지의 마음 039 — 왜 똥 위에서 뒹구는 건가요?

야생을 자극하는 냄새에 몹시 흥분해서 그래요
너무 좋아서 몸에 묻히고 싶다! 이런 마음인 거죠

마음 — 이런 행동은 가끔 걱정스러워요

반려견이 공원에서 즐겁다는 듯 이리저리 뒹굴거리고 있어 '왜 그래?' 하고 가까이 가보니 다른 강아지의 똥에다가 몸을 비비고 있다!

반려인으로서는 이해할 수 없는 행동이지만 강아지에겐 더없이 행복한 순간이랍니다. 평소 생활 환경에서는 맡을 수 없는 자극적인 냄새를 한껏 몸에 묻히고 싶은 거죠.

강아지는 동물의 똥 외에도 지렁이 등의 벌레나 동물의 사체, 쓰레기 더미, 흙이나 진흙 등 유기물이 함유된 것을 좋아해요. 사람에게도 '으, 냄새! 근데 자꾸만 맡고 싶어'하는 호기심 가득한 냄새가 있잖아요. 강아지도 마찬가지랍니다.

하지만 위생적이진 않으므로, 그런 행동을 보이기 시작하면 '가자'하면서 그 장소에서 벗어난 다음 곧바로 몸을 씻겨주세요.

강아지의 마음 040
막 세탁한 옷에서 노는 건 왜 그럴까요?

반려인의 체취가 너무 좋아서 그런 거예요
코로 한가득 들이마시며 편안함을 느낍니다

반려인이 입고 있던 옷 위에서 놀거나 쉬는 건 강아지의 애정 표현 중 하나입니다. 사랑하는 반려인의 체취에 파묻혀 안심하고 있는 거예요.

"우리 아이는 막 세탁한 옷에서도 놀아요."라는 경우도 마찬가지입니다. 개의 후각은 사람보다 훨씬 뛰어나기 때문에 세탁한 옷에서도 반려인의 체취를 느낄 수 있어요. 더군다나 갓 빨아서 뽀송뽀송하기까지 하니 강아지에게는 최고의 침대인 셈이죠.

이물질 삼킴 사고로 개복 수술을 하면 반려인의 머리끈이나 곱창 밴드, 양말, 속옷이 나와 놀라는 일도 있습니다. 반려인의 냄새를 너무 좋아한 나머지 삼키고 만 것이죠. 이런 물건은 아무데나 방치하지 않도록 주의하세요.

마음 이런 행동은 가끔 걱정스러워요

강아지의 마음
041
마운팅의 의미를 알고 싶어요

성별에 상관없이 보이는 행동이에요
스트레스 해소나
비뇨기 질환의 신호일지도 몰라요

이런 행동은 가끔 걱정스러워요

사람의 다리나 쿠션에 앞발로 달라붙어 허리를 흔드는 행위를 '마운팅'이라고 합니다. 성행위와 비슷해 보이지만 성적 흥분만이 이유는 아니에요. 그래서 중성화 수술을 한 수컷은 물론 암컷에게서도 이런 모습을 볼 수 있지요. 자신이 우위임을 보여주거나 스트레스나 따분함을 해소하기 위한 심리적인 이유 외에도 방광염 등의 비뇨기 질환이 원인인 경우도 있어요.

마운팅은 그냥 두면 강도가 점점 심해질 수 있으므로 그만두게 하는 편이 좋습니다. 무시하거나, 눈을 마주치지 않고 그 자리를 피하는 등 상대해주지 않는 것이 가장 좋은 해결책이에요.

강아지에 대한 마운팅은 서로의 역량을 재며 관계를 형성하는 역할도 있습니다. 하지만 마운팅 당하는 강아지나 그 강아지의 반려인 입장에선 불쾌할 수 있겠지요. 끈질기게 굴면 문제가 발생할 수 있으므로 역시 그만두게 하는 편이 좋겠죠.

강아지의 마음
042

> 화장실까지 따라오는 건
> 한시도 떨어지고 싶지 않아서겠죠?

'닫혀 있는 문'에 대한 단순한 흥미예요
혹은 문제행동의 조짐일지도 모릅니다

강아지가 화장실까지 따라오는 이유는 '닫혀 있는 문'에 대한 흥미일지도 모릅니다. 화장실 문은 보통 닫혀 있잖아요. 반려인이 화장실 가는 타이밍에 문 안쪽을 확인해보고 싶은 거죠.

다른 강아지의 배설물 냄새를 맡듯이 반려인의 배설물도 체크해보고 싶을 수도 있고요.

사실 반려견이 자신의 곁을 떠나지 않는 게 마냥 기뻐할 일이 아닌 경우도 있습니다. 화장실에 따라오는 건 물론이고, 집에 없을 때 하염없이 짖거나 가구를 긁고 손발을 계속해서 핥는 등의 행동을 보인다면 분리불안증이 의심됩니다.

방치하면 문제행동으로 이어질 수 있으니 신속히 동물병원에 상담받아 볼 것을 권합니다.

마음 — 이런 행동은 가끔 걱정스러워요

강아지의 마음
043

> 강아지가 함께 자려고
> 하지 않아요!

반려인의 잠버릇이나
잠꼬대가 심해서일지도 몰라요
겨울에는 따뜻한 곳을 찾아 돌아올 수도 있어요

마음 이런 행동은 가끔 걱정스러워요

강아지는 기본적으로 반려인과 함께 침대에서 자는 것을 싫어하진 않습니다. 따라서 강아지가 함께 자길 싫어한다면 침실 환경에 문제가 있을지도 몰라요.

온도나 습도, 이불의 감촉이 불쾌하거나 침실이나 침구가 더러운 게 원인일 수 있죠. 예전에는 함께 잤는데 최근 들어 피하는 것 같다면 다음과 같은 이유를 생각해 볼 수 있습니다.

- **잠꼬대나 코골이** … 주위를 경계하면서 자는 강아지는 소리에 민감하게 반응한다. 반려인의 잠꼬대나 코골이는 강아지의 숙면을 방해한다.
- **잠버릇이 심하다** … 반려인의 뒤척임에 몸이 깔리거나 침대에서 떨어진 경험 등이 있으면 가까이 가지 않는다.

'겨울에 추워지면 돌아오는' 경우도 있다고 합니다. '여름에는 더우니까 떨어져 있고 싶어'라는 단순한 이유에서죠. 잘 때는 반려인이 아니라 환경이 우선이기 때문입니다.

강아지의 마음

044 혼내는데 하품을 해요…

설교가 지겨워서가 아니라
자신을 안정시키려는 행동 중 하나랍니다

강아지에게는 '카밍시그널'이라는, 자신의 스트레스를 해소하거나 자기나 상대를 안정시키기 위한 행동이 있습니다.

하품도 그중 하나죠. 혼낼 때 하품을 하는 건 '나쁜 뜻은 없으니까 너무 혼내지 마세요~'라고 어필하는 겁니다.

강아지의 카밍시그널에는 그 밖에도 다음과 같은 행동이 있어요.

- 입맛을 다신다.
- 경직된다.
- 몸을 흔든다
- 몸을 긁는다.
- 시선을 외면한다.
- 눈을 가늘게 뜬다.

어떤 강아지를 처음 만났을 때 이런 행동을 보인다면 조금 긴장하고 있는 걸지도 몰라요. 강아지의 마음을 헤아리는 힌트로 활용해주세요.

마음 — 이런 행동은 가끔 걱정스러워요

강아지의 마음
045
혹시 스트레스를 받고 있을까요?

강아지의 스트레스는 부신과 관련이 있어요

이런 행동은 가끔 걱정스러워요

평소 검사를 해보면 부신이 약간 부어 있는 강아지를 만날 때가 있습니다.

질환이 아닌 경우에는 다양한 이유가 있어서 단정할 수는 없지만, 부신이 부어 있는 건 강아지가 스트레스를 느끼고 있다는 증거예요. 불쾌하거나 불안하면 부신에서 스트레스 호르몬 분비량이 늘어 부신이 부어 오르죠.

그런 강아지의 반려인에게 "환경에 뭔가 바뀐 게 있나요?"라고 물으면 백발백중 "실은 강아지를 귀여워하던 가족이 돌아가셨어요." 등과 같은 대답이 돌아옵니다.

반려인이 부신을 체크할 순 없지만, 스트레스가 강아지 몸에 영향을 준다는 점을 알아주셨으면 해요.

강아지의 마음
046
 말을 잘 안 들어요~

낙담하지 마세요
이유는 간단합니다
반려인의 지시가 이해하기 어려워서 그래요

이런 행동은 가끔 걱정스러워요

"강아지가 엄마 말밖에 안 들어요."

이런 이야기가 자주 들려옵니다. 반려인은 강아지가 말을 잘 안 들어서 낙담하거나, 혹은 '반려견에게 신뢰를 못 줬나…' 하는 마음에 우울해하죠. 하지만 이 문제의 원인은 의외로 간단합니다. 지시하는 법이 서툴러서 그런 거예요.

예를 들어 입으로는 "이리 와"라고 하면서 손바닥을 세워 보이면 강아지는 혼란에 빠집니다. 일반적으로 손바닥을 보이는 건 '기다려'의 신호인 경우가 많아요. 입과 손이 각각 다른 지시를 내리면 강아지는 이해하기 어려워해요.

지시하는 법, 이른바 강아지에게 내리는 지시어가 적절한지 잘 모르겠다면 반려견 행동 전문가에게 한번 배워보세요. 또한, 가족들 간에 지시를 통일하는 것도 중요합니다. 사람마다 지시하는 법이 제각각이면 강아지가 혼란스럽겠죠.

강아지의 마음
047
왜 주의를 줘도 계속 반복하죠?

'문제행동' 직전 직후 1초 이내에 꾸짖으세요
운동선수 수준의 반사 신경으로 말이죠

예를 들어 반려인이 집에 없을 때 강아지가 문제를 일으켜서 귀가 후에 주의를 줬다고 해보겠습니다. "하지 말라고 했지!" 하지만 강아지는 어리둥절할 뿐이에요.

미국 수의 동물 행동학 연구회의 선언에 의하면 '문제행동을 일으키고 1초 이내, 혹은 문제행동을 일으키기 직전에 주의를 주지 않으면 의미가 없다'고 해요.

주의를 줄 때는 반려인에게 운동선수 수준의 반사 신경이 요구됩니다. 이미 문제행동이 다 끝난 뒤에 주의를 주면 강아지에게 잘 전달되지 않아서 문제행동이 되풀이돼요.

마음 — 이런 행동은 가끔 걱정스러워요

강아지의 마음
048
꼬리를 쫓아
빙글빙글 돌아요

'꼬리 쫓기'는 놀이의 일환
병적으로 심하게 돌 때는 강박 장애일지도 몰라요

자신의 꼬리를 쫓아 빙글빙글 도는 강아지의 행동을 '꼬리 쫓기'라고 합니다. 놀이의 일환인 경우가 많아요. 아니면 벼룩이나 진드기 등이 붙었을 때, 알레르기가 발병했을 때, 항문샘이 가려울 때도 꼬리 쫓기를 하며, 보통 초봄에 이런 행동을 자주 보여요.

다만, 다음에 해당하는 경우는 극도의 불안이나 스트레스를 해소하기 위해 특정 행동을 반복하는 '강박 장애'일 가능성이 있습니다.

- 갑자기 자주 꼬리 쫓기를 한다.
- 그만하라고 꾸짖어도 무시하고 계속한다.

마음 이런 행동은 가끔 걱정스러워요

심하면 자신의 꼬리를 물어뜯는 일도 있습니다(시바견 등에게서 많이 보입니다). 강박 장애가 의심될 때는 신속히 병원에서 진찰을 받아보세요.

강아지의 마음
049
 우리 강아지는 겁쟁이일까요?

부모견에게서 받은 유전적 성향과
사회화 부족 때문이에요
무서워하지 않도록 도와주세요

신경질적인 부모견의 유전적 성향이나 태어나고 자란 환경의 영향으로, 겁이 많은 강아지가 될 수 있어요.

소리를 무서워하거나 다른 강아지를 보면 도망가고, 처음 가본 장소에서는 얼음처럼 경직되어 있기도 합니다.

이런 점도 하나의 개성이겠지만, 세상에 무서운 것 투성이라면 살아가기가 힘들겠죠.

이를 해결하려면 간단한 훈련으로 '무서워하는 것'에 점점 익숙해지게 하는 방법이 있습니다. 작은 강도에서부터 시작하면 좋습니다. 가령 소리를 무서워한다면 이렇게 해보세요.

- 작은 소리를 들려주면서 간식을 준다.
- 익숙해지면 볼륨을 조금 높여서 실시하며 간식을 준다. 이것을 반복한다.

유아기만 보고 강아지의 성격을 판단하는 건 시기상조예요. 어린 강아지는 성견에 비해 경계심이 낮기 때문이죠.

천성적으로 겁이 많은 강아지라도 적절한 사회화(항목 119(156p), 120(157p) 참조) 훈련을 해주면 어느 정도 만회할 수 있답니다.

강아지의 마음
050
> 배웅이나 마중을 안 해줘요...

습관이 되었다면 이유가 없는 이상 계속 그럴 거예요
갑자기 그런다면 컨디션이 안 좋을 수도 있어요

강아지는 웬만하면 한번 습관으로 굳어진 일은 그만두지 않습니다. 만약에 갑자기 원래 하던 배웅이나 마중을 하지 않는다면 컨디션이 안 좋거나 아프다는 신호일지도 몰라요. 특히 나이가 많은 강아지라면 만사가 귀찮을 수도 있겠지요.

"우리 아이는 처음부터 배웅도 마중도 안 했어요!"

이런 아이는 독립심이 강한 강아지라 그렇습니다.

마중은 나오지만, 배웅은 하지 않는 경우도 종종 있답니다. 이건 신뢰감이 쌓였다는 증거예요. 반려인이 외출해도 반드시 돌아오리라고 믿기 때문에 굳이 배웅을 하지 않는 거죠.

마음 — 이런 행동은 가끔 걱정스러워요

강아지의 마음

051 가볍게 무는 건 왜 그럴까요?

관심을 끌고 싶거나
이갈이 시기라 가려워서 그래요

강아지가 어릴 때는 귀여운 마음에 가볍게 입질하는 정도는 대수롭지 않게 넘어가기 쉽습니다.

하지만 강아지는 '사람의 손가락=씹어도 된다'라고 착각할 수 있어요. 만약 강아지가 깨문다면 다음과 같이 대응해보세요.

절대 거절하거나 혼내선 안 됩니다. 신뢰 관계가 깨지기 때문이죠.

이런 행동은 가끔 걱정스러워요

> 1 '아야!' 하고 짧고 낮은 톤으로 조금 과장스럽게 주의를 주며 손을 끌어당긴다. 반응하면 강아지가 좋아한다고 착각할 수 있으므로 주의한다.
> 2 1로 안 되는 경우는 손을 깨물지 못하게 일어선다.
> 3 2로 안 되는 경우는 무시하고 방을 나간다.

강아지가 가볍게 무는 건 '관심을 끌고 싶은' 이유도 있으므로 무시하는 행동이 올바른 해결책이에요.

또한, 단순히 재밌어서 무엇이든 입에 넣어 촉감을 확인하고 싶거나, 유치가 영구치로 바뀌는 성장기 시기에 잇몸이 간지러워서 그럴 수도 있어요.

따라서 입질 자체는 생후 2~3개월령부터 영구치로 바뀌는 6개월령까지는 계속됩니다. 일찍이 이갈이용 장난감이나 그 밖에 물기 좋은 것을 줘서 깨무는 대상이 사람의 손이 되지 않도록 주의해주세요.

강아지의 마음 052

강아지에게 몰래카메라를 해도 괜찮나요?

'뭐지?' 싶을 정도는 OK
도가 지나쳐서는 안 돼요!

강아지에게 간식이 사라지는 마술을 보여주는 동영상이 화제가 된 적이 있죠. 담요에 숨어 있던 사람이 사라지는 '왓 더 플러프 챌린지(What the Fluff Challenge)'를 시도해본 반려인도 있으리라 생각합니다.

  무언가 갑자기 사라지는 마술은 강아지한테도 신기한 일이죠. 살짝 놀래키는 정도는 괜찮지만, 강아지가 불안한 모습을 보인다면 즉시 트릭을 공개하는 편이 좋습니다.

  강아지가 집을 지키고 있을 때 수상한 자인 척하며 침입하는 몰래카메라는 하지 마세요. 극심한 공포감을 줄뿐더러 반려인을 불신하게 돼요.

  반려인과 반려견 모두 가볍게 즐길 수 있는 소소한 이벤트를 추천합니다.

마음 — 이런 행동은 가끔 걱정스러워요

2장

식사·화장실·산책이 가장 중요해요

- 어떤 사료가 좋을까요?
- 잘 먹고 잘 마시는 건 건강하다는 증거?
- 실내 배변이냐, 실외 배변이냐, 그것이 문제로다...
- 산책은 강아지의 삶의 낙

강아지와 식사
053

사료 종류가 너무 많아서 못 고르겠어요!

기본 식사는 '종합영양식'이라고 표시된 먹이를 급여해주세요

반려동물 열풍을 반영해서인지 시중에는 아주 다양한 사료가 판매되고 있습니다. 시중에 시판되는 강아지 사료는 '종합영양식(주식)', '일반식(부식)', '간식(군것질)', 이렇게 3종류가 있습니다. 우선 기본 식사는 종합영양식을 급여해야 해요.

종합영양식이란 해당 식품과 물만 급여해도 개의 건강이 유지되는 제품입니다. 개에게 필요한 영양소가 골고루 들어 있어서 사람 식사로 치면 백반 정식이라고 할 수 있겠죠.

일반식은 종합영양식에 더해 주는 반찬 같은 식품이고요.

간식은 보상 개념으로 주는 그야말로 군것질 같은 거예요. 기호성이 높고 강아지도 잘 먹지만, 간식만으로는 필수 영양소를 섭취할 수 없습니다. 어디까지나 종합영양식의 보조 식품 정도로만 생각해주세요.

각각의 급여 방법은 다른 항목에서 설명하겠습니다.

식사 — 어떤 사료가 좋을까요?

사료의 종류

- **종합영양식(주식)**
- **일반식(부식)** • **간식(군것질)**
- **처방식** 동물병원에서 처방되는 치료 목적의 식사. 별다른 지시가 없는 한 처방식과 물만 급여한다.
- **그 밖의 목적식** 특정 영양 성분 등을 보충할 목적으로 급여하는 식사. 반려견 전용으로 나온 영양제와 분말 파우더, 식재료 등이 있다.

강아지와 식사

054

성장 단계나 견종에 맞는 사료로 바꿔야 할까요?

강아지의 성장 단계나 크기에 따라 필수 영양소가 달라져요

사료는 강아지용, 성장기용, 성견용과 같이 성장 단계별뿐만 아니라 소형견용, 대형견용 등 크기별로도 나뉘어 있습니다.

이 부분이 굉장히 중요해요. 성장기 강아지는 활동량이 많아서 한 끼 식사로도 충분한 에너지를 섭취할 수 있는 제품이 좋지만, 운동량이 감소한 노령견에게는 그만큼의 에너지가 필요하지 않습니다.

또, 폭풍 성장하는 대형견 강아지는 어느 순간 갑자기 덩치가 커지고 체중이 불어나요. 그래서 강아지의 성장기에 맞는 영양소와 칼로리가 필요하죠.

성장 단계나 강아지 크기에 따라 필요한 영양소가 다르므로 이를 잘 고려해 강아지에게 알맞은 제품을 급여해주세요.

식사 — 어떤 사료가 좋을까요?

강아지와 식사
055

원하는 만큼 사료를 주면
안 되겠죠?

1일 적정량을 주는 게
무엇보다 중요하답니다

식사 — 어떤 사료가 좋을까요?

강아지의 식사는 연령에 따라 필수 영양소와 필요 섭취 칼로리가 다릅니다. 하지만 1일 적정량※을 지켜서 급여하는 것이 원칙이죠.

강아지에게 필요한 섭취 칼로리는 체중 1kg당 126kcal가 기준이지만, 실제로는 강아지의 나이 및 체중과 더불어 ①비만도 ②중성화 수술 여부 ③운동량 등에 따라 달라집니다. 예를 들어 체중이 10kg인 강아지의 경우, 단순히 126kcal×10kg으로 계산해서는 안 된다는 뜻이에요.

하지만 반려인이 이 모든 요소를 고려해서 적정량을 계산하기란 어렵기 때문에 기본적으로는 사료의 상품 패키지에 적힌 적정량을 참고해서 주는 것이 가장 좋습니다(반려견에게 필요한 적정량을 자세히 알고 싶다면 아래 사이트를 참고해주세요. 또는 동물병원에서도 계산해줍니다).

패키지에 기재되어 있는 체중은 '이상 체중'을 기준으로 합니다. 현재 체중에 맞추다 보면 급여량이 지나치게 많아질 수 있으므로 주의해주세요. 정기적으로 체중을 측정해서 사료의 양이 적당한지 확인하는 것도 중요해요.

※ 체중을 기입하고 해당 항목을 체크하면 칼로리를 계산할 수 있는 사이트 'UGpet.com 강아지 칼로리 계산표'
https://www.ugpet.com/guide/dog/food/ingredient/calorie/calc

강아지와 식사
056 사료는 하루에 몇 번 주는 게 좋아요?

1일 2회, 산책 후가 기준이에요
급성장기 강아지에게는 1일 4~5회 주세요

사료는 1일 2회, 가능하면 아침과 저녁 산책 후에 주는 게 이상적이에요 (1일분의 총량을 2회로 나눕니다).

예전에는 하루에 한 번만 줘도 된다는 의견도 있었지만, 공복 시간이 길면 위액을 토하거나 위장에 부담이 된다는 이유로 요즘에는 크게 권하지 않습니다. 1회 식사만으로는 식욕을 확인하기도 어렵고요.

만약 사료 패키지에 식사 횟수가 지정되어 있다면 그대로 따라주세요.

급성장기(소형견과 중형견은 5개월령까지, 대형견은 10개월령까지) 에는 위가 작은 데 비해 많은 에너지를 필요로 하기 때문에 하루치를 4~5회로 나누어 급여해주세요. 특히 어린 소형견 강아지는 공복에 저혈당을 일으키기 쉽습니다.

몸집이 커질수록 사료량을 늘리거나 품질을 높여야 할 것 같지만, 중요한 것은 급성장기예요. 인간의 성장기와 같죠.

강아지는 '반만 먹고 나머지는 저녁에 먹어야지'라는 생각을 하지 못합니다. 반려인이 온종일 외출하는 일이 잦다면, 정해진 시간에 정해진 양만큼만 사료가 나오는 자동 급식기가 편리해요. 한번 써보는 것도 추천합니다.

식사 — 어떤 사료가 좋을까요?

강아지와 식사
057

이 사료가 우리 강아지에게 맞을까요?

사료가 잘 맞는지 쉽게 확인할 수 있는 방법은 털의 윤기를 체크해보는 거예요

급여 중인 사료가 잘 맞는지 쉽게 확인하는 방법이 있습니다. 털의 윤기를 체크해보는 거예요.

 사료가 맞지 않으면 식물 알레르기나 피부 염증을 일으키기 쉽고, 털이 푸석푸석해지거나 눈가나 귀 주변이 거칠어져요.

 물론 식성으로도 알 수 있지만, 배가 고파서 잘 먹는 것일 수도 있으므로 털의 윤기로 확인하는 것이 가장 바람직합니다. 사료는 싸다는 이유로 선택하지 말고, 가급적 첨가물이 들지 않은 제품을 고르는 게 중요해요.

 실은 잘 먹는다고 해서 좋은 사료라고 할 수는 없습니다. 진정으로 건강을 생각한 밸런스 좋은 사료는 맛이 좀 떨어지는 경향이 있어서 강아지가 맛있게 먹진 않기 때문이죠. 강아지도 사람과 마찬가지로 나트륨(염분)이나 지방이 많은 음식을 맛있다고 느낍니다.

 운동량과 함께 대사 에너지도 감소하는 중년기(7~10세)에도 그동안 먹였던 사료를 계속해서 먹이면 과잉 섭취하는 영양소가 생길 수 있어요. 사료를 바꾼 경우에는 몇 개월 후에 혈액 검사를 해주세요. 바꾼 사료가 몸에 부담을 주진 않는지 알 수 있습니다.

식사 — 어떤 사료가 좋을까요?

강아지와 식사

058 ▶ 올바른 사료 보관법을 알고 싶어요

가급적이면 상온에 보관하고 빠른 시일 내에 다 먹을 수 있는 사이즈를 구매하세요
양이 많다면 소분해서 냉동 보관을 하세요

기본적으로는 상온에 보관하고 개봉 후 한 달 이내에 다 먹을 수 있는 양, 특히 여름에는 1~2주를 기준으로 구입하세요. 10kg인 강아지라면 2kg 정도의 사료가 적당합니다.

'처음에는 잘 먹었는데 최근에는 잘 안 먹는다.'의 경우는 사료가 변질되어 그럴 수 있습니다. 신선도가 중요해요.

봄부터 여름 동안에는 냉장 보관도 피하는 편이 좋습니다. 냉장고에 보관한 사료를 꺼내면 결로 현상이 생겨서 사료 품질이 떨어질 수 있어요. 밥그릇에 남은 사료에 새 사료를 섞는 것도 좋지 않아요.

큰 봉지가 경제적으로 더 이득이라서 구매하는 경우도 있겠지요. 그럴 땐 지퍼백에 소분해서 냉동 보관하세요. 봉지를 밀봉한 채로 해동하면 신선함을 유지할 수 있답니다.

식근 어떤 사료가 좋을까요?

강아지와 식사

059 씹지 않고 삼키는데 괜찮을까요?

강아지는 원래 통째로 먹는 스타일이랍니다
씹지 않고 삼켜도 괜찮아요

강아지의 식성은 원래 육식에 가까운 잡식입니다. 고기를 물어뜯어 통째로 먹는 스타일이라서 사료도 그냥 삼켜도 괜찮아요.

그런 특성에 맞춰 건식 사료의 알갱이는 씹지 않고 먹을 수 있게 고안되었습니다(통째로 삼켜도 괜찮은 크기지만, 강아지는 어느 정도 씹으면서 먹습니다).

다만, 유럽이나 미국에서 제조된 사료를 소형견에게 급여할 때는 주의해야 해요. 알갱이 크기가 1cm를 넘지 않는 상품을 선택해주세요. 유럽과 미국은 중형견과 대형견의 수가 많아서 사료 입자도 전체적으로 크답니다(유럽과 미국에서는 래브라도 리트리버가 중형견입니다).

걱정된다면 사료 알갱이를 부엌 가위로 자르거나 따뜻한 물에 불려서 급여하세요.

식문 어떤 사료가 좋을까요?

강아지와 식사

060 습식 사료만 먹고 싶어 해요!

턱과 치아의 건강을 위해서는 씹는 것도 중요해요
건식 사료도 급여해주세요

부드러운 습식 사료만 먹으면 턱과 치아가 약해져서 나중에 치주 질환으로 치아가 빠질 가능성이 높습니다.

강아지의 구강 안을 진찰하다 보면 자주 사용하는 이빨은 치석이 잘 끼지 않는다는 것을 알 수 있어요. 잘 씹는 것은 치아 건강과 연결됩니다. 어린 시기부터 어느 정도 씹는 재미가 있는 치발기 장난감을 사용해 놀아주는 것도 중요해요.

이번 기회에 건식 사료와 습식 사료의 차이를 설명할게요.

가장 큰 차이는 수분 함량입니다. 건식 사료는 수분 함량이 10% 전후인 데 비해 습식 사료는 80%에 가깝습니다(그 중간은 소프트 드라이, 세미 모이스트 타입이라고도 합니다).

각각 다음과 같은 특징이 있습니다.

어떤 사료가 좋을까요?

- **건식 사료**
  - ○ 치석이 끼기 어렵고 장기 보존이 가능하다. 개봉 후 빨리 먹지 않아도 괜찮다.
  - ✕ 식사로 수분을 섭취할 수 없다.
- **습식 사료**
  - ○ 식사로 수분을 섭취할 수 있고 기호성이 좋다.
  - ✕ 개봉 후 빨리 먹어야 한다. 양 조절이 어렵다.

강아지와 식사
061
강아지는 무슨 맛을 좋아해요?

단맛이나 짠맛을 맛있다고 느낄 수 있지만 중요한 건 냄새예요

강아지는 단맛, 짠맛, 신맛, 쓴맛을 느낄 수 있다고 합니다. 그중에서도 신맛과 쓴맛에 민감한데, 이는 상한 것과 독성 물질을 구별하기 위해서예요. 한편 단맛은 채소 종류를 맛보기 위해, 짠맛은 염분을 너무 많이 섭취하지 않기 위해서 작용합니다.

수제 식품을 줄 때는 염분에 주의하세요. 땀을 흘리지 않는 강아지가 염분을 과다 섭취하게 되면 심장이나 신장에 부담이 될 수 있습니다.

인간에게는 약 9,000개의 미뢰가 있는 반면, 강아지에게는 약 1,700개가 있어요. 인간의 1/6 수준밖에 되지 않아 맛을 즐기기보다 뛰어난 후각으로 냄새를 맛본다고 할 수 있습니다.

사람이 먹는 음식은 강아지의 입장에서 보면 염분이 높은 음식이 많으므로, 냄새에 이끌린 강아지가 무심코 집어먹지 않도록 주의하세요.

식단 — 어떤 사료가 좋을까요?

강아지와 식사

062 강아지에게 생고기를 먹여도 되나요?

육고기와 생선은 반드시 익혀서 급여하세요 특히 닭고기는 주의해야 합니다

'강아지는 원래 육식성이니까 야생 때처럼 생고기를 먹이는 게 좋다'라는 의견도 있습니다. 하지만 결론부터 말씀드리면 생고기는 좋지 않아요. 생고기의 살모넬라균 탓에 구토나 설사를 동반하는 식중독을 일으킬 수 있기 때문이죠.

심하면 체내에서 독소를 생성해 장기부전을 유발할 수도 있어요. 특히 닭고기는 주의가 필요합니다.

미국의 조사에 따르면 생식 사료의 80%에서 살모넬라균이 검출되었고, 해당 사료를 섭취한 강아지 중 30%는 대변에서도 살모넬라균이 검출되었습니다.

시중에서 판매하는 생고기는 내장이나 혈액 등을 제거한 것으로 야생에서 먹던 고기와는 달라요. 생고기는 물론 날생선도 반드시 불에 익혀서 급여해주세요.

강아지와 식사

063 강아지가 먹으면 안 되는 음식을 알고 싶어요

파, 양파, 마늘이 들어간 음식은 국물도 안 돼요
중독을 일으킬 위험성이 있답니다

아시다시피 강아지에게 파 종류를 급여해선 안 돼요. 강아지가 먹으면 적혈구가 파괴되어 빈혈 등의 중독 증상을 일으킵니다.

  파, 양파, 마늘, 부추 등에 함유된 황산화합물이 원인으로, 이 성분은 가열 조리해도 사라지지 않아요. 파를 사용한 요리는 파를 빼고 급여해도 중독을 일으킵니다.

  '실수로 양파를 먹었는데 의외로 아무렇지 않았다'는 경우도 있지만, 이건 반응에 개체차가 있기 때문이에요. 양파를 통째로 먹어도 아무렇지도 않은 개가 있는가 하면, 국물을 조금 먹었을 뿐인데 중독을 일으키는 개도 있습니다. 하지만 한번 먹었을 때 괜찮았다고 해서 괜찮은 게 아닙니다. 허용량을 초과하면 증상이 나타납니다.

  그 밖에도 먹어서는 안 될 음식을 소개할게요. 대형견이라고 해서 '조금이니까 괜찮겠지'라는 생각은 금물입니다.

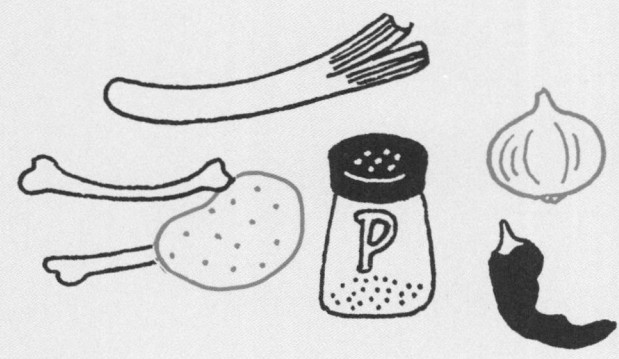

급여해서는 안 되는 음식

- ☐ **파, 양파, 마늘, 부추**
  구토 등의 급성 증상이 아니라, 증상이 나타나기까지 2~4일의 시일이 걸린다. 시간 경과 후 생명에 지장을 줄 수도 있기 때문에 섭취한 즉시 병원에 간다.

- ☐ **포도, 건포도, 무화과**
  구토, 설사, 허탈, 식욕 부진, 신부전. 심한 경우는 목숨을 잃을 수도 있다. 85g의 포도(14g의 건포도)면 4.5kg인 강아지에게 독성을 준다.

- ☐ **아보카도, 마카다미아 등의 넛츠류**
- ☐ **카페인**(커피, 녹차 등)
- ☐ **초콜릿, 카카오**
- ☐ **자일리톨**   ☐ **닭뼈**

과다 섭취하면 좋지 않은 음식

- ☐ **우유, 요구르트, 치즈**(소화 불량을 일으킨다)
- ☐ **고구마, 우엉**
  (섬유질이 많아 위 속에서 발효되어 가스가 차고 설사나 구토를 일으킨다)
- ☐ **귤 등의 감귤류**(설사)
- ☐ **오징어, 문어 등 어패류**(소화에 지장을 준다)
- ☐ **건멸치**
  (위 속에서 팽창하여 구토나 소화 불량의 원인이 된다)

강아지와 식사
064

사료 색깔을 보면
솔직히 맛없어 보여요...

노란색과 파란색 외에는 다 회색으로 보여요
색을 잘 구별하지 못하기 때문에
신경 쓰지 않아도 됩니다

식생 / 어떤 사료가 좋을까요?

사료 색은 대부분 갈색을 띠고 있습니다. 어느 반려인이 제게 이런 재밌는 질문을 한 적이 있어요.

"강아지에겐 맛있어 보이는 색인가요? 사람 도시락이 갈색이라면 수수해 보이긴 해도 맛은 좀 없어보일 것 같아요."

사실 강아지가 판별할 수 있는 색은 노란색과 파란색뿐이에요. 그 밖의 색은 회색으로 보이기 때문에 고기도 사료도 회색 음식일 뿐이죠. 왠지 갈색보다 더 맛없을 것 같지 않나요?

강아지의 '맛있는 기준'은 단연 냄새입니다. 시각에 의존하지 않고 미각도 사람의 1/6 수준밖에 안 되기 때문에 사람만큼 맛에 집착하지 않지요. 그래서 사료 제조업체에서는 식욕을 돋우는 냄새 연구에 총력을 기울이고 있답니다.

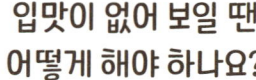

사료를 조금 데우면
냄새가 강해져 강아지의 식욕을 돋운답니다

반려견이 식욕이 없을 때는 사료를 조금 데워주면 입맛을 돋울 수 있어요. 사료를 데우면 냄새가 강해져 식욕이 자극되기 때문이죠. 강아지에게는 무엇보다 냄새가 중요하답니다.

본래 강아지가 먹는 야생동물의 체온이 38도 전후이기 때문에 그 정도의 온기가 먹기 좋습니다. 데워도 먹지 않을 때는 반려인이 시범을 보여주세요.

> 1 사료를 손으로 집어 입에 넣는 동작을 취하며 냠냠 소리를 내며 먹는 시늉을 한다.
> 2 집은 사료를 강아지의 입가에 가져간다.

그러면 강아지가 입에 넣거나 조금 먹는 경우가 있어요.

참고로 강아지는 따뜻한 음식을 좋아하긴 해도 뜨거운 음식은 잘 못 먹습니다. 동물에게 먹일 음식은 사람이 먹는 음식처럼 너무 뜨겁게 조리하지 마세요. 뜨거운 음식을 먹어본 적이 없어서 열에 대한 내성이 없습니다.

강아지와 식사 066

매일 똑같은 사료만 먹으면 물리지 않을까요?

바뀌면 오히려 스트레스를 받기 때문에 되도록이면 똑같은 사료를 주세요
바꿀 때는 갑자기 바꾸지 않는 것이 중요해요

시중에는 '치석 관리'나 '신장 기능 향상' 등, 특정 효능을 내세우는 종합영양식이 많이 있지요. 다양한 사료를 이것저것 맛보이고 싶은 마음은 이해하지만, 강아지는 오히려 스트레스를 느껴요. 그러니 '질릴 것 같다'라는 걱정에 사료를 적극적으로 바꿔줄 필요는 없어요. 특히 소형견이나 노령견에게는 주의가 필요합니다.

성장 단계(자견에서 성견 등)나 특정한 이유로 사료를 바꿔야 할 때는 늘 먹던 사료에 새로운 사료를 20% 정도 섞어서 주는 방식으로 시작하세요. 익숙해지면 50%, 더 익숙해지면 70%로 조금씩 늘려 1~2주간 정도에 걸쳐 서서히 바꿔주세요.

최근에는 일정 기간마다 일부러 사료(원재료나 제품)를 바꿔 알레르기 발생 위험을 낮추는 식사법인 '푸드 로테이션'이 주목받고 있습니다. 뭐든 다 잘 먹는 강아지라면 한번 시도해봐도 좋을 듯합니다.

식사

어떤 사료가 좋을까요?

8 : 2
↓
5 : 5
↓
3 : 7
↓

강아지와 식사
067

하루 간식은 어느 정도가
적당한가요?

간식 배가 따로 있지 않아요!
총 섭취 칼로리의 10% 이내로 주세요

식사 — 어떤 사료가 좋을까요?

저키나 우피, 치즈가 들어간 칩스 등 강아지의 간식은 사람의 '말린 음식' 같은 형태가 일반적입니다. 향이 강하고 오래 씹으며 즐길 수 있는지가 중요하죠. 물론 액상 타입인 츄르도 있어요.

간식은 하루 총 권장 섭취량(섭취 칼로리)의 10% 내에서 주세요. 간식을 주면 그만큼 종합영양식 등의 식사량을 줄여야 합니다.

하루 적정량이므로 식욕이 없다고 해서 간식만 주면 영양이 한쪽으로 치우칠 수 있어 바람직하지 않아요.

대사 에너지가 감소하는 초봄에서 여름에는 강아지의 식욕이 떨어지는데, 이를 걱정한 반려인이 강아지가 좋아하는 간식만 주어 문제가 되는 경우도 있습니다.

특히 어린 강아지의 경우는 생후 6개월령까지 기다렸다가 간식을 주어야 해요. 성장을 위한 중요한 시기이므로 사료를 잘 먹이는 것이 우선입니다(훈육할 때 보상도 사료를 주세요). 너무 이른 시기에 간식을 주면 사료를 먹지 않는 일도 있답니다.

강아지와 식사
068
보상으로 어떤 간식을 주면 좋을까요?

중요한 건 간식의 특별함이에요
잘게 뜯어줄 수 있는 저키나 치즈를 주세요

간식에는 한 가지 중요한 역할이 있습니다. 바로 훈육할 때 주는 '보상'이죠. 훈육의 기본은 '칭찬하면서 한다 → 완수하면 보상한다'입니다. 그럼 강아지는 간식을 먹고 싶어서 열심히 훈육에 임한답니다.

따라서 시도 때도 없이 간식을 주게 되면 특별함이 없어져 훈련에 대한 모티베이션이 떨어져요. 언제 줄지 알 수 없는 설렘이 중요하죠.

훈련할 때는 조금이라도 해낼 때마다 보상을 반복해야 하기 때문에 간식은 다음과 같이 소량씩만 급여합니다.

- 소형견이라면 새끼 손톱 끝
- 중형견이라면 새끼 손톱
- 대형견이라면 검지 손톱 끝

강아지가 받아먹으면 바로 다음 동작으로 넘어가는 게 중요해요.

'보상'용으로 좋은 간식

- **치즈** 냄새가 강하고 스페셜한 보상의 느낌이 있다.
- **저키** 건조한 닭고기 등 기호성이 높은 간식. 급여할 때 손이 끈적거리지 않는다. 보존에도 용이하다.
- **쿠키** 기호성이 낮다. 사이즈 조절이 어려워서 보상용으로 부적합하다. 입 안에서 녹기 때문에 목에 걸릴 위험은 없지만 치석이 끼기 쉽다.

식사 어떤 사료가 좋을까요?

강아지와 식사

069 ◀ 우족이 맛있나요? ▶

강아지가 좋아하는 동물 냄새가 가득하죠
그런데 너무 딱딱해서 이빨이 빠지는
문제가 늘고 있어요

식료
어떤 사료가 좋을까요?

우족이나 사슴뿔이 강아지의 간식이라니 조금 신기하죠.

발이나 뿔에는 강아지가 무척 좋아하는 동물 냄새가 가득한데다 장시간 씹을 수 있어서 스트레스 해소용으로 좋아요. 물론 먹어도 됩니다.

하지만 최근 들어 그런 동물의 발이나 뿔 때문에 이빨에 문제가 생겨 병원을 찾는 강아지가 늘었어요.

특히 영구치가 막 나기 시작한 강아지는 힘껏 물기 쉽습니다. 치아가 아직 연해서 가장 큰 치아인 위에서 네 번째 어금니가 빠질 수 있어요.

저희 병원에서도 매년 스무 건 가까이 이런 아이들을 치료를 하고 있어요. 치아에 좋다고 생각해서 우족을 주는 반려인도 많은 듯하지만, 우피 정도의 딱딱한 껌을 주는 것을 추천합니다.

강아지와 식사
070 　사료와 수제 음식, 어느 쪽이 좋나요?

각각 이점이 있습니다
혹시 모를 상황을 대비해 사료도 함께
급여해주세요

'안심하고 먹일 수 있는 밥을 강아지에게 만들어 주고 싶다', '질환이나 알레르기로 식사 제한이 있어서 사료를 먹일 수 없다' 등의 이유로 강아지의 음식을 손수 만드는 반려인도 있습니다.

　강아지의 식성은 육식에 가까운 잡식이라서 사람이 먹는 음식과 거의 같은 것을 주어도 됩니다. 하지만 몸에 좋다는 이유로 채소만 줘선 안 돼요. 강아지에게 필요한 것은 육류입니다.

　단, 수제 사료는 영양 계산이 필요해서 접근하기 어려운 부분이 있어요. 만약 손수 만든 밥을 준다면 시판되는 종합영양식에 곁들이는(토핑) 정도의 보조 음식 정도로만 생각해주세요. 또한, 손수 만들 수 없을 때를 대비해 시판되는 사료에 익숙해지는 것도 필요합니다.

　덧붙여서 밀가루에 과민증이 있는 강아지는 많지 않아서 글루텐 프리 사료까지는 필요치 않아요. 빵류(포도, 초코, 견과류, 향신료를 사용하지 않은 것)를 줘도 괜찮습니다.

　다만 고로케처럼 튀긴 빵은 지방분이 많기 때문에 췌장염에 걸릴 위험이 있어 주의해야 합니다.

식사 — 어떤 사료가 좋을까요?

강아지와 식사

071

토핑이 없으면 사료를 먹지 않아요...

최근 강아지의 편식이 늘고 있어요
다시 사료를 먹게 하는 방법이 있답니다

식사 — 어떤 사료가 좋을까요?

사료 위에 간식이나 삶은 닭가슴살, 생선 퓌레 등을 곁들이는 것을 '토핑'이라고 합니다.

  토핑은 강아지의 기호성이 좋아서 식욕이 없을 때도 편리하게 이용할 수 있지만, 토핑이 없으면 사료를 먹지 않는 아이도 있어요. 이른바 '미식 강아지'가 된 거죠.

  사람이 먹는 음식 맛을 알아버려서 사료를 먹지 않는 경우는 다음과 같은 방법으로 개선할 수 있어요. 수의사와 상담한 후에 강아지가 건강한 시기(강아지가 민첩하고 물을 잘 마시는 시기)에 시험해보기 바랍니다.

> **1** 먹을 것을 사료밖에 주지 않는다.
> **2** 30분이 지나도 먹지 않으면 치운다.
> **3** 1과 2를 반복하며 3일이 지나도 먹지 않는 경우는 동물병원으로 간다.

  간식도 편식의 원인이 될 수 있으므로 너무 많이 급여하지 않도록 주의하세요.

강아지와 식사

072 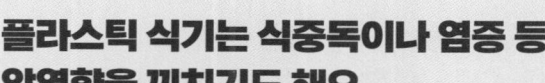 식기는 어떤 타입이 좋나요?

플라스틱 식기는 식중독이나 염증 등 악영향을 끼치기도 해요

강아지용 식기에는 다양한 종류가 있습니다. 단, 플라스틱제 식기를 사용할 때는 다음 사항에 주의해주세요.

> ● **식기에 흠집은 없는가**
> 플라스틱 식기는 흠집이 나기 쉬워 세균이 번식하기 쉽다. 특히 여름철에는 음식을 장시간 두면 식중독을 유발하는 원인이 된다. 가벼워서 다루기 쉬운 반면 강아지의 이빨 자국이 생기기 쉽다.
>
> ● **플라스틱 제품에 들어 있는 비스페놀A(BPA)에 주의한다**
> 비스페놀A는 동물에게 독성을 일으키기 때문에 플라스틱이나 고무 같은 화학 물질에 닿으면 접촉성 알레르기성 피부염에 걸리는 강아지도 있다.

물그릇도 마찬가지입니다. 스테인리스나 도기로 된 식기를 사용하는 것도 고려해보세요. 매번 식기를 씻어서 잘 건조한 다음 사용하기 바랍니다.

강아지와 물

073

하루 음수량의 기준은 얼마인가요?

체중 1kg당 50~60mL가 기준이에요
90mL를 넘는다면 병원에 상담을 받아보세요

강아지는 하루에 물을 얼마나 마셔야 할까요?

그날의 기온이나 식사에 함유된 수분량 등에 따라 달라지지만, 체중 1kg당 50~60mL가 기준입니다. 예를 들어 체중 5kg인 강아지라면 섭취량은 250~300mL로 계산합니다(사료에 함유된 수분은 포함하지 않습니다).

수면 시간이 길면 음수량이 부족할 순 있지만, 강아지는 본래 어느 정도 물을 마십니다. 반대로 더운 날이 아닌데도 물을 너무 많이 마신다면 주의해주세요.

특히 강아지의 경우, 증상의 한 가지로 물을 많이 마시는 현상이 나타나는 질환이 많습니다. 하루 음수량이 1kg당 90mL를 넘는다면 혈액 검사나 소변 검사를 해보세요.

> **음수량의 기준**
>
> - 체중 1kg당 50~60mL/1일
> ※ 대형견의 경우는 조금 많이 마셔도 괜찮다

물 | 잘 먹고 잘 마시는 건 건강하다는 증거?

강아지와 물
074

물을 어느 정도 마시고 있는지 알고 싶어요

물그릇에 남아 있는 물의 양으로 음수량을 대략 파악할 수 있어요

반려견이 하루에 어느 정도의 물을 마시는지는 파악하고 있어야겠죠?

음수량 체크 방법을 소개하겠습니다. 5kg인 강아지를 예로 설명할게요.

> 1. 450mL(많이 마실 수도 있으므로 넉넉하게 1일 90mL로 설정×5kg)의 물을 물그릇에 담는다. 물그릇이 두 개 이상 있는 경우는 각각 나누어 담는다.
> 2. 물그릇에 남아 있는 물의 양을 잰다(물그릇이 여러 개인 경우는 더한다). 전날 담은 양에서 남은 물을 뺀 양이 대략의 음수량이 된다.

물

잘 먹고 잘 마시는 건 건강하다는 증거?

기온이 높으면 강아지의 신체나 물그릇에서 수분이 증발합니다. 식사에 함유된 수분량으로 보충되기도 해요. 조건의 차이는 있겠지만, 대략 어느 정도인지 파악하는 건 중요하답니다.

더운 시기에는 몸을 식히기 위해 강아지의 음수량이 증가하는데, 날이 시원해져도 음수량이 줄지 않는다면 동물병원에서 진찰을 받아보기 바랍니다.

강아지와 물
075

물을 줄 때
주의할 점이 있나요?

당연한 이야기지만 물은 매일 갈아주세요
더워도 얼음물은 주지 마세요!

당연한 이야기지만 매일 신선한 물을 주세요.

물을 갈아줄 때는 물그릇도 깨끗이 씻어야 합니다. 물 대신 차나 주스 등을 줘서는 안 돼요. 물은 반드시 물이어야 합니다.

또한 물의 온도에도 주의하세요. 여름에는 강아지도 시원한 물을 좋아합니다. 혀를 식히기 위해 얼음을 핥게 하는 정도는 괜찮지만, 몸을 식히기 위해 대량의 얼음물을 주는 것은 좋지 않습니다.

많은 양의 얼음물이 위에 흡수되면 설사나 구토의 원인이 될 수도 있으며, 갑자기 위의 활동이 멈추면서 대형견은 위확장증이나 위염전증후군, 소형견은 저체온증을 일으킬 우려가 있어요.

한 가지 더 말씀드리자면, 물그릇은 평소 강아지가 지나다니는 곳에 두세요. 케이지나 울타리 안에 넣어줘도 좋고, 밖에 두어도 좋습니다.

강아지와 물

076

우리 강아지는 물 마시는 게
서툰 것 같아요…

서툰 게 아니라 혀 사용법이 독특해서예요
고양이랑 다르답니다

물을 사방에 튀겨가며 꿀꺽꿀꺽 맛있게 먹는 강아지가 있죠. 그 모습을 보고 물 마시는 게 서툴다고 생각할지도 모르겠네요.

사실 강아지의 혀 사용법은 꽤 독특합니다. 고양이가 'J' 형태(혀를 바깥쪽으로 마는 형태)라면 강아지는 'ㄴ' 형태(혀를 안쪽으로 마는 형태)랄까요. 언뜻 혀를 내밀고 물을 위로 퍼 올려 마시는 것처럼 보이지만, 실은 반대로 퍼 올립니다. 즉 혀를 아래턱 쪽으로 말아 물을 마시는 것이죠.

게다가 물속에 혀를 쏙 집어넣기 때문에 입 주위나 바닥이 흠뻑 젖게 됩니다. 왜 이렇게 혀를 사용하는지는 아직 밝혀지지 않았어요.

물 잘 먹고 잘 마시는 건 건강하다는 증거?

강아지와 물

077

 물을 쉽게 마시게 해주는 방법이 있나요?

혀로 누르면 물이 나오는 급수기도 있어요
물그릇을 엎을 염려도 없답니다

'혀를 열심히 움직이는 것 치고는 물을 많이 못 마신다.'

이 또한 뭔가 좀 짠하면서도 귀여운 강아지의 모습이지요.

이런 반려견을 위해 워터 노즐 급수기를 사용해보는 건 어떨까요? 노즐을 혀로 누르는 것만으로도 물이 나오기 때문에 쉽게 물을 마실 수 있어요. 그 밖에도 이런 장점이 있답니다.

물 | 잘 먹고 잘 마시는 건 건강하다는 증거?

- **엎을 염려가 없다**
활발한 강아지는 여기저기 돌아다니다가 물그릇을 엎기도 한다. 집에 사람이 없을 때, 특히 여름철 물의 확보는 생명과 직결된다.

- **재해가 발생했을 때 도움이 된다**
대피소에서는 공간 등의 문제로 켄넬에 설치할 수 있는 급수기 사용을 권장하는 경우가 많다. 밖은 유해 물질이 많으므로 이물질 유입을 방지할 수도 있다.

중형견 이상의 강아지에게는 체격에 맞춰 물이 듬뿍 나오는 워터볼을 선택합니다. 물이 조금밖에 나오지 않는다면 큰 강아지는 무척 괴롭겠지요.

체중이 18kg 나가는 어떤 강아지는 물이 찔끔찔끔 나오는 게 짜증나서 노즐을 물어뜯어 버렸다고 해요.

강아지와 화장실
078
대소변은 하루에 몇 번이 적당한가요?

배뇨는 1일 3~5회, 배변은 1일 2~3회가 적당해요
횟수가 늘어도 줄어도 걱정이죠

강아지의 평균 배뇨 횟수는 하루 3~5회, 배변 횟수는 하루 2~3회가 기준입니다.

산책할 때 마킹하는 강아지는 배뇨 횟수가 증가하지만, 수컷 같은 경우는 모든 마킹을 1회로 계산하지 않아도 됩니다.

산책 시간이 한 시간이라면 '배뇨+여러 번의 마킹=1회'로 판단합니다(암컷은 발정기가 있어서 일률적으로 말하지 않습니다).

일과성이라면 아무런 문제가 되지 않지만, 배설 횟수는 늘어도 줄어도 걱정이지요. 빈도를 파악하면 질환의 조기 발견에 도움이 됩니다.

화장실

실내 배변이냐, 실외 배변이냐, 그것이 문제로다…

하루 평균 횟수

● 배뇨	● 배변
자견 5~8회	자견 5회 정도
성견 3~5회	성견 2~3회
노령견 5회 정도	노령견 2~3회

강아지와 화장실
079

실내 배설과 실외 배설 중 어느 쪽이 좋은가요?

실내 배설을 가르쳐주세요
강아지와 반려인 모두 삶이 편해진답니다

강아지는 본래 밖에서 배설하고 싶어 합니다. 마킹하고 싶은 본능 때문이죠. 하지만 강아지의 건강을 위한다면 반드시 실내 배설을 가르쳐주세요.

　실외 배설만 하는 아이가 산책을 하지 못한다면 오줌을 참게 되겠죠? 이건 강아지에게 무척 괴로운 일입니다. 방광이 심하게 부풀어 배뇨 장애를 일으키는 경우도 있지요. 너무 참아서 방광이 팽창하거나 배출하는 힘이 약해져 요로결석 등의 질환으로 이어지는 경우도 적지 않습니다.

　반려인이 바빠서 이번 주는 계속 잔업해야 하거나, 비 오는 날이나 무더위가 지속되거나 하는 이유로 산책을 할 수 없을 때도 있겠죠. 그런 때를 대비해 강아지가 집에서 혼자서도 배설할 수 있는 힘을 길러주세요.

화장실 : 실내 배변이냐, 실외 배변이냐, 그것이 문제로다…

강아지와 화장실
080
화장실 교육법을 알려주세요!

'쉬이, 응아' 같은 구령으로 배설을 유도하고, 성공하면 보상을 주세요
1~2개월에 걸쳐 천천히 해나갑니다

그럼 본격적으로 화장실 훈련을 시작해볼까요? 실내 배설은 배변 패드 위에서 하는 것이 기본입니다. 배변 패드는 배변 시트라고도 해요.

방법은 다음과 같습니다.

화장실 – 실내 배변이냐, 실외 배변이냐. 그것이 문제로다…

> 1 강아지가 배설하기 쉬운 타이밍. 예를 들어 자고 일어났을 때, 식사 후, 산책 전, 운동 후, 화장실 신호를 보일 때 배변 패드로 데려간다.
> 2 배설을 하려고 할 때 구령을 붙인다. 예를 들어 쉬이(배뇨), 응아(배변) 등 마음에 드는 용어로 구령한다.
> 3 배설했다면 상냥한 목소리로 칭찬하고 간식을 준다.

2에서 몇 분을 기다려도 배설하지 않으면, 중지하고 30분 후 등 시간을 두고 다시 시도합니다.

한 번 훈련할 때 두 번까지 시도해보세요(아기강아지는 배설 횟수가 많아서 조금 더 해도 괜찮아요). 해내지 못해도 꾸짖지 말고 아무 일도 없었다는 듯 대해주세요.

배설의 구령과 배변 패드의 감촉을 기억할 즈음에는 배설 습관이 붙을 거예요.

이렇게 말로 설명하면 간단해 보이지만, 실제로는 1~2개월 정도 걸리는 게 보통입니다. 끈기 있게 계속해보세요.

다만 성견이라면 교육이 어려울 수도 있기 때문에 동물병원에 상담을 권합니다. 대소변 횟수가 적어서 트레이닝할 기회 자체가 적기 때문이죠.

강아지는 대소변이 마려우면 배설할 장소를 찾기 시작합니다. 강아지의 배설 신호도 아래에 소개해두었으니 트레이닝할 때 활용해보세요.

> **강아지의 배설 신호**
> - 바닥(지면) 냄새를 맡기 시작한다.
> - 그 자리에서 빙글빙글 돌기 시작한다.
> - 안절부절못한다.

화장실 ➤

실내 배변이냐, 실외 배변이냐, 그것이 문제로다…

강아지와 화장실
081
산책을 시작했더니 밖에서만 배설하려고 해요!

실내 트레이닝과 같은 방법으로 서서히 집과의 거리를 좁혀가세요

실내 배변이냐, 실외 배변이냐, 그것이 문제로다…

"강아지가 어릴 땐 실내에서 배설했는데 산책을 시작하자 밖에서만 볼 일을 보려고 해요."

반려인에게서 이런 상담을 자주 받습니다.

마킹은 강아지의 본능이라서 억제하기가 힘들 수 있어요. 또한 본래 개는 깨끗한 걸 좋아해서 자신이 생활하는 영역을 더럽히고 싶지 않은 마음에서 그럴 수도 있어요.

실외 배변에서 실내 배변으로 되돌리려면 서서히 집과의 거리를 좁히는 트레이닝을 실시해야 합니다.

> 1 강아지가 배뇨를 하려고 하는 장소(집의 마당, 전봇대나 수풀 등)에 배변 패드를 깔아 소변을 보게 한다.
>
> 2 1의 상태에 익숙해지면 '배변 패드의 위치=배설하는 위치'를 서서히 집과 가까워지게 한다. 예를 들어 '집의 마당→현관→마루→희망 장소'로 패드를 이동시킨다.

이 경우에도 소변을 보려고 할 때 배설 구령을 붙이고 성공하면 간식을 주세요.

실내 배설이 습관화되면 산책할 때 배설 횟수는 감소하겠지요. 실내 배설은 항목 80(108p)의 화장실 교육법을 참고하세요.

강아지와 화장실
082
강아지에게는 어떤 화장실이 이상적인가요?

사이즈가 너무 작진 않나요?
배변판 위에서 빙글빙글 돌 수 있는
크기가 필요해요

실내용 화장실은 배변판에 배변 패드를 깔아서 사용합니다. 배변판을 선택할 때는 사이즈에 주의하세요. 반려인은 작은 사이즈를 선택하기 쉬운데, 다음 2가지 사항을 확인해야 합니다.

실내 배변이냐, 실외 배변이냐, 그것이 문제로다…

- 머리 위치가 배변판 한가운데에 올 때 엉덩이가 밖으로 나오지는 않는가?
- 머리 방향을 반대로 바꾸는 등 배변판 위에서 자세를 바꿀 수 있는가?

이러한 기준이라면 배변판이 신체 크기의 2~3배는 넓어야 적당하겠죠. 일반적인 배변판 사이즈도 소개할게요. 최근에는 강아지가 다리를 들고 소변을 볼 수 있도록 기둥이 있는 배변판도 있답니다.

배변판 평균 사이즈

- **레귤러**…45×30cm 정도(치와와 등)
- **와이드**…60×45cm 정도(토이 푸들 등)
- **슈퍼 와이드**…90×60cm 정도(보더 콜리 등)

강아지와 화장실
083

실내 화장실은 어디에
마련하는 게 좋나요?

강아지에게도 프라이버시 공간이 필요해요
훤히 보이는 곳은 싫어하죠
잠자리와 가까워도 NG입니다

실내 배변이냐, 실외 배변이냐, 그것이 문제로다…

강아지는 깨끗한 것을 좋아하기 때문에 잠자리와 가까운 곳에서 배설하는 것을 싫어합니다. 최소한 화장실은 잠자리에서 떨어진 장소에 마련해주세요.

강아지 화장실은 사람들 눈에 띄기 어렵고 편안한 장소가 좋습니다. 배설 중에는 무방비 상태가 되기 때문에 사람의 시선을 싫어해요. 통풍이 잘되고 냄새가 잘 빠지는 곳이면 더욱 좋습니다. 대소변 체크가 용이한 거실에 화장실을 두는 반려인도 많지요. 소파 뒤쪽 등 훤히 들여다보이지만 않는다면 나쁘지 않은 장소입니다.

'강아지 울타리 안에 화장실을 두는 건 어떨까요?' 만약 울타리 안에 화장실이 없다면 집에 아무도 없을 때 강아지가 배설할 수 없다는 문제가 생깁니다.

하지만 이 경우에는 잠자리와 화장실이 가까워지기 때문에 잠자리에 대한 고민이 필요해요.

이를테면 조금 넓은 타입의 울타리를 선택해 잠자리를 화장실보다 높은 위치에 두어 강아지가 잠자리와 화장실을 구별할 수 있게 하면 좋습니다.

> **추천하는 화장실 설치 장소**
> - 사람 화장실 옆
> - 탈의실
> - 복도 끝
> - 거실(가림막 설치)
>
> 현관은 사람들이 자주 왔다 갔다 해서 안정감이 떨어진다.

울타리 안에 화장실을 설치하는 경우

잠자리는 돔 형태 등 화장실과 확실히 다른 모양으로 차별화를 두세요.

케이지나 울타리 안에서도 배변 패드 위에서 자세를 바꿀 수 있는 크기가 필요해요.

화장실 — 실내 배변이냐, 실외 배변이냐, 그것이 문제로다…

강아지와 화장실

084 배변 패드를 갈기갈기 찢어요~

심심한 건지도 몰라요
잘못해서 먹을 수도 있으니
물고 뜯으며 놀 수 있는 장난감을 주세요

> 화장실
> 실내 배변이냐, 실외 배변이냐, 그것이 문제로다…

배변 패드를 찢어 버리는 강아지도 있습니다. 그럴 때는 메쉬 타입의 배변판을 사용해주세요. 메쉬 타입의 커버가 배변 패드를 덮기 때문에 강아지가 물어뜯을 수 없답니다.

물론 소량일 경우에 한하지만, 배변 패드 속의 흡수 폴리머는 강아지가 먹어도 크게 걱정할 건 없어요. 대변과 함께 몸 밖으로 배출됩니다.

위험한 것은 그 바깥쪽의 비닐 부분입니다. 소화기에 막힐 위험이 있기 때문이죠.

혼자 집을 지키다가 찢었다면 스트레스가 원인일지도 모릅니다.

강아지가 물고 뜯으며 놀 수 있는 교육 완구 등, 심심함을 해소할 수 있는 장난감을 주세요.

강아지와 화장실
085 화장실을 못 가려요~

더러운 화장실은 강아지도 싫어합니다
우선 환경을 점검한 다음
강아지의 컨디션도 확인해보세요

강아지가 배변 실수를 하는 데는 다음과 같은 이유가 있습니다.

- **화장실이 더럽다, 사이즈가 몸에 맞지 않는다** … 강아지는 깨끗한 환경을 좋아한다. 사이즈가 맞지 않아 안정감이 없는 것도 원인이 된다.
- **화장실 위치가 바뀌어서 위치를 잊어버렸다** … 갑자기 화장실 위치를 바꾸는 것도 원인이 된다.
- **배변 실수를 해서 혼났다** … 배설에 부정적인 이미지를 갖게 되어 숨어서 볼일을 본다.
- **경계가 애매하다** … 대부분 화장실과 잠자리가 너무 가까우면 발바닥 촉감이 비슷하기 때문에 화장실을 잠자리로 착각할 수도 있다. 잠자리를 조금 높은 위치에 마련하면 좋다.

물론 화장실 훈련이 제대로 안 되어 있을 가능성도 있지만 우선 환경부터 다시 검토해주세요. 그런 다음 강아지 몸에 통증은 없는지, 노화 때문은 아닌지, 질환은 없는지 등을 확인해주세요. 관절이 아파서 배변판에 오르기가 힘들 수도 있습니다. 신경 쓰인다면 동물병원에서 진찰을 받아보기 바랍니다.

화장실 : 실내 배변이냐, 실외 배변이냐, 그것이 문제로다…

강아지와 산책
086 산책을 하지 않는 강아지도 있나요?

강아지에게 산책은 삶의 낙이랍니다
산책을 하지 않는다면
특수한 사정이 있을 수 있어요

산책은 강아지의 삶의 낙

개는 뛰어난 후각과 체력으로 동료와 협력하면서 '추적형 사냥'을 해왔습니다. 바깥 냄새를 맡으며 돌아다니는 산책은 본능에 따른 행동이지요. 또한 반려인과 함께 걸으면 유대감이 한층 깊어집니다.

'소형견은 집에서 운동할 수 있으니까'라며 산책을 시키지 않는 반려인도 있어요. 하지만 산책의 목적은 운동에만 있지 않습니다. 산책을 통해 외부 자극, 이를테면 가족 이외의 사람, 개, 자동차 등 인간 사회를 경험하거나, 바깥의 기온 차를 느끼고 햇볕을 쬘 수 있지요. 이로써 호르몬 분비를 원활히 하고 치매도 예방합니다. 만약 펫숍 등에서 '산책이 필요 없는 강아지'라고 소개했다면 특수한 사정을 의심해 볼 수 있어요.

덧붙이자면 산책 중에는 리드 줄을 짧게 잡고 반려견 바로 옆에서 걸어주세요. 강아지가 반려인보다 앞서 걷거나, 냄새를 맡는 등의 행동은 특정 장소에서 반려인의 지시가 있을 때만 허락해주세요.

강아지와 산책

087 하루 산책은 어느 정도가 적당한가요?

1일 1~2회, 1회당 30분~1시간 산책을 기준으로 합니다

강아지에게 필요한 산책의 횟수와 운동량의 기준은 다음과 같습니다.

> ● **산책의 횟수**
> 집에서 배설하지 않는 강아지는 산책 시간이 곧 배설 시간이므로 최소한 1일 2회(아침저녁), 집에서 배설하는 강아지는 1일 1회 정도가 적당하다.
>
> ● **운동량의 기준**
> 30분~1시간/1회. 강아지가 조금 숨차하는 속도로 걷는다. 몸집이 클수록 운동량은 더 많이 필요하다.

산책은 강아지의 삶의 낙

젊고 건강한 강아지라면 견종에 상관없이 반려인과 함께 달리는 등 일정량의 운동을 요구합니다. 특히 다리가 긴 테리어계 견종 등 근육량이 많은 강아지는 더욱더 그렇죠.

다만, 강아지의 건강을 생각해서 한여름에는 자제하는 편이 좋아요. 또한, 치와와처럼 소형견을 한 시간 이상 달리게 하는 것은 너무 지나칩니다.

산책을 하지 않는 개는 촉진해보면 바로 티가 납니다. 동물병원에서 정기 검진을 겸하여 강아지의 적정 근육량 등을 체크해본 다음, 수의사에게 적당한 산책 시간과 거리를 물어보는 것도 좋은 방법입니다.

강아지와 산책
088

산책 중에 반려인이 조심할 점은 무엇인가요?

산책할 때는 반려견에게 집중하세요
아이 콘택트하며 대화를 나눕니다

산책은 강아지의 삶의 낙

산책할 때 강아지가 갑자기 차도로 뛰어들거나 모르는 사람에게 달려들지 않도록 하는 건 기본 사항이지요. 그래서 조금 다른 각도에서 이야기해보고자 합니다.

　스마트폰에 너무 집중하지 않도록 주의하세요.

　강아지는 사람과 아이 콘택트할 수 있는 신기한 동물입니다. 그래서 눈과 눈으로 소통하지 않고 행동하는 경우 강아지는 당황스러워합니다.

　산책 중 강아지는 반려인을 힐끔힐끔 쳐다봅니다. 강아지와 아이 콘택트하며 소통해보세요. 특히 사회화 시기에 해당하는 생후 1년 미만의 강아지에게는 매우 중요하답니다.

　산책 중 반려인은 강아지를 위에서 내려다보며 걷기 때문에 발의 움직임이 잘 보이지 않아 파행(발을 절뚝이며 걷는 증상)을 알아차리기 힘듭니다. 산책할 때는 강아지에게 온전히 집중해주세요.

강아지와 산책
089 ▸ 산책하다가 갑자기 안 움직여요~ ◂

스스로 코스를 정하고 싶거나
산책에 서툴러서 그래요
기다리는 수밖에 없답니다

강아지가 산책 중에 갑자기 걷지 않는 것을 두고 SNS 등에서는 산책 '거부견'이라고 부릅니다. 반려인은 이런 강아지의 파업에 퍽 난감해하면서도 귀엽다고 느끼죠.

  스스로 코스를 정하고 싶거나 산책에 서툴러서 그럴 수도 있지만, 강아지가 거부하기 시작했다면 억지로 리드 줄을 잡아당겨서는 안 됩니다. 거부감이 더욱 강해질뿐더러 산책을 싫어하게 될 수도 있어요. 그러다 하네스가 빠져 탈주 사고로 이어지면 걷잡을 수 없이 위험해집니다.

  유감이지만 이럴 때는 강아지가 스스로 움직일 때까지 기다리는 수밖에 없어요. 소형견이라면 안고 가는 방법도 있지만, 반복될 경우 멈추면 안아준다고 착각할 수도 있습니다.

  엔진이 꺼진 차와 마찬가지로 강아지도 완전히 멈추면 움직이는 데 시간이 걸려요. 슬슬 멈출 기미가 보이기 시작하면 "가자~!"라고 하면서 산책을 재촉해보세요.

  몸이 안 좋아서 움직이지 않을 때도 있으므로, 호흡이 거칠거나 혀의 색이 나쁘지 않은지도 체크해주세요. 열사병이나 심장병일 가능성도 있답니다.

산책은 강아지의 삶의 낙

강아지와 산책

090

산책 코스는 매일 바꾸는 게 좋나요?

매일의 새로운 자극이 노화나 치매 예방에 좋답니다
어린 강아지라면 지시를 잘 따르게 돼요!

산책은 강아지의 삶의 낙

매일은 힘들겠지만 가능한 한 산책 코스를 바꿀 것을 추천합니다. 산책하는 시간대를 바꾸는 것만으로도 강아지는 다양한 풍경을 경험할 수 있어요. 특히 노령견에게는 더없이 중요합니다. 매일의 새로운 자극이 노화나 치매 예방에 도움이 되기 때문이에요.

물론 어린 강아지에게도 뜻깊은 시간이 될 수 있어요. 매번 가는 곳이 아닌 다른 곳으로 가면 좋은 의미에서 강아지의 예측을 빗나가게 됩니다. 또한, 어디로 갈지 모르니까 반려인을 주목하는 시간이 늘어 지시에 잘 따르게 된답니다.

참고로 산책 코스는 잔디밭이나 숲속 등 다양한 냄새가 가득한 자연이 최고예요.

산책

산책은 강아지의 삶의 낙

강아지와 산책

091

더운데도 물을 잘 마시지 않아
걱정이에요

강아지는 땀을 흘리지 않기 때문에
더운 날 물을 마시는 의미가 사람과는 달라요

산책은 강아지의 삶의 낙

땀샘에는 2가지 종류가 있으며, 체온을 조절하는 땀은 에크린 땀샘에서 분비됩니다. 사람은 에크린 땀샘이 전신에 있는 반면, 강아지는 발바닥 패드에만 있어요. 체온 조절 구조가 다른 셈이죠.

강아지는 팬팅(panting)을 합니다. 입을 크게 벌려 혀를 내밀고 빠르고 얕은 숨을 헥헥거리며 쉬는 호흡인데요. 이 호흡법으로 타액을 증발시켜 기화열로 체온을 낮춰요. 팬팅은 수분 증발을 억제하기 때문에 더운 날에 물을 대량으로 마시지 않아도 탈수 증상이 잘 생기지 않습니다.

탈수가 신경 쓰인다면 다음의 내용을 체크해보세요. 모두 해당된다면 탈수 증상일 가능성은 낮습니다.

- ☐ 입술을 젖혔을 때 점막의 색이 붉은빛을 띠는가?
- ☐ 만졌을 때 타액으로 축축한 상태인가?

한편, 자신의 몸을 식히기 위해 물을 많이 마시는 강아지도 있긴 있습니다. 하지만 설사나 심장이 안 좋은 강아지의 경우 폐수종을 일으킬 수도 있어요.

반려견이 더위를 먹었을 때는 우선 목이나 가슴 주위를 물로 적셔주고, 시원한 방으로 대피시켜 주세요. 물을 마시는 것보다 몸을 식히는 게 중요해요.

강아지와 산책 092 — 겨울 산책에선 무엇을 주의해야 하나요?

몸이 뻣뻣해지기 때문에
갑자기 움직이면 다칠 수 있어요
워밍업은 필수랍니다

추운 날 갑자기 몸을 움직였다가 다치는 강아지가 많습니다. 추운 날씨에 산책할 때는 다음 사항에 특별히 주의하세요.

산책은 강아지의 삶의 낙

- **미리 몸을 따뜻하게 한다**
  일어나자마자 산책을 해서 관절을 다치거나, 추간판 탈출증이 생기거나, 십자인대가 파열되는 강아지가 많다. 산책 전에 히터를 틀거나 미지근한 물(35도 정도)을 마시게 하여 우선 몸을 따뜻하게 해준다.

- **강아지용 신발을 신긴다**
  꽁꽁 언 아스팔트 위를 걸어 발바닥 패드가 손상되는 강아지도 많으므로 신발을 신기는 등 방한 대책이 필요하다. 열을 빼앗겨 저체온증을 일으키기도 한다. 특히 소형견이나 노령견은 주의가 필요하다.
  동결 방지제는 발바닥 패드에 좋지 않을 뿐만 아니라, 강아지가 핥아서 섭취하는 경우도 있으니 주의해야 한다.

- **산책 시간이나 횟수를 조절한다**
  가능하면 날이 좀 풀리고 해가 떴을 때 나가는 것을 추천한다. 겨울철에는 산책을 길게 한 번 하는 것보다 짧게 여러 번 하는 것이 반려견의 몸에 부담이 적다.

강아지와 산책

093

비 오는 날에도 산책을 하는 게 좋나요?

젖는 것을 싫어하는 강아지에게는 필요하지 않아요
소형견에게는 비옷을 입혀주세요

비 오는 날에도 무조건 산책을 해야 하는 건 아닙니다. 젖는 것을 싫어해서 나가고 싶어 하지 않는 강아지도 있으니까요. 집에서 배설하는 강아지는 무리해서 나가지 않아도 돼요.

특히 소형견은 젖으면 체온이 내려가기 때문에 비옷을 입혀야 하는데, 비옷은 사이즈를 선택할 때 주의가 필요합니다.

비옷은 방수 기능을 중시하기 때문에 신축성이 낮은 원단을 사용한 제품이 많아서, 사이즈가 작으면 겨드랑이 밑이나 다리 안쪽이 끼어서 상처가 생길 수 있습니다. 특히 성장기 강아지나 처음 비옷을 입는 아이는 주의해주세요. 잠깐만 입어도 피부염이 생기거나 살갗이 까질 수 있습니다.

발바닥이나 다리 안쪽 등에 습기가 남아 있으면 피부염의 원인이 되므로 집에 돌아온 후에는 털을 바짝 말려주세요.

산책 / 산책은 강아지의 삶의 낙

강아지와 산책
094
강아지에게도 옷이 필요할까요?

추위를 타는 강아지도 있어요
노령견은 옷을 입는 것만으로도 건강해지는 경우가 있답니다

찬반 여론이 있지만, 추운 지역에 산다면 강아지 옷을 준비해주세요.
특히 다음 견종을 키운다면 더욱더 신경 써주기 바랍니다.

- **단모종(대형견 포함)** … 사막지대 출신인 그레이하운드 같은 단모종은 추위에 약하다. 추위에 적응하지 못하는 견종도 많다.
- **자견, 노령견** … 견종을 떠나 추위에 약하다.
- **소형견** … 체중에 비해 신체 표면적이 크기 때문에 격렬한 대사 활동으로 열을 빼앗기기 쉽다.

특히 노령견은 옷을 입기만 해도 신체 움직임이 활발해지거나 컨디션이 좋아지는 경우가 많아요. 몸을 따뜻하게 해주는 건 단순하지만 효과가 빠릅니다.

신발은 길이 얼거나 눈이 쌓인 경우를 제외하고는 억지로 신기지 않는 편이 좋다고 생각합니다.

산책은 강아지의 삶의 낙

095 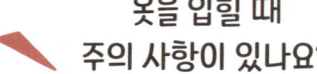 옷을 입힐 때 주의 사항이 있나요?

고무줄을 사용하지 않은 옷! 근육을 절단해야 할 만큼 심각한 손상을 일으키는 경우도 있답니다

'강아지에게 입힌 방수 비닐이나 비옷이 벗겨지지 않게 하려고', '발을 다쳐서 신긴 양말을 고정하기 위해', '귀가 처진 아이의 귀를 묶어서 통풍이 잘 되게 하려고' 등 다양한 이유로 반려인이 고무줄을 사용하는 경우를 더러 봅니다.

하지만 빼는 걸 깜빡 잊어 사고로 이어지는 경우가 대부분이죠. 제발 강아지에게 고무줄을 사용하지 마세요.

고무줄을 착용한 채로 있으면 고무줄이 점점 살갗으로 파고듭니다. 최악의 경우, 근육을 절단해야 하는 심각한 손상으로 이어질 수도 있어요. 특히 장모종은 털이 길어서 잘 보이지 않기 때문에 고무줄 빼는 것을 잊기 쉽습니다.

만약 고정을 위해 무언가 필요하다면 착용한 채로 있어도 압박감이 없는 테이프 등 폭이 있는 것을 사용하세요. 눈에 잘 보이기도 해서 빼는 것을 깜빡 잊지 않을 수 있습니다.

강아지와 산책

096 ◀ 산책 중 배뇨 매너에 대해서 알고 싶어요 ▶

잊기 쉬운 건 소변 처리!
작은 물병을 준비하세요

대변을 처리하는 규칙은 에티켓으로 정착되었지만, 소변 처리는 깜빡하고 잊기 쉽습니다. 산책할 때는 애견 물병을 준비해주세요. 마시기 위한 용도가 아니라 소변 냄새를 씻어내기 위한 용도입니다.

산책은 강아지의 삶의 낙

  배설물 냄새가 밴 장소를 발견하면 강아지는 마킹하여 냄새를 덧씌웁니다. 냄새를 씻어내지 않으면 수많은 강아지의 마킹 포인트가 되고 말죠.

  물을 준비하면 대변 처리에도 도움이 됩니다. 땅에 잔여물이 남아 있으면 물티슈로 닦아내고 물을 부어주세요.

  배설물에 기생충이 섞여 있을 경우, 강아지가 냄새를 맡은 순간 코에 붙어서 혀로 낼름 핥으면 바로 체내로 들어갑니다. 따라서 소변과 대변 모두 세심하게 치울 필요가 있어요.

  '무거워서 물을 들고 다니기 싫다'면 미니 물병을 준비하여 산책 도중에 공원 등에서 물을 보충하면 좋습니다.

강아지와 산책

097 산책하고 나면 발바닥을 닦아줘야 하나요?

배기가스 등의 유해 물질은 온몸에 달라붙어요 발바닥만으로는 충분하지 않답니다

산책은 강아지의 삶의 낙

발바닥뿐만 아니라 몸 전체를 물티슈(논알코올)나 수건으로 닦아줘야 합니다. 배기가스 등의 유해 물질 등이 털에 달라붙기 때문에 발바닥만으로는 충분하지 않아요. 특히 초봄에는 꽃가루도 주의해야 합니다.

강아지는 낙엽 위에서 마구 뒹구는 것도 무척 재밌어하죠. 하지만 낙엽 속에는 곰팡이, 세균, 기생충 등이 가득하답니다. 강아지가 몸을 핥거나 가족이 만지기 전에 몸을 깨끗하게 닦아주세요.

껌이나 페인트, 타르 등과 같이 잘 떼어지지 않는 물질이 붙었을 때는 다음과 같은 방법을 써보기 바랍니다.

1 오염 부위에 샐러드유를 발라 유분을 녹인다.
2 오염 물질을 녹였으면 밀가루를 묻혀 유분을 흡수시킨다.
3 강아지 전용 샴푸로 씻어낸다(유분을 제거하기 위해).

강아지와 산책
098

주의해야 하는 관리가 있으면
알려주세요

발바닥을 자주 씻기지 마세요
과다한 피지 제거로 트러블이 생길 수 있어요

발바닥은 산책할 때마다 매번 물로 씻기지 않아도 괜찮아요.

강아지의 발바닥 패드는 원래 부드럽고 촉촉하며 검은색이나 피부색으로 반들거립니다. 그런데 산책할 때마다 매번 물로 헹구게 되면 피지가 과도하게 제거돼요.

더구나 덜 마른 상태로 방치하면 어떻게 될까요? 패드에는 땀샘이나 피지샘이 많아서 땀과 피지, 덜 마른 털이 뒤섞여 피부염을 일으킵니다. 가려워서 계속 핥거나 하면 증상이 심해지겠죠. 발바닥은 물티슈 등으로 가볍게 닦아주세요.

패드 속의 콜라겐이나 지방은 탄력성이 있어 충격을 흡수하는 역할도 합니다. 한편, 표면의 딱딱한 각질층은 재생이 어려워서 작은 상처라도 잘 낫지 않아 치료하는 데 오랜 시간이 걸립니다.

따라서 산책을 하고 나면 발바닥에 상처가 없는지 확인하고, 딱딱한 아스팔트를 자주 걷는 강아지는 발바닥 전용 보습 크림을 발라서 철저히 관리해주세요.

산책은 강아지의 삶의 낙

3장

귀엽고 궁금한
강아지의 생태

- 강아지의 신체 기능은 이렇게 대단해요
- 견종마다 성격은 천차만별이에요
- 강아지와 함께하는 삶은 건강에도 좋아요!

강아지의 생태
099

냄새를 너무 잘 맡아도 피곤할 것 같아요...

후각은 인간의 백만 배예요
하지만 냄새가 백만 배 진하게 나는 건 아니랍니다

동물의 후각은 비강 속에 있는 후각 상피(냄새를 감지하는 점막)의 표면적으로 결정됩니다. 인간을 1이라고 치면 강아지는 60배(참고로 고양이는 7배)에 달하는 면적을 갖고 있어서 인간보다 후각이 백만 배나 뛰어나다고 해요.

여러분은 '예민한 후각' 하면 어떤 이미지가 떠오르시나요?

후각이 백만 배 뛰어나다고 해서 냄새를 백만 배 더 진하게 맡을 수 있는 것은 아닙니다. 사람이 감지할 수 있는 최소한의 냄새를 백만 배로 희석시켜도 맡을 수 있다는 뜻이죠.

이처럼 뛰어난 강아지의 후각을 의료에 활용하려는 움직임도 있습니다. 바로 '암 탐지견'이죠. 사람의 호흡이나 혈액 냄새로 암 등의 심각한 질병을 조기 발견하려는 시도가 진행되고 있답니다.

생태

강아지의 신체 기능은 이렇게 대단해요

강아지의 생태 100 — 코가 짧은 개는 냄새를 잘 못 맡나요?

머즐이 긴 개보다는 잘 못 맡지만, 고성능이라는 점에선 다르지 않아요

후각은 후각 상피의 표면적에 비례하기 때문에 머즐(입에서 코까지의 부분)이 긴 장두종이 냄새를 더 잘 맡습니다. 저먼 셰퍼드 같은 견종이 그 예죠.

치와와 프렌치 불도그 같은 단두종도 기본적인 기관과 기능은 차이가 없어요. 얼굴 구조의 차이가 후각의 차이로 나타난 형태죠. 코를 비비듯 냄새를 맡는 것도 이 견종의 개성입니다.

단두종은 코가 납작한 강아지가 많은데, 어떤 강아지는 콧구멍이 제대로 뚫려 있지 않은 아이도 있어요. 콧구멍이 작거나 좁으면 나중에 코골이나 호흡곤란이 나타날 우려가 있으니, 일찍이 이런 증상이 나타난다면 수술로 콧구멍을 확장하는 것도 한 방법입니다.

생태 — 강아지의 신체 기능은 이렇게 대단해요

강아지의 생태 101

축 처진 귀라도 잘 들리나요?

덮개를 덮은 듯한 형태지만 쫑긋 선 귀 못지않게 소리를 잘 들어요 작은 소리도 놓치지 않는답니다

생태 — 강아지의 신체 기능은 이렇게 대단해요

귀의 형태에는 쫑긋 선 귀와 축 처진 귀 2가지 종류가 있습니다. 그럼 축 처진 귀는 귓구멍을 덮개로 덮은 듯한 형태니까 소리가 잘 안 들릴까요?

귀의 형태와는 상관없이, 강아지는 사람에게는 들리지 않는 초음파도 곧잘 듣습니다. 사람이 들을 수 있는 주파수는 최대 약 2만Hz(헤르츠)인데 반해 강아지는 약 5만Hz, 무려 3배에 달한답니다.

강아지의 귀가 가진 재밌는 기능을 소개할게요.

강아지의 귀에는 근육이 많아서 좌우를 따로 움직일 수 있어요. 그 때문에 귓바퀴가 잡음기 같은 역할을 해서 시끄러운 장소에서도 특정 소리를 잡아낼 수 있답니다.

요즘은 보안을 강화하는 집이 늘고 있는데, 강아지의 귀를 보면 고성능 경보기 같은 성능을 발휘한다는 점을 알 수 있어요.

강아지의 생태 102 — 강아지 귀에서 냄새가 나요...

강아지는 귓속 트러블이 많아요
일주일에 한두 번은 깨끗하게 닦아주세요

강아지의 귓구멍은 L자형을 띠고 있습니다. 그래서 이물질이 들어가기 어려운 대신 통기성이 안 좋아서 귀지에 세균이 번식하기 쉬워요.

아메리칸 코커 스패니얼이나 골든 리트리버처럼 귀가 축 처진 강아지에게 특히 트러블이 자주 발생하며, 귀가 쫑긋 선 강아지에게도 귀 트러블이 호발해요.

1. 시판되는 강아지용 이어 클리너(세정제)를 준비하거나 물과 사과 식초를 1:1 비율로 섞은 용액을 만든다.
2. 1에 솜을 적시고 가볍게 짜서 귓구멍 입구나 구멍 속 보이는 곳까지 부드럽게 닦아낸다.

이러한 방법으로 일주일에 1~2회 정도 귀를 관리해주세요. 특히 고온다습한 시기에는 주의가 필요합니다.

단, 귓속 깊숙이 청소할 필요는 없어요. 면봉 등을 사용해 귓속까지 깨끗이 청소하려다 오히려 염증을 일으켜 감염을 유발하는 경우도 있으니 주의하세요.

강아지의 생태
103 계산을 할 수 있는 강아지도 있나요?

계산은 할 수 없지만
간식이 많은지 적은지는 바로 알아요

'1+1=2'와 같은 계산 문제를 보고 짖어서 답을 알리는 강아지가 있습니다. 그럼 훈련으로 계산이 가능한 걸까요? 역시 그렇지는 않습니다. 출제자의 표정이나 몸짓이 신호가 된다고 생각해요. 사람의 표정을 읽어내다니, 그만큼 강아지가 대단하다는 사실을 알 수 있지요.

하지만 수량이 많은지 적은지는 판단할 수 있답니다. 사료가 많은 그릇과 적은 그릇을 함께 두면 대다수 강아지는 많은 쪽을 택합니다.

불공평에 대한 이해를 조사한 연구[※]에서도 흥미로운 결과가 밝혀졌어요. 강아지 두 마리를 한 조로 짜서 두 마리 모두 지시에 따랐을 때 한 마리에게만 보상을 준 경우, 보상을 받지 못한 다른 한 마리는 더 이상 지시를 따르지 않고 카밍시그널을 보였습니다.

강아지를 여럿 키우는 반려인은 사료의 양이나 보상에 차이가 나지 않도록 주의해주세요.

※ 오스트리아의 빈 대학에 있는 클레버 도그 연구소의 연구

강아지의 생태
104 그럼 강아지는 얼마나 영리한가요?

사람으로 치면 3세 정도 지능이에요
판단력이나 기억력 등이 뛰어난 강아지도 있죠

강아지는 흔히 세 살 아이에 비유되곤 하는데, 사람의 행동과 감정에 대입해 보면 확실히 고개가 끄덕여집니다. 훈련을 하면 허락 신호인 '잘했어'나 '아니야'를 알아듣고, 화장실에서 배설도 가능하고, 감정도 풍부해진답니다.

참고로 동물의 대뇌피질 뉴런은 강아지는 5.3억 개, 고양이는 2.5억 개라는 사실이 밝혀졌습니다.

강아지는 기억력도 좋아요. 어떤 안내견은 퍼피 워커(자견을 돌봐주는 사람)를 10여 년이 지난 후에도 기억하고 있었습니다. 거꾸로 말하면 경계심이 강한 강아지는 싫은 사람을 계속 기억할 가능성이 있겠죠. 함께 즐거운 추억을 가득 쌓아보세요.

 강아지의 신체 기능은 이렇게 대단해요

강아지의 생태

105 강아지의 조상은 역시 늑대인가요?

최근 연구에서 '강아지의 조상은 늑대라는 설'이 뒤집혔어요

최근 유전자 연구에서 '개의 조상은 늑대'라는 상식이 뒤집혔습니다. 같은 종에 속하는 건 맞지만, '개=늑대'라고 단정 지을 수 없다는 사실이 밝혀졌어요.

생태 강아지의 신체 기능은 이렇게 대단해요

사람과 오랫동안 살아온 동물은 그러한 과정을 거치는 동안 개체의 특징이 크게 바뀌면서 다른 개성을 갖기 시작합니다.

그래서 '늑대는 무리 생활을 하며 리더를 따르기 때문에 반려인은 반려견의 리더가 되어야 한다'는 설이 믿음직스럽지 않아요. 애초에 개에게 늑대처럼 리더라는 존재가 있는지조차 의구심이 듭니다.

요즘은 훈육이나 트레이닝이 중요한 건 사실이지만, 무리해서 반려인이 반려견의 리더가 될 필요는 없다는 주장이 주류예요. 평범한 가족의 일원으로 살아가는 것이 가장 이상적입니다.

강아지의 생태

106

가리킨 방향으로 고개를 돌리는데 정말 대단한 것 같아요

사실 강아지의 굉장한 능력이에요 침팬지도 할 수 없답니다

강아지 앞에서 "저기야!" 하고 손가락으로 가리키면 그곳을 바라보거나 그쪽으로 걸어갑니다.

"저거 가져와" 하고 지시했을 때 그 물건을 가져오는 강아지도 있어요.

너무 당연하게 생각해서 눈치채기 어려울 수도 있지만 사실 이건 굉장한 일이에요. '아이 콘택트'와 더불어 강아지의 특수한 능력이죠. 동물 중 가장 지능이 높다고 여겨지는 침팬지조차 잘 해내지 못하는 데 반해, 강아지는 훈련 없이도 할 수 있답니다(시바견 등 일부 일본견은 하지 못하는 아이도 있어요).

손가락 지시 방향에 잘 반응하기 때문에 다른 동물에 비해 훈련이 한결 쉬운 점도 있지요.

강아지의 신체 기능은 이렇게 대단해요

강아지의 생태 107 강아지의 수염은 왜 있나요?

강아지의 수염은 장애물을 감지하는 레이더예요
고양이만큼 활용하진 못해도
나이가 들면 도움이 됩니다

강아지의 신체 기능은 이렇게 대단해요

동물의 수염은 이른바 '촉각 레이더'예요. 장애물의 존재를 감지할 뿐만 아니라 공기의 흐름을 감지할 정도로 고성능이죠.

강아지는 후각이 발달해서 사실 고양이만큼 수염이 필요하진 않습니다(고양이는 야행성이라 어둠 속에서 활동하는 일이 잦기 때문에 필요해요). 다만 강아지는 움직이는 것을 눈으로 포착하는 데 서툴러요. 밥을 먹을 때나 공을 입으로 물 때 수염을 사용해서 얼굴이나 입 주변에 있는 것을 더듬어 봅니다.

특히 나이가 들면 시각과 청각이 약해지기 때문에 수염의 촉각에 의지하게 돼요.

수염은 일정 기간이 지나면 자라기 때문에 끝부분만 가볍게 정돈하거나 아직 어린 강아지라면 잘라도 문제는 없습니다. 하지만 노령인 경우는 '수염이 하얗다'는 이유로 제거하면 안 되겠죠. 수염의 모근에는 감각 신경과 혈관이 밀집되어 있으므로 뽑으면 아픕니다.

108 강아지는 순산한다던데 진짜인가요?

그렇지 않아요
제왕절개로 출산해야만 하는 강아지도 있습니다

강아지는 새끼를 순조롭게 출산하는 것 같지만, 실제로는 난산도 많고 제왕절개로 출산하는 경우도 있어요.

예전에는 '반려견의 아이가 보고 싶다'라는 생각에서 번식을 시도하는 반려인도 많았죠. 그 마음은 이해하지만, 역시 갓 태어난 새끼를 기르는 일은 어린 강아지 이상으로 어렵습니다. 특히 어미개가 방치한 새끼는 사람이 돌봐준다 해도 건강하게 자라기 힘든 경우가 많아요.

강아지의 성격 109 — 실제로 개와 원숭이는 사이가 나쁜가요?

원숭이와 친구가 되기도 하고 사자의 새끼를 육아하기도 합니다 강아지는 관대한 동물이에요

성격 — 견종마다 성격은 천차만별이에요

개와 원숭이는 '견원지간'이라고 불리는데, 이 말은 사이가 나쁜 관계에 비유적으로 사용됩니다. 그런데 왜 하필 원숭이일까요? 사이가 진짜로 안 좋은 걸까요?

예로부터 원숭이는 농작물에 피해를 주는 일이 많아서 사람들은 집 지키는 개를 두고 원숭이를 쫓아냈습니다. 요즘에도 '원숭이 쫓는 개(몽키 도그)'가 활약하고 있죠. 기본적으로 개와 원숭이는 적대적인 관계가 많습니다.

그 밖에도 개의 간지(干支)가 원숭이의 다음이기 때문에 사냥할 때 서로 격렬하게 위협한다는 등 다양한 설이 있어요.

하지만 본래 개는 다른 종의 동물도 쉽게 동료로 받아들입니다. 해외에는 사자의 새끼를 키우는가 하면 치타와 사이좋게 지내는 강아지도 있죠. 무엇보다도 인간인 우리와 함께 어울려 살아가고 있잖아요. 강아지는 정이 많은 동물입니다.

 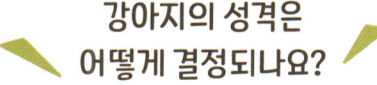

강아지의 성격은 어떻게 결정되나요?

성별이나 유전, 환경 등에 따라 결정되지만 견종 특유의 성격이 짙게 나타나요

강아지의 성격은 생후 1년 사이에 결정된다는 사실을 아시나요? 성별이나 유전, 환경의 영향을 받지만, 무엇보다 짙게 반영되는 건 견종 특유의 성격입니다.

성격을 안다는 건 강아지를 키울 때도 중요해요. 직업상 "어떤 개를 키우면 좋을까요?"라는 질문을 받곤 하는데, 그때마다 늘 "우선 견종의 성격을 아셔야 합니다."라고 답변드립니다.

흥미로운 점은 공포심이란 감정이 부모에게서 유전된다는 사실이에요. 이건 실험 쥐를 통한 연구에서도 증명되었습니다. 즉 강아지가 겁이 많은지 어떤지는 태어나기 전부터 결정된다는 거죠.

참고로 <101마리 강아지>로 유명한 달마시안 등의 사냥개는 사냥감의 작은 움직임이나 소리 등에 민감하게 반응하기 때문에 작은 공포에도 예민한 아이가 많습니다.

한편 콜리 등의 양치기견은 반려인의 지시로 양을 몰며 외부 침입자로부터 지키는 것이 임무이기에 반려인과는 친밀한 반면, 타인에게는 우호적이지 않은 아이도 있어요.

강아지의 성격
111 견종별 성격을 알려주세요

생김새와는 다른 반전이 있어요
성격은 궁합을 결정짓는 가장 중요한 요소랍니다

반려견과 친한 강아지를 보면 '같은 강아지인데도 성격이 꽤 다르다'고 느끼는 경우가 있어요. 강아지는 예로부터 애견, 사냥, 경비 등의 역할에 맞게 품종이 개량된 역사가 있습니다. 생김새뿐만 아니라 성격(행동 특성)도 견종에 따라 다르죠.

극히 일부지만 주요 견종의 성격을 소개할게요. 성격은 강아지를 기를 때 궁합을 결정짓는 가장 중요한 요소랍니다. 대부분 견종마다 특유의 성격이 있는데, 실제로 기를 생각이라면 좀 더 꼼꼼히 조사해보기 바랍니다.

성격 견종마다 성격은 천차만별이에요

● **토이 푸들**
프렌들리하며 활발한 타입. 반려인의 애정을 한 몸에 받기를 원하기 때문에 놀이나 산책으로 커뮤니케이션을 하도록 한다. 요구하는 게 있을 땐 짖기 쉬우므로 응석을 다 받아주면 안 된다.

● **치와와**
응석꾸러기면서도 경계심이 강하고 성미가 까다로운 면도 있다. 실내에서 여유롭게 있는 것을 좋아하므로 사회화를 위해 산책을 습관화해야 한다.

● **시바견**
신뢰하는 반려인에 대한 애정이 강한 반면 독립심이 강하다. 경계심이나 영역 의식이 있기 때문에 경비견 성향을 띤다. 공격성을 보이면 전문가에게 상담을 받아보기 바란다.

● 포메라니안
가족과 교류하는 것을 좋아한다. 활발한 타입에게는 놀이를 활용한다. 짖는 소리가 높고 울리기 쉬우므로 짖지 않는 훈육을 한다.

● 미니어처 닥스훈트
붙임성이 있고 놀기를 좋아하므로 놀아주는 시간이 필요하다. 흥분하면 큰 소리로 계속해서 짖기 때문에 진정하는 습관을 길러주어야 한다.

● 프렌치 불도그
밝고 활발하다. 애교가 귀여운 견종. 반려인의 애정을 바라기 때문에 놀아주며 커뮤니케이션한다. 공격적인 면도 있으므로 주의.

● 웰시 코기
응석받이이며 우호적인 타입. 활동적이어서 놀이나 운동을 함께하고 싶어 한다. 흥분하면 짖거나 물기 쉬우므로 주의.

● 보더 콜리
운동 신경이 좋고 활발하며 도그 스포츠에 적당한 견종. 트레이닝에 대한 의욕도 높다. 경계심이 강하므로 성견이 되어서도 사회화 훈련을 계속해야 한다.

● 래브라도 리트리버
가족에 대한 애정이 깊지만, 응석받이 같은 면도 있다. 공놀이나 물놀이를 좋아한다. 힘이 세므로 주위를 신경 쓰며 훈육한다.

● 골든 리트리버
애정을 갈구하는 타입이라서 놀이나 함께 있는 시간을 가진다. 대형견이기에 적당한 운동량도 필요하다. 힘이 세므로 특히 산책 교육은 필수다.

성격

견종마다 성격은 천차만별이에요

강아지의 장점
112
 강아지를 기르면 건강해지나요?

치유 효과뿐만 아니라
장내 세균이 증가하여 면역력이 높아져요!

일반적으로 장내 세균의 양이 많은 사람일수록 면역력이 높다고 합니다. 최근 연구에서는 동물을 기르는 사람이 그렇지 않은 사람보다 장내 세균의 수가 많다는 사실이 밝혀졌어요.

이를테면 아기의 경우, 기침, 비염 등의 감염성 호흡기 질환에 걸릴 확

장점
강아지와 함께하는 삶은 건강에도 좋아요!

률이 약 30% 감소하고, 귀 감염증에 걸릴 확률도 절반가량으로 낮아진다는 데이터도 있습니다.

'동물을 기르면 아이가 천식에 걸리진 않을까?' 걱정하는 부모도 있겠지만, 미국에서는 두 살까지 강아지나 고양이와 함께 산 아이일수록 아토피 등의 질병에 잘 걸리지 않는다는 사실이 밝혀졌습니다. 어린 시절에 너무 깨끗한 환경에서 자라는 것보다 동물들이 들여온 균과 접촉하면 면역성 알레르기 증상이 쉽게 발현되지 않아요.

강아지와 고양이는 외부에서 잡균도 들여오는데, 그 덕분에 장내 세균이 증가하여 면역력이 높아집니다.

장점 강아지와 함께하는 삶은 건강에도 좋아요!

강아지의 장점
113 강아지는 아이의 교육에도 긍정적인가요?

슬픈 일이 생겼을 때
가족이나 친구들과 있는 것보다
반려동물과 함께 있는 편이 안정감을 줍니다

장점 강아지와 함께하는 삶은 건강에도 좋아요!

아이와 반려동물이 함께 사는 삶의 장점은 그 밖에도 아주 많답니다.

> ● **공감력과 집중력**
> 강아지와 있는 것만으로도 학습에 집중할 수 있으며 편안함을 느낄 수 있다. 교육 현장에 동물이 참가하는 '동물 매개 교육'을 받을 수 있는 유치원이나 초등학교가 늘어날 정도다.
>
> ● **책임감과 배려**
> 어린 시절에 동물을 키운 경험이 있으면 타인의 행동을 읽고 기분이나 의도를 헤아릴 수 있다. 동물을 기르는 아이 쪽이 인지력, 사회성, 운동 능력 발달이 빠르다.
>
> ● **멘탈 케어**
> 동물과 살고 있다면 PTSD(외상 후 스트레스 장애)를 겪기 어렵다. 두려움을 느꼈을 때는 가족이나 친구들과 있기보다 반려동물과 함께 있는 쪽이 안정감을 느낀다.

최근에 학대 등을 받은 아이들이 재판에서 증언에 대한 스트레스를 받지 않도록 하기 위한 방안으로 강아지의 동반이 허가되어 화제를 모으고 있죠.

강아지와 함께 사는 삶은 동물과 교감하는 체험을 하게 해준답니다.

강아지의 장점
114

나이가 많은데 강아지를 키워도 될까요?

반려동물을 기르기 시작하면 건강상 가벼운 문제가 좋아지기도 합니다

반려동물을 기르지 않는 고령인이 배우자를 잃으면 병원을 찾는 횟수가 늘어나는 경향이 있습니다. 그에 비해 반려동물을 기르는 고령인은 병원을 가는 횟수에 변화가 없었다는 조사 결과[※]가 있어요.

고령인이 강아지나 고양이와 한 달 정도 함께 살면 관절통이나 불면증 등 가벼운 건강 문제가 경감된다고 해요.

타인(반려동물)을 돌보고 도움을 주는 일은 삶의 보람을 주지요. 특히 동물들의 애정을 받으며 즐겁게 살아갈 수 있답니다.

물론, 고령인이 혼자 동물을 기르기는 힘든 환경이지만 반려동물은 치매 예방에도 도움이 되는 등 많은 장점이 있습니다. ①떨어져 생활하는 가족이 책임을 질 수 있는 시스템 ②사람의 생명보험을 동물 치료에도 쓸 수 있게 하기 ③ 반려인이 사망한 후에 강아지를 돌봐주기 등 혼자 사는 고령인이 동물을 기르는 데 어려움이 없도록 제도의 확립이 요구됩니다.

> **고령인이 반려동물을 기르는 이유** (미국의 조사. 복수 응답 있음)
> - 함께 있을 상대가 필요해서 … 70%
> - 사랑할 상대가 필요해서 … 50% 이상
> - 집 지키는 개가 필요해서 … 30% 이상

장점 〉 강아지와 함께하는 삶은 건강에도 좋아요!

※ Serpell J.A. 사람의 건강 상태에 영향을 미치는 반려동물 양육의 효과

4장

강아지와 함께 살고 싶어요

- 강아지는 어디서 어떻게 입양하나요?
- 백신 접종과 중성화 수술이 궁금해요
- 강아지가 안전하게 살기 위한 훈육

강아지 입양

115 강아지는 어디서 입양하면 좋나요?

강아지를 입양할 때 동물보호센터라는 선택지도 고려해주세요

강아지를 입양할 때 꼭 동물보호센터도 고려해주셨으면 합니다.

  동물보호센터는 주인 없는 들개를 포획하거나 기관에서 인수받아 일시적으로 보호하는 장소예요. 이곳에서 사는 강아지는 '보호견'이라고 불리며 지역 자원 봉사자나 NPO에 의해 운영되고 있어요.

  펫숍에서 강아지와 눈이 마주쳐 기르고 싶은 마음이 들 수도 있겠지만, 순간적인 만남으로는 궁합을 확인할 수 없어요. '막상 키워보니 다르다'며 당황하는 경우도 많습니다(안았을 때 입질하지 않고 얌전히 안기는 강아지를 추천해요. 눈에 눈물이 많은 강아지는 감염증이 의심됩니다).

  전문 브리더에게서 입양하는 경우는 자란 환경이나 부모견의 성격을 알 수 있다는 이점이 있어요. 하지만 혈통이 좋다고 해서 반드시 기르기 좋은 강아지라고 볼 순 없어서, 이런 경우에도 궁합을 확인해볼 필요가 있습니다.

입양 — 강아지는 어디서 어떻게 입양하나요?

강아지 입양

116 동물보호센터와 보호견에 대해서 알고 싶어요

키우기 전에 트라이얼을 통해 궁합을 확인해보세요
생명을 구하는 활동도 있습니다

유럽과 미국에서는 동물의 생명을 구하는 활동이 활발하게 이뤄지고 있으며, 동물보호센터나 보건소에서 강아지와 고양이를 입양하는 일이 일반적입니다.

동물보호센터의 최고 장점은 강아지와 실제로 접촉하고 놀면서 서로의 궁합을 확인해볼 수 있다는 거예요. 2주 정도의 트라이얼(시험 삼아 생활해보기)을 마련하는 시설이 대부분이라서 실제 강아지와의 생활을 구체적으로 그려볼 수 있어요.

어떤 사람은 어느 정도 성장하여 성격이 형성된 강아지가 기르기 쉽다고 생각해서 일부러 성견이 있는 센터를 선택하기도 한답니다. 또한, 순수하게 생명을 구하고 싶다는 마음에 개성 있는 강아지를 입양하는 사람도 있어요.

유기견이나 들개 등 여러 가지 사연이 있는 강아지도 있지만, 이미 훈련이 되어 있는 아이나 중성화 수술이 된 아이, 사람을 잘 따르는 아이도 많아요.

입양

강아지는 어디서 어떻게 입양하나요?

강아지 입양

117   강아지를 선택할 때 중요한 점은 무엇인가요?

키우기 전에 기질을 잘 알아야 해요
온순한 줄 알았는데
의외로 신경질적일 수도 있습니다

입양 — 강아지는 어디서 어떻게 입양하나요?

"온순한 줄 알고 키웠는데 의외로 신경질적이라서 고생하고 있어요."

최근 시바견을 키우는 반려인으로부터 이런 상담을 받는 일이 늘었습니다.

일본견은 원래 독립심이 강해요. 특히 시바견은 늑대에 가장 가까운 견종이라고 하죠. 귀엽기만 한 반려견의 이미지를 생각하고 키운다면 그 갭에 상당히 당황할 거예요.

시바견뿐만이 아니에요. SNS에서 본 견종에 첫눈에 반해서 기르기 시작했는데 키우기가 너무 힘들다는 경우도 많이 있습니다.

강아지는 품종마다 기질이 크게 달라요. 고양이처럼 사람을 전혀 따르지 않는 일은 없겠지만, 반려인의 성격이나 라이프 스타일에 맞지 않는 견종도 적지 않지요.

질병의 치료뿐만이 아니라, 기르기 전에 필요한 정보, 예를 들어 견종별 성격이나 기르는 방법 등을 알려주는 일도 동물병원의 역할이라고 생각합니다. 강아지를 키우는 데 조금이라도 불안감이 있으면 적극적으로 상담해보세요.

강아지 입양 118

아기강아지의 성격을 쉽게 파악할 수 있는 방법이 있을까요?

강아지에게 손을 뻗었을 때 보이는 반응으로 대충 파악할 수 있어요

사람에게 보이는 행동을 체크하여 어린 강아지의 성격을 알 수 있는 테스트가 있어요.

같은 견종이라도 저마다 성격이 다르답니다. 궁금한 아기강아지가 있다면 입양하기 전에 테스트해보세요.

강아지에게 손을 뻗었을 때 보이는 반응으로 알 수 있어요.

 입양 — 강아지는 어디서 어떻게 입양하나요?

- ☐ **달려들어 장난치며 깨문다** … 흥분하기 쉬우며 응석꾸러기다.
- ☐ **천천히 다가와 냄새를 맡는다** … 온화하며 프렌들리하다.
- ☐ **거리를 두고 가까이 오지 않는다** … 겁이 많고 경계심이 강하다.

아기강아지의 행동에는 타고난 성격이 나타나지요. 반려견의 성격을 아는 일은 앞으로 훈육이나 트레이닝을 하는 데 있어 중요하답니다.

강아지 입양
119
사회화가 뭐예요?

인간 사회에 순응력을 기르는 일이에요
한 강아지의 일생이 달린 중요한 훈련이죠

사회화란 문자 그대로 사회에 순응하는 힘을 기르는 일입니다. 특히 생후 3주에서 3개월 동안에 해당하는 '사회화 시기'에 어떠한 경험을 하게 해주는지가 중요해요.

입양
강아지는 어디서 어떻게 입양하나요?

- 다양한 나이대의 사람들과 만나며 신체를 접촉하게 한다.
- 여러 가지 생활 소음을 들려준다.
- 다른 강아지와 놀게 한다.
- 밖에 데려간다.

강아지는 이러한 경험들을 통해 인간 사회에 적응해 나갑니다. 사회화가 충분히 이뤄지지 않으면 사람이나 생활환경에 대한 공포심이 남아 있어서, 평소에는 공격적이지 않더라도, 낯선 사람이 가까이 다가와 만지거나 하면 물어버리는 일이 발생해요. 따라서 사회화 시기의 경험은 한 강아지의 성격이나 삶을 좌우한다고 해도 과언이 아니지요.

최근 사회화 시기의 중요성이 다시 검토되면서, 현재 생후 56일을 지나지 않은 어린 강아지를 판매하는 행위는 동물보호법으로 금

지하고 있습니다(한국에서도 동물보호법 시행규칙에서 '생후 2개월 미만의 강아지는 판매할 수 없다'라고 명시되어 있습니다). 어린 강아지는 어미개나 형제 강아지들과 서로 어울려 지냄으로써 사회화가 시작됩니다. 그래서 너무 이른 시기에 분리시키면 사회화 형성이 힘들어지지요.

강아지 입양
120 사회화는 언제까지 계속하는 거죠?

넓은 의미에서는 평생 필요해요
성견의 트레이닝은
전문가에게 상담받아보는 걸 추천합니다

사회화는 강아지와 살아가는 한, 평생 필요합니다. 어떤 사정으로 사회화가 충분히 이뤄지지 않은 성견은 다시 사회화 훈련이 필요해요. 사회화가 충분히 이뤄진 강아지라도 인간 사회에서 살아가는 한은 늘 새로운 자극과 부딪치죠. 사회화 훈련은 어린 강아지에게만 하는 것이 아닙니다.

사회화 시기에 훈련을 추천하는 이유는 호기심이나 학습 의욕이 높은 시기라서 그렇습니다. 보고 만진 것을 모두 흡수하는 시기죠.

이 시기를 지나면 삶에서 필요한 경계심이 생기기 시작합니다. 그래서 새로운 것을 학습하기가 어렵고, 불안과 공포심 때문에 짖거나 무는 등의 문제행동을 일으키는 경우가 많아요.

성견의 사회화 훈련이 필요한 경우는 수의사나 반려견 행동 전문가와 상담해보세요.

강아지 입양
121

60세가 넘어서 강아지를 키우고 싶어지면 어쩌죠?

자녀와의 협업이 이상적이에요
자녀가 강아지를 입양해 부모님에게
양육을 맡깁니다

강아지는 어디서 어떻게 입양하나요?

노후에 반려동물과 함께 살고 싶다는 사람이 꽤 많습니다. 하지만 '병에 걸려 반려견을 돌봐주지 못한다면?', '반려견보다 먼저 죽게 된다면?' 등의 이유로, 60세 이상인 분에게는 입양시키지 않거나 보증인이 있어야만 입양을 진행하는 보호센터가 대부분이에요.

   이 문제는 부모와 자녀가 협업하는 방법으로 해결할 수 있습니다. 자녀가 강아지를 입양한 다음, 부모님에게 양육을 맡기는 거죠. 만약 부모님이 사망한다면 자녀가 데려가 보살핍니다.

   최근에는 강아지를 키우지 않는 어르신과 갈 곳 없는 노령견을 연결해주는 서비스도 있는 듯해요. 나이 든 강아지는 비록 병에 걸릴 위험은 있지만, 얌전하다는 이점도 있지요.

   반려동물을 입양하고 한 달이 지난 노인의 경우, 작은 건강상의 문제가 절반으로 줄었다는 보고도 있습니다. 강아지와 함께 사는 삶은 새로운 즐거움과 보람을 줍니다.

강아지가 혼자 남게 될까 봐 걱정돼요...

마지막까지 함께할 수 있는 선택지도 늘었어요 만일의 경우를 생각해두세요

'만약에 반려견이 혼자 남게 되면 어떻게 될까?'

굉장히 중요한 문제지만, 생각하기 괴로운 고민이지요.

누군가에게 맡기면 더없이 좋겠지만, 상대는 양육비 부담을 지게 됩니다. 금전적인 면을 포함해서 미리 준비해두면 어떨까요?

반려동물과 함께 들어갈 수 있는 시설을 찾아보는 방법도 있어요. 최근 일본에서는 반려견과 함께 입소할 수 있는 노인 시설이 늘어나고 있답니다.

NPO 등이 운영하는 인수 서비스도 있어요. 일정 금액을 적립해 놓으면 새로운 반려인을 찾아주거나, 찾지 못해도 강아지를 돌봐줍니다. 반려인이 갑자기 질환 및 치매에 걸리거나 노인 시설에 입소하게 되어 강아지를 더는 키울 수 없게 된 사례가 적지 않아요. 마지막 책임으로서 반려견을 위해 만일의 경우를 생각해두세요.

강아지 입양
123

여러 강아지를 동시에 키우면 너무 힘들까요?

먼저 살던 강아지와의 궁합이 중요해요!
3배는 힘들겠지만 즐거움은 그 이상이랍니다

강아지와 함께 사는 즐거움을 깨닫고 두 마리를 키워볼까 하는 반려인도 적지 않은 듯해요. 반려견들이 함께 놀며 서로 기대어 자는 모습을 상상하면 얼굴에 미소가 절로 떠오릅니다.

사실 두 마리를 키우면 즐거움은 2배, 힘든 일은 3배 이상이라는 말도 있는데, 강아지는 동료가 생기면 좋아해요.

케이지나 식기, 화장실 등은 한 아이당 하나씩 준비하세요.

제가 실제로 진찰한 사례 중에는 새로운 아이를 데려왔더니 먼저 살던 노령견의 건강이 좋아진 일도 있었습니다.

동료이자 라이벌로 생활에 긴장감도 줄 수 있겠죠. 여러 아이를 키우는 것은 강아지의 건강에 여러모로 도움이 된답니다.

입양 강아지는 어디서 어떻게 입양하나요?

강아지 입양
124
두 마리를 키울 때 주의해야 할 점은 무엇인가요?

핏줄보다 궁합이 중요해요
5~8세 나이 차가 있는
다른 성별이 이상적이랍니다

그럼 두 번째 아이를 입양할 때 확인해야 할 포인트를 소개할게요.

입양 — 강아지는 어디서 어떻게 입양하나요?

- **먼저 살던 강아지의 성격** … 다른 강아지와 사이좋게 지내는가? 산책 등에서 다른 강아지를 만났을 때 무서워하거나 위협하진 않는가?
- **나이 차이** … 5~8세의 나이 차가 있고 성별이 다르면 대체로 궁합이 좋다.
- **강아지의 크기** … 두 번째 입양하는 아이가 성견이 되었을 때의 크기가, 먼저 입양한 강아지의 크기에 가까운 견종을 추천한다.

나이가 비슷한 강아지를 입양하면 활동성이 강한 시기부터 간호가 필요한 시기까지 겹쳐 몸과 마음이 쉽게 지쳐요. 나이 차이가 나면 먼저 입양한 강아지가 죽었을 때 두 번째 아이가 버팀목이 되어줍니다.

강아지는 고양이처럼 부모견이나 형제견과 함께 기르는 것을 추천하지 않아요. 핏줄이 같은 강아지는 행동이나 체질이 비슷해서 좋아하는 장난감을 두고 서로 싸우기도 하고, 유전적으로 같은 질환에 걸리기 쉬운 경향이 있습니다. 그래서 두 번째 강아지는 혈연보다 궁합을 우선시하는 게 좋아요.

강아지 입양 125 역시 먼저 살던 강아지를 먼저 챙겨야 할까요?

강아지들에게 맡겨도 괜찮아요
반려인이 먼저 챙기지 않아도
뒤에 온 강아지가 양보할 거예요

여러 아이를 동시에 키울 때는 먼저 있던 강아지를 우선시해야 한다는 이야기를 자주 듣습니다. 그런데 특별히 우선시할 필요는 없어요. 보통은 먼저 살던 강아지의 나이가 더 많아서 나중에 들어 온 어린 강아지가 자연스럽게 양보하기 때문이죠.

식사할 때도 음식을 각자 식기에 담아 주면 동시에 줘도 괜찮아요.

한편, 나중에 온 아이가 더 강한 경우에는 트러블이 생길 수 있습니다. 또한, 노령견을 키우는 가정에 아기강아지를 데려올 때는 아기강아지의 장난에 주의해주세요. 사회화를 거치며 점차 얌전해지긴 하겠지만, 아기강아지의 지칠 줄 모르는 장난 때문에 노령견이 스트레스를 받는 일도 많습니다.

강아지 입양

126 고양이와 살고 있는데 강아지를 키워도 괜찮을까요?

고양이가 강아지와 거리를 두고 교류할 수 있도록 피난 장소를 준비해주세요

강아지와 고양이는 생활 공간이 분리되어 있으면 함께 기를 수 있어요. 우선 먼저 살던 고양이의 마음을 여는 것을 목표로 해야 합니다.

> 1. 먼저 살던 고양이와 강아지가 거리를 두고 조용하게 지낼 수 있는 장소(벽장이나 캣타워)를 늘린다.
> 2. 처음에는 고양이와 강아지의 방을 나누어 서로의 기척 정도만 느끼게 한다.
> 3. 강아지가 있는 방에 고양이를 넣어 자유롭게 돌아다니게 한다. 그때 강아지는 케이지나 켄넬에 넣어 커버를 씌운 상태로 둔다.
> 4. 3의 상태에서 커버를 벗겨 강아지와 고양이를 대면시킨다.
> 5. 강아지를 케이지나 켄넬에서 꺼내 리드 줄을 잡고 고양이와 대면시킨다. 거리를 둬도 괜찮다. 강아지가 고양을 봐도 흥분하지 않도록 한다.

입양 강아지는 어디서 어떻게 입양하나요?

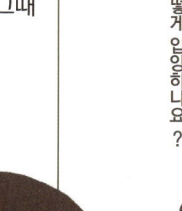

3~5를 반복해서 서로 익숙해지고, 안정되면 반려인이 함께 있다는 전제하에 강아지와 고양이를 자유롭게 풀어놔도 됩니다. 단, 식사와 장난감은 당분간 각자의 방에 두고, 반려인이 집을 비울 때는 각자 다른 방에 떼어 두세요.

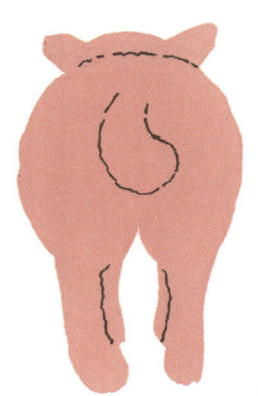

강아지 입양 127 ▶ 백신 접종에 대해서 알고 싶어요

백신 접종으로 수많은 생명을 살립니다
실내견에게도 필요해요

백신을 접종하면 감염증에 대한 면역력이 생깁니다. 그중에서도 다음의 '코어 백신(3종 종합 백신)'은 모든 강아지에게 접종하는 게 좋아요. 백신으로 예방되는 3가지 질환은 다음과 같습니다.

입양 | 백신 접종과 중성화 수술이 궁금해요

- 강아지 디스템퍼 바이러스 감염증
- 강아지 파보 바이러스 감염증
- 강아지 아데노 바이러스 1형 감염증(강아지 전염성 간염)

도쿄 농공대학 동물학 교육센터의 연구에 따르면 1990년부터 2014년까지 25년 동안 강아지의 평균 수명은 1.5배 늘어났으며, 같은 시기 감염증으로 인한 사망 비율도 약 30%에서 약 2.5%로 급격히 감소했습니다. 감염증의 억제가 수명과 관계된다는 사실을 명확히 보여주는 결과죠. 이런 결과만으로도 백신 접종이 얼마나 중요한지 알 수 있지요.

실내 양육일지라도 반려인으로부터나 방문한 손님의 옷이나 신발에 묻은 이물질을 통해 집 안으로 감염원이 들어올 수 있습니다. 예방을 위해 백신을 접종할 것을 추천합니다.

강아지 입양

128 ◀ 백신은 언제 접종하는 게 좋을까요? ▶

한 살까지 충분히 관리했다면
성견은 3년에 한 번 접종하는 것으로
면역을 유지할 수 있어요

'코어 백신'은 생후 16주까지 수차례 접종하고, 그 후 6개월~12개월령에 추가로 접종을 합니다.

갓 태어난 아기강아지는 어미의 모유에 함유된 항체 덕분에 온갖 질병에서 보호를 받아요. 하지만 성장하면서 조금씩 항체가 줄어 생후 3개월 무렵에는 사라지고 말지요. 그래서 코어 백신 접종으로 새로운 면역을 만들어줘야 합니다.

한 살까지 확실히 접종하면 그 후는 3년에 한 번만 맞아도 면역을 충분히 유지할 수 있다고 해요.

그리고 한 가지 더 말씀드리자면 '논 코어 백신'이 있습니다. 이는 살고 있는 지역이나 활동 범위(해외여행이나 아웃도어 등)에 따라 각각 필요한 백신만 선택해 추가 접종을 하는 거예요. 그중에는 1년에 한 번 해야 하는 백신도 있습니다.

최근에는 코어 백신과 논 코어 백신을 함께 접종하는 경우도 많고, '백신은 개인 맞춤형'이라는 사고방식이 널리 퍼지고 있어요.

강아지를 입양할 때는 백신의 접종이나 구충 상황을 꼼꼼히 확인해주세요. 잘 케어된 경우라도 일주일 동안은 상태를 지켜봅니다. 병이 잠복해 있을 때도 있고, 입양 당시에는 건강해 보여도 갑자기 건강이 안 좋아지는 일도 있답니다.

강아지 입양

129

아기강아지를 입양했을 때
해야 할 일이 많아서 혼란스러워요!

해야 할 일 목록을 참고하세요!
입양 후 1년 정도는 즐거운 바쁨이 계속됩니다

반려인은 8~16주 시기의 아기강아지를 입양하는 경우가 대부분입니다. 입양하고 나서는 건강검진이나 예방 접종 등 해야 할 일이 가득하지요. 당황스럽지 않게 미리 정리해두세요.

입양 / 백신 접종과 중성화 수술이 궁금해요

> **1 동물병원에서 건강검진**
>
> 강아지를 입양할 때 백신 접종 상태나 구충제 투여 유무를 확인한다(그것을 바탕으로 수의사에게 백신 프로그램을 상담한다).
>
> 문제가 없으면 입양하고 일주일 후에 동물병원에 데려간다. 병에는 잠복 기간이 있어서 입양 당시에는 건강했던 강아지도 몸이 안 좋아지는 일이 있다.

2 코어 백신(3종 복합 백신) 접종

생후 16주까지는 수차례 접종하고, 그 후 6개월~12개월령에 추가로 접종한다.

- **백신 프로그램 예시**
- · 1회째: 6~8주
- · 2회째: 1회째의 2~4주 후
- · 3회째: 16주 이후
- · 4회째: 6개월~12개월

3 광견병 백신 접종

코어 백신 접종일로부터 1개월 후에 접종한다.

4 중성화 수술

생후 6개월이 기준(견종마다 시기가 다르기 때문에 자세한 사항은 항목 135(174p)를 참조).

5 마이크로칩 장착

강아지를 잃어버렸을 때를 대비한다(자세한 사항은 항목 202(251p)를 참조).

6 사상충, 벼룩·진드기 예방

월령에 관계없이 구제약을 사용하여 대책을 세운다(자세한 사항은 항목 186~190(234p~239p)을 참조).

1~6과 더불어 7 사람이나 환경에 적응시키는 사회화 훈련, 8 화장실이나 식사 규칙을 가르치는 훈육을 동시에 진행합니다. 해야 할 일이 많아서 힘들 수도 있지만, 반려견이 점점 사랑스러워지는 행복한 시기이기도 하답니다.

입양 | 백신 접종과 중성화 수술이 궁금해요

강아지 입양
130 광견병은 어떤 질환이에요?

100% 사망에 이르는 감염병이에요
강아지뿐만 아니라 사람을 포함한
모든 포유류가 감염됩니다

백신 접종과 중성화 수술이 궁금해요

광견병이 무서운 이유는 발병하면 거의 100% 사망에 이르기 때문이에요. 감염된 동물에 물리면 타액 속에 들어 있는 바이러스가 상처를 통해 체내로 침투되어 약 1주일에서 8개월 사이에 증상이 발현됩니다.

감염 초기에는 발열이나 두통 등 감기 같은 증상을 보이지만, 그 후 신경 증상이 나타나면서 급속도로 진행되어 대부분 일주일 내에 사망하게 되지요.

'광견병'이라는 이름 때문에 오해하기 쉽지만, 개뿐만 아니라 인간을 포함한 모든 포유류에 감염을 일으킵니다. 개에 대한 예방 대책이 중시되는 이유는 아시아에서는 매년 수천 명의 사람이 개에 물려 감염으로 인해 사망하기 때문이죠.

해외여행 중이거나, 들개, 야생 고양이를 발견했을 때는 무심코 건드리지 않도록 주의하세요. 키우고 있는 강아지와 고양이도 주의할 필요가 있습니다.

하지만 일본에서는 광견병이 발생하지 않잖아요

광견병에 걸린 동물이 잘못해서 반입된 경우 확산되지 않도록 예방하기 때문입니다

일본에서는 생후 90일 이후의 어린 강아지를 포함해 반려견에게 매년 광견병 백신 접종이 의무화되어 있습니다.

"일본은 광견병 감염 위험이 없는데 왜 그럴까요?"라는 질문을 받기도 하는데, 그건 잘못해서 광견병 바이러스에 걸린 동물이 일본에 반입되었을 때 확산되지 않도록 예방하기 때문입니다.

일본은 1957년을 끝으로 더 이상 광견병이 발생하지 않는 광견병 청정지역이에요.(한국의 경우 2013년을 끝으로 발생하지 않았습니다.) 그러나 일본처럼 광견병이 발생하지 않았던 대만에서도 2013년에 광견병에 감염된 동물이 나왔습니다.

광견병은 일본 인근 국가인 아시아와 아프리카에서 주로 발생해요. 농림수산성이 지정하는 광견병 청정국은 겨우 여섯 곳에 지나지 않습니다.

광견병 백신과 종합 백신은 동시에 접종할 수 없습니다. 어느 쪽을 먼저 맞추느냐에 따라 다르지만, 종합 백신 후는 1개월, 광견병 백신 후는 2주간의 공백을 둡니다.

더불어 질환 등으로 수의사가 접종할 수 없다고 판단한 경우는 '광견병 예방 주사 유예 증명서'를 보건소에 제출하세요.

강아지 입양 132 백신 부작용이 걱정돼요

부작용에 대한 보고는 약 0.01%에 불과해요
만약을 대비해 접종 후 30분 동안은
동물병원 근처에서 대기해주세요

입양

백신 접종과 중성화 수술이 궁금해요

강아지용 백신도 사람과 마찬가지로 독성을 약화시킨 병원체를 체내에 주입하여 면역(항체)을 만듭니다. 그래서 백신을 맞으면 몸에서는 질병에 걸렸을 때와 비슷한 반응이 일어나지요.

물론 실제로 병에 걸리는 것은 아니지만, 백신 반응으로 열이 나거나 축 늘어지는 강아지도 있어요. 최신 데이터에 따르면 강아지의 0.01%에서 부작용이 보고되었습니다.

이러한 부작용은 조금 안정을 취하면 몇 시간 후에는 회복됩니다. 위험한 것은 아나필락시스 쇼크예요. 얼굴이 붓고 토하는 등의 증상이 나타났을 때 즉시 처치하지 않으면 생명이 위험해질 수도 있어요.

그런 이유로 백신은 되도록 오전 중에 접종하는 게 좋습니다.

아나필락시스 쇼크는 접종 후 30분 이내에 발생하기 쉬우므로 접종 후에는 동물병원 근처에서 30분 정도 대기하다가 증상이 나타나면 바로 병원으로 돌아갑니다.

하지만 진료가 끝날 때쯤 접종하면, 접종 후에 무슨 일이 생겨도 병원에서 치료받기가 어려워요. 그래서 진료에 여유가 있는 오전 시간대에 접종하는 것을 추천합니다.

강아지 입양
133

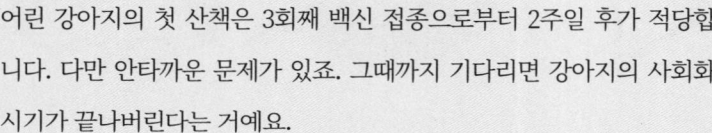

면역이 생길 때까지 기다리면 사회화 시기가 끝나잖아요!

다른 강아지와 접촉하지 않는 범위에서 바깥세상을 경험시켜 주세요
사회화 시기를 뜻깊게 보내는 게 중요하답니다

입양 / 백신 접종과 중성화 수술이 궁금해요

어린 강아지의 첫 산책은 3회째 백신 접종으로부터 2주일 후가 적당합니다. 다만 안타까운 문제가 있죠. 그때까지 기다리면 강아지의 사회화 시기가 끝나버린다는 거예요.

감염증을 걱정하는 반려인도 있는데, 감염 위험을 줄이기 위해 강아지가 모여 있는 장소나 모르는 강아지와의 접촉은 최대한 피하되 사회화 시기를 뜻깊게 보내는 것이 좋습니다.

안거나 슬링에 태워서 바깥에 데려가 풍경을 바라보며 간식을 먹이는 것도 좋겠지요.

걱정된다면 동물병원에서 열리는 퍼피 파티(어린 강아지와 반려인의 모임)에 참가해보는 건 어떨까요? 동물병원은 위생적이며 그곳에 모인 강아지의 백신과 구충 상태도 파악하고 있으므로 안심할 수 있답니다.

강아지 입양
134 중성화 수술에 대해서 알고 싶어요

성 호르몬 질환을 예방하고
스트레스를 줄인답니다

번식 등 특별한 이유가 있는 상황이 아니라면 강아지에게 중성화 수술을 해주세요. 평생에 걸친 스트레스를 줄이고, 주로 성 호르몬과 관련된 암이나 병을 예방하는 등 건강에 이로운 점이 많습니다.

미국의 조사※에 따르면 중성화 수술을 한 경우 수컷은 10%, 암컷은 7% 정도 평균 수명이 연장되었다는 보고도 있답니다.

중성화 수술은 평생에 단 한 번인 매우 중요한 수술이므로 병원을 선택할 때도 신중해야 해요.

반려인이 판단할 수 있는 체크 포인트는 병원의 청결 상태입니다. 진료실이나 화장실이 청결하지 않으면 수술실이나 도구 등도 청결하지 않다고 보면 돼요.

흡입 마취가 몸에 부담이 적으며, 몸에 남지 않는 녹는 실을 사용하면 수술 후에 실밥을 제거할 필요도 없습니다.

> 입양
> 백신 접종과 중성화 수술이 궁금해요

※ Banfield Pet Hospital 그룹

 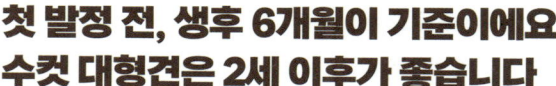

첫 발정 전, 생후 6개월이 기준이에요
수컷 대형견은 2세 이후가 좋습니다

수술을 받는 시기는 첫 성 성숙이 시작되는 생후 6개월 무렵이 기준입니다. 특히 암컷은 첫 발정이 있기 전에 중성화 수술을 하면 유방암 발병 위험이 대폭 줄어들어요.

참고로 특정 발정기는 암컷에게만 있답니다. 계절에 관계없이 6~10개월 주기로 발정하며, 수컷은 암컷과 번식 행위를 할 수 있는 시기가 발정기에 해당돼요.

단, 수컷 대형견종, 예를 들어 래브라도 리트리버, 골든 리트리버 등은 성장을 기다렸다가 하는 편이 좋습니다. 2세 미만에 수술을 받은 강아지에게서 고관절 질환, 전십자인대 파열, 골육종 증가 등이 보고되고 있기 때문이죠.

더불어 대형견뿐만 아니라 수컷의 중성화 수술은 너무 이르면 좋지 않아요. 비뇨기 발달이 충분하지 않아서 방광염 등에 쉽게 걸리게 됩니다.

강아지 입양 136  중성화 수술을 하면 성격이 변하나요?

성격이 온순해져요
살이 찌기 쉬우므로 체중 관리에 유의해야 합니다

이를 성격이라고 볼 수 있을지는 모르겠지만, 중성화 수술을 하면 큰 소리로 짖거나 공격적이 되거나 마킹을 하는 등의 문제행동이 없어집니다.

"활발했는데 완전히 얌전해졌어..."하고 안타까워하는 반려인도 있지만, 발정기가 됐는데도 욕구가 채워지지 않는다면 강아지는 더 큰 스트레스를 받을 수밖에 없어요. 질병에 걸릴 위험을 줄이고 건강하고 쾌적하게 살 수 있는 처치는 역시 필요합니다.

중성화 수술을 하면 생식 기능을 유지하는 에너지를 쓰지 않게 돼서 기초 대사량이 줄어듭니다. 지금까지와 똑같은 식사량을 주면 섭취 칼로리 초과로 살이 찌기 때문에 주의해야 해요.

칼로리를 제한한 체중 조절용 사료도 있으니 중성화 수술 후에는 수의사와 상담해보세요.

입양 — 백신 접종과 중성화 수술이 궁금해요

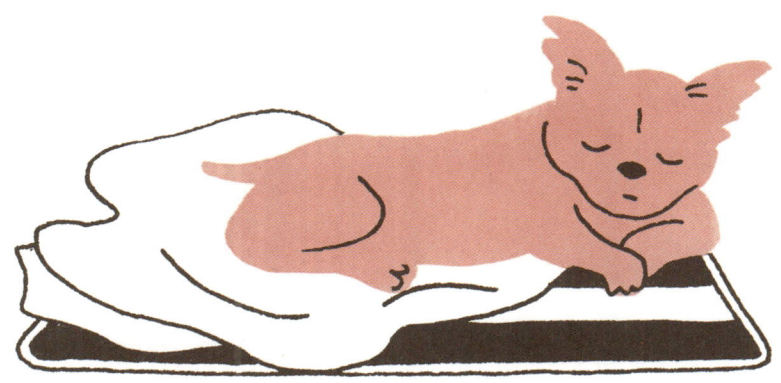

강아지 입양
137
강아지 훈육은 꼭 필요하나요?

강아지가 인간 사회에서 살아가기 위한 규칙과 매너를 배운다는 데 목적이 있어요

강아지가 안전하게 살기 위한 훈육

'훈육'의 의미에 대해서 잠깐 이야기해볼까요?

오로지 실내에서만 생활하는 고양이에 비해, 강아지는 산책을 하거나, 반려인과 함께 쇼핑을 하는 등 매일 다른 사람과 부딪칠 기회가 많습니다.

견종에 따라 다르지만, 강아지는 크기가 다양하죠. 아무리 소형견이라도 무는 힘이 강해서 아이의 손가락을 물어뜯는 안타까운 사고가 발생한 일도 있습니다.

마구 짖거나, 집 안을 난장판으로 만들거나, 사람에게 달려드는 등의 문제행동은 결국 강아지의 생명을 위태롭게 합니다. 그래서 훈육을 통해 사회의 일원으로서 반려인과 더불어 살기 위한 매너를 배운다는 데 의미가 있지요.

가르친 행동을 완수하면 보상을 주고 칭찬해주세요. '이렇게 하면 반려인이 기뻐한다!' 하고 학습해서 스스로 행동하게 된답니다.

꾸짖거나 때리면 스트레스를 받아서 비관적이고 공격적으로 되거나 반려인을 신뢰하지 않게 돼요.

강아지 입양
138 훈육을 하려니 불쌍해요…

강아지는 보람을 찾는 동물이에요
오히려 현대의 가정견은 따분함을 느낄지도 몰라요

강아지는 단순히 주는 음식을 먹는 것보다 어떤 일이나 행동을 해서 보상으로 받은 음식을 먹는 쪽에 더 기쁨을 느낀다고 합니다. 사냥개, 경비견, 목축견 등 인간과 함께 살아온 기나긴 역사 동안 강아지에게는 늘 할 일이 있었어요. 원래 개는 주어진 과제를 잘 수행하는 게 특기인 동물이에요. 어쩌면 현대의 가정견은 할 일이 없어 따분해할지도 모릅니다.

때 되면 식사를 주는 것이 아니라 식사 전에 간단한 지시나 일을 시키면 좋습니다. 강아지를 즐겁게 해준다는 마음으로 과제를 줘보세요. '훈육을 하려니 불쌍해요'라는 걱정은 하지 않으셔도 된답니다.

입양
강아지가 안전하게 살기 위한 훈육

강아지 입양
139 ◀ 꼭 가르쳐야 할 지시는 무엇인가요? ▶

강아지의 안전을 지키는 '기다려'와 '잘했어'를 가르쳐주세요

강아지의 안전을 위해서라도 '기다려'와 '잘했어'를 가르쳐주세요.

강아지는 자기 감정대로 행동하는 경우가 있습니다. 산책 중에 도로로 뛰어든다든지, 이상한 걸 먹어버린다든지, 갑자기 아이에게 뛰어드는 일 등이 발생하지요. 그래서 '기다려'란 신호가 필요해요.

그리고 반려인이 '잘했어'라는 신호를 줄 때까지 지시를 지키는 습관이 몸에 배도록 가르칩니다.

방법은 다음과 같아요.

> 1 강아지를 앉혀 놓고 정면에서 쪼그리고 앉아 손바닥에 얹은 간식을 보여준다.
> 2 1의 자세를 유지한 채 '기다려'라는 지시를 내린다. 이때 간식이 있는 손을 강아지의 시선이 위쪽을 향하는 위치에 놓는다. 체중이 뒤에 실려 강아지가 일어나기 어려운 자세가 된다.
> 3 '잘했어'라는 신호로 강아지를 일어나게 한다.

'기다려'라고 할 때는 손의 위치를 움직이지 않도록 해야 합니다. 손이 가까워지면 '먹어도 되나' 하고 강아지가 혼란스러워해요.

'기다려'부터 '잘했어'까지의 간격을

1초, 3초, 이런 식으로 점점 늘려주세요. 30초 정도 '기다려'가 유지된다면 모든 상황에서 유용하게 쓸 수 있을 거예요.

강아지 입양 140 훈육이 어려워요...

'실패한 경험'을 주지 마세요
강아지는 칭찬해주면 잘 해낸답니다

강아지에게 '실패한 경험'을 주지 않는 것이 중요합니다. 조금만 열심히 하면 성공할 수 있는 과제를 주는 것이 반려인의 역할이에요.

예를 들어 '잘했어'라는 신호는 강아지가 움직이기 전에 주세요. 신호를 주기 전에 움직이면 실패입니다. 반려인의 실망한 표정을 강아지가 읽으면 강아지는 금세 풀이 죽어요. '잘 기다렸네~ 똑똑해!'라는 칭찬을 받는 경험이 중요합니다. 성공하지 못하더라도 장시간 계속해선 안 돼요.

식기를 눈앞에 놓은 채 오랜 시간 '기다려'를 지시하지 마세요. 먹을 것을 두고도 먹지 못한다는 불안 때문에 공격적인 행동을 일으킬 수 있답니다. 식기를 내려놓기 전에 '기다려'란 지시를 내리고, 식기를 내려놓으면 곧바로 '잘했어'라는 신호를 주세요.

강아지 입양
141 전문가에게 트레이닝을
받는 경우도 있나요?

물고 짖는 등의 문제행동이 고쳐지지 않을 때 전문가의 트레이닝을 받아요
강아지 유치원도 있답니다

입양

강아지가 안전하게 살기 위한 훈육

반려견이 다음과 같은 행동을 보인다면 전문가의 트레이닝을 받는 것도 한번 검토해보세요.

- 가족을 문다.
- 산책 중에 짖는다.
- 다른 강아지에게 달려든다.
- 공격성을 보인다(특히 대형견).

"밥 먹을 때 '기다려'란 지시를 듣지 않아요."와 같은 고민은 사실 큰 문제는 아니에요. 하지만 위와 같은 행동은 다른 사람이나 강아지를 다치게 할 위험이 있지요. 방치하면 위험합니다.

반려견 행동 전문가에게 트레이닝을 맡길 때는 이야기를 잘 들어주는 사람에게 의뢰하는 게 좋아요. 강아지의 문제행동을 제대로 교정할 수 있는 전문가인지 판별하는 것은 어렵지만, 인성은 강아지 훈육에서도 나타납니다.

낮에 강아지를 돌봐주며 다양한 사회화 트레이닝이나 훈육을 시켜주는 '강아지 유치원·보육원'도 주목받고 있어요.

전문가의 도움을 받을 수 있는 환경이 잘 조성되어 있으므로 한번 검토해보는 것도 좋습니다.

5장

스트레스 없는 삶이 중요해요

- 매일의 관리가 수명을 연장해요
- 요즘은 집에서 시간을 보내는 일이 늘었어요
- 더위는 강아지에게 가장 큰 적!
- 매일 쓰는 물건이니까...
- 집 안의 여러 가지 위험한 요소
- 벼룩, 진드기 대책의 최신 상식
- 함께 여기저기 가고 싶어요!
- 이럴 땐 어떻게 해야 하나요?

요즘 너무 집에만 있었어요 멍~

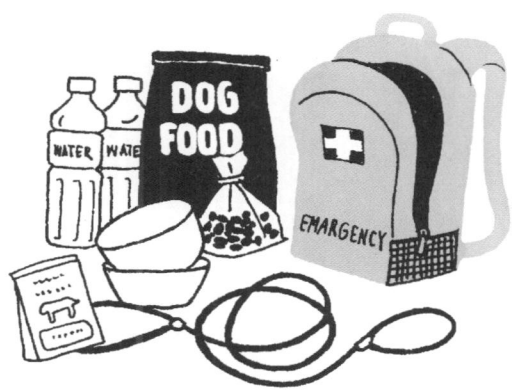

강아지와 삶
142
양치질로 수명을
연장할 수 있다는 게 사실인가요?

구강을 청결히 유지하면
수명이 15% 이상 연장돼요
이틀에 한 번 양치질을 습관화해주세요

매일의 관리가 수명을 연장해요

구강을 청결하게 유지하면 강아지의 수명이 15% 이상 연장된다고 합니다. 사람도 치주 질환을 관리하면 다양한 생활습관병을 예방할 수 있는 것과 같은 원리예요.

강아지의 타액은 알칼리성이라서 충치가 잘 생기지는 않지만, 치석으로 바뀌는 속도가 빨라요. 치아에 달라붙은 음식물 찌꺼기는 약 3일 만에 석회화되어 치석이 됩니다(사람의 타액은 중성에서 약산성이라 25일 만에 치석이 됩니다).

구강 관리에서 가장 중요한 건 양치질이에요. 최소한 이틀에 한 번은 양치질을 해주세요.

치아가 안 좋아진 노령견을 진찰하다 보면 치석 제거, 치주 질환 치료를 해주었을 때 대부분 건강해지고 활기를 되찾게 되는 모습을 볼 수 있었어요. 이로써 수명도 연장되지요.

그리고 구강 내 종양 발생을 예방하는 등 구강 관리가 가져오는 효과는 절대적입니다.

강아지와 삶 143

입안을 보면 건강 상태를 알 수 있나요?

잇몸 색이나 촉촉한 정도로 컨디션을 알 수 있어요 건강 체크에 도움이 된답니다

강아지의 입안을 확인하면 건강 이상을 빨리 발견할 수 있습니다. 양치질에 습관을 들여보세요.

매일의 관리가 수명을 연장해요

- **구취를 확인한다**
  평소와 다른 냄새가 난다면 뭔가 문제가 있는지 체크한다.
- **입술을 젖혀서 잇몸색을 확인한다**
  붉은색을 띠면 양호하다.
- **잇몸을 만져본다**
  침으로 적당히 축축하다면 문제없다. 건조하면 탈수증일 가능성이 있다. 부기도 확인한다.
- **침의 양을 확인한다**
  양이 많다, 축 늘어진다, 끈적끈적하다, 냄새가 난다, 이런 경우는 구강 내에 문제가 있는 것이니 병원에서 진료를 받아본다.

치주 질환 등의 구강 문제가 아니라 장기에 이상이 있을지도 모릅니다. 의심되는 증상이 있다면 병원에서 진료를 한번 받아보세요.

강아지와 삶 144

> 강아지가 싫어해서
> 양치질을 잘 못 하겠어요

칫솔질은 최종 목표예요
우선 손가락이나 시트로 입 주위를 만져주세요

양치질을 어려워하는 반려인도 많습니다.

'강아지의 양치질은 힘든 게 당연해'라는 마음으로 임해보세요.

강아지는 입을 만지는 것을 싫어하기 때문에 갑자기 칫솔로 닦으면 놀란답니다. 우선은 손가락으로 입을 만지는 일부터 시작해 익숙해지면 차근차근 다음 단계를 진행해 나가세요.

매일의 관리가 수명을 연장해요

---

1 손가락으로 입을 만진다
손가락에 강아지용 치약을 묻혀 강아지가 핥게 하면서 입 주위를 만지고, 익숙해지면 치아나 잇몸의 표면을 만진다.

2 양치 시트로 닦는다
시판되는 강아지용 양치 시트를 손가락에 감아 치아나 잇몸을 만진다. 익숙해지면 치아의 표면을 조금씩 닦는다.

3 칫솔로 닦는다
치아와 잇몸의 경계, 이른바 '치주낭'에 강아지용 칫솔을 비스듬히 대고 조금씩 흔들면서 닦는다. 힘을 주지 않고 부드럽게. 치주낭에 공기를 넣음으로써 균의 번식을 방지한다.

한 스텝에 몇 주가 걸려도 괜찮아요. 오히려 그게 일반적이죠. 그만큼 양치질은 힘든 일이랍니다.

구내 환경을 관리하는 도구의 분류

구강 관리가 새삼 중요시되면서 다양한 관리 상품이 나왔습니다. 각각 장단점이 있으므로 조합해서 사용해 볼 것을 추천해요.

● 칫솔
치아 표면은 물론 치아 사이사이의 미세한 틈새, 치주낭 관리도 가능하다. 어금니는 잘 닿지 않아 닦기 어렵다.

● 양치 시트
치아 표면을 닦는 데 용이하다. 반려인의 손에 감아서 사용하므로 어금니에 닿기 쉽다.

● 덴탈껌
앞발로 껌을 잡고 어금니로 열심히 갉아 먹는 모습을 흔히 볼 수 있다. 즉 어금니는 관리할 수 있지만, 앞니 관리에는 적합하지 않다. 사람의 손으로 구부릴 수 있을 정도의 탄력성이 있는 제품을 선택하고, 강아지가 잘못 삼키지 않도록 손으로 잡아준다.

● 덴탈젤, 린스
단순히 닦는 용도 외에도 살균 작용이 있어 균의 번식을 억제한다.

● 강아지용 치약
써도 되고 안 써도 된다. 사람용 치약에는 강아지에게 해로운 자일리톨이 함유되어 있으므로 사용 금지.

매일의 관리가 수명을 연장해요

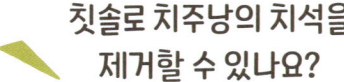

칫솔로 치주낭의 치석을
제거할 수 있나요?

어느 정도는 가능하지만
스케일링 같은 전문가의 관리가 필요해요

치주낭의 틈새는 매우 좁아서 칫솔로 치석을 완전히 제거할 수는 없습니다. 역시 전문적인 관리가 필요하죠.

　치석 제거에 대해서 설명할게요. 치석은 '스케일러'라고 하는 끝이 뾰족한 기구로 떼어내는 방법이 일반적인데, 반려인이 직접 하기란 어려우므로 꼭 동물병원에서 처치를 받길 바랍니다(무마취에 대해서는 뒤에서 설명할게요).

　동물병원에서는 치석을 제거할 때 전신마취를 합니다. 마취를 꺼리는 반려인도 있는데, 치석 제거는 강아지에게 고통을 줘요. 마취해서 통증 없이 짧게 끝내는 편이 결과적으로는 강아지에게 좋은 치료입니다.

 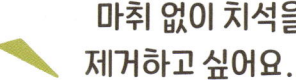

마취 없이 치석을 제거하고 싶어요…

무마취로는 거의 치아의 표면밖에 관리할 수 없어요

반려견의 몸에 부담을 주고 싶지 않은 마음에 무마취 치석 제거를 원하는 반려인이 늘고 있습니다. 하지만 수의사 입장에서 말씀드리자면 강아지를 위해서라도 마취를 하는 편이 좋다고 생각해요.

- **무마취, 무통으로는 불충분**
  치주낭 안쪽 치석은 제거하는 데 통증이 따른다. 뒤집어 말하면, 통증을 느끼지 않는 범위에서는 제대로 관리할 수 없다는 뜻이다.

- **사후 관리도 중요**
  치석을 제거한 직후의 치아는 표면이 거칠거칠해서 치태나 찌꺼기가 붙기 쉽다. 동물병원에서는 이것을 연마제로 닦아서 치아의 표면을 매끄럽게 해주는 관리도 한다.

치아 표면은 깨끗한데 뿌리 관리가 잘 안 돼서 치근이나 광대가 녹아내린 강아지를 진료한 적이 한두 번 정도 있습니다.

물론 동물병원에서 치석을 제거했다고 해서 관리가 끝나는 것은 아니에요. 무엇보다 집에서 양치질을 해주는 게 중요하죠. 전문 기관에서의 치석 제거(마취 필요)와 집에서의 양치질이라는 두 가지 방법으로 관리해주세요.

동물병원에서의 치석 제거는 양치질을 충분히 해주고 있다면 2년에 한 번, 충분히 이뤄지지 않고 있다면 1년에 한 번 해주세요.

강아지와 삶

147

강아지는 어디를 만져주면 좋아하나요?

페로몬이 분포된 부위를 좋아해요!

강아지는 반려인과의 스킨십을 좋아합니다. 적극적으로 만져주고 쓰다듬어 주세요.

가끔 마사지를 해주는 것도 좋아요. 반려견과의 신뢰 관계가 깊어질 뿐만 아니라 부상이나 질병도 빨리 알아챌 수 있답니다. 만졌을 때 강아지가 좋아하는 부위는 주로 다음의 다섯 군데예요.

이들 부위에는 페로몬 분비선이 집중되어 있습니다. 페로몬을 분비해서 비비는 행동은 커뮤니케이션의 한 가지예요. 생식 행위로 이어지기도 하는 '꼭 해야 하는 일'입니다. 그래서 만져주면 기분이 좋아지면서 스스로 그런 행동을 취하는 듯한 신체 메커니즘을 가지고 있지요.

- 귀 연결 부위
- 얼굴 주위
  (주로 미간이나 눈 주변)
- 턱 밑에서 목
- 꼬리 연결 부위
- 배

> 삶
> 매일의 관리가 수명을 연장해요

강아지와 삶
148 강아지 마사지법을 알려주세요

"마사지하자!"라고 말한 다음 부드럽게 어루만져주세요

그럼 마사지 방법을 소개할게요.

- **귀 연결 부위**
  귀 연결 부위에서 귀 끝쪽으로 쓰다듬는다. 엄지손가락과 집게손가락으로 귀를 가볍게 주물러도 좋다.

- **얼굴 주위(주로 미간이나 눈 주변)**
  정면에서 머리를 양손으로 감싸 눈 위→턱→눈 주위를 엄지손가락으로 어루만지듯 마사지한다.

- **턱 밑에서 목**
  뒤쪽에서 머리를 양손으로 감싸 강아지의 뒤통수→턱→목 주위를 엄지손가락으로 어루만지듯이 마사지한다.

- **꼬리 연결 부위**
  양다리 연결 부위, 고관절 주위 근육을 뒤쪽에서 양손으로 감싸 마사지하면 강아지가 좋아한다.

- **배**
  부드럽게 쓰다듬으면 잠이 드는 강아지도 있다.

매일의 관리가 수명을 연장해요

노령견은 근육이 굳기 쉬우므로 산책 전에 워밍업으로 해주면 좋아요. 마사지를 해주면 몸이 따뜻해집니다. 다리를 굽혔다 펴는 동작을 추가하는 것도 좋겠죠. 갑자기 만지면 놀라니까 "마사지하자~"라는 말로 사인을 주고 시작해주세요.

강아지와 삶
149

강아지도
어깨가 결리나요?

강아지는 쇄골이 없어서 앞다리 연결 부위, 사람으로 치면 어깨 부위를 혹사하기 쉬워요

강아지는 앞다리 연결 부위, 사람으로 치면 어깨 부위가 잘 결립니다. 이건 강아지의 골격 문제랍니다. 사실 강아지에게는 쇄골이 없어요.

사람은 쇄골이 있어서 손발을 전후좌우로 움직일 수 있는 동시에 관절 부위에 있는 다수의 근육에서 부하를 분산합니다.

반면, 강아지는 쇄골이 없기 때문에 다리를 움직이는 주요 동력은 다리와 몸통을 연결하는 근육인 앞다리의 연결 부위, 즉 사람으로 치면 어깨 쪽이라서 이 부위가 결릴 정도로 부하가 걸려요.

예를 들자면, 반려인을 올려다보는 동작, 뛰어내리거나 뛰어오를 때 부담이 많이 됩니다. 어깨 결림은 목 근육에도 영향을 미쳐 목디스크에 걸리는 강아지도 많아요.

종종 앞다리의 연결 부위를 풀어주세요. 대형견은 옆으로 누운 자세에서 해주면 수월합니다.

삶 | 매일의 관리가 수명을 연장해요

강아지와 삶 150 — 강아지의 발톱은 깎아주는 게 좋나요?

발톱 구조상 필요해요
바닥을 걸을 때 소리가 나면 깎아주세요

'강아지는 할퀴지 않으니까 발톱을 깎아줄 필요가 없다'라고 하는 사람도 있지만, 발톱 구조상 깎아줄 필요가 있습니다.

발톱에는 모세혈관이 있어서 발톱이 긴 상태로 내버려두면 혈관이나 신경도 함께 자라서 자를 수 있는 범위가 줄어듭니다. 따라서 발톱 자체가 길어지면 위험해요.

바닥을 걸을 때 소리가 나거나, 미끄러지는 등의 변화가 보이면 발톱을 깎아주세요.

강아지는 발톱을 깎을 때 발끝을 쫙 펴고 있는 감각이 서툰 듯해요. 발톱을 깎는 요령은 얼마나 빨리 깎느냐입니다. 도구의 힘을 빌려보세요. 기요틴 타입의 발톱깎이는 스피드하게 깎을 수 있습니다. 잘 깎이는 것이 중요하므로 1년에 한 번은 잘 들도록 손질해주세요.

기요틴 타입이 무섭다면 전동 발톱깎이를 추천합니다. 시간은 걸리지만 눌리는 압박감이 없어서 강아지에게 부담감이 덜할 수 있어요.

매일의 관리가 수명을 연장해요

강아지와 삶 151 — 발톱을 잘 못 깎겠어요

정면에서 도전하지 말고
바로 옆쪽에서 투명한 부분을 톡, 떨어뜨리세요!

그럼 발톱 깎는 방법을 소개할게요.

매일의 관리가 수명을 연장해요

1. 강아지를 세운 상태에서 한다. 옆에서 강아지의 몸을 끌어안듯이 해서 발을 뒤로 구부린다. 정면에서 발톱깎이를 들이밀면 강아지가 무서워하기 때문이다.
2. 발바닥 패드를 가볍게 누르면 발톱이 나오므로 패드와 평행하게 깎는다. 끝에 뾰족한 부분을 떨어뜨린다는 느낌으로 한다.
3. 발톱 모서리가 신경 쓰일 때는 다듬는다. 다른 발톱도 똑같이 깎는다.

하얗거나 투명에 가까운 발톱은 피부색 심, 검은 발톱은 단면에 검은색 심이 보이면 모세혈관과 가깝다는 사인입니다.

발톱이 너무 길면 발바닥 패드와 평행하게 깎았는데도 너무 바짝 깎일 수가 있어요. 만약 출혈이 있다면 출혈 부위를 깨끗이 씻긴 다음 분말 지혈제를 발라주세요. 지혈제가 없다면 녹말가루를 이용해 일시적으로 지혈할 수 있답니다.

강아지와 삶
152

발톱을 깎을 때
주의할 점이 있나요?

늑대발톱 깎는 걸 잊지마세요
너무 길면 피부 속으로 파고들 수가 있답니다

강아지의 엄지발톱을 '늑대발톱(며느리발톱)'이라고 합니다. 선천적으로 없는 경우도 있고, 다른 발가락과 떨어져 있는 탓에 잘 눈에 띄지 않아 늑대발톱의 존재를 모르는 반려인도 있지요. 늑대발톱이 긴 상태로 방치되어 있으면 피부 속으로 파고들 수 있어요.

따라서 늑대발톱을 꼭 깎아주세요. 너무 자라서 이미 말려버린 상태라면 동물병원에서 처치를 받아야 합니다.

대다수 강아지는 앞발에 늑대발톱이 있어요. 뒷발에는 없는 견종이 많고, 있어도 어릴 적에 제거하는 경우가 많지요. 그래서 강아지는 일반적으로 앞발의 발가락은 5개, 뒷발의 발가락은 4개랍니다.

매일의 관리가 수명을 연장해요

강아지와 삶

153 빗질을 해줘야 하나요?

의외로 빠진 털이 해로울 수 있어요!
벼룩과 진드기 침입도 막아준답니다

가능하면 매일 빗질을 해주세요. 가장 좋은 건 산책 후에 해주는 빗질입니다. 벼룩과 진드기, 기생충을 브러싱으로 떨어뜨려 실내로 들이지 않는다는 데 의미가 있어요. 특히 귀의 앞뒤나 꼬리 연결 부위, 배는 벼룩과 진드기가 붙기 쉬운 부위예요.

　1년에 두 차례 있는 강아지의 털갈이 시기에는 더욱더 꼼꼼히 빗질해주세요. 빠진 털(죽은 털)이 몸에 남아 있으면 트러블의 원인이 될 수 있어요.

　이것은 쓸데없는 옷을 껴입고 있는 것과 마찬가지랍니다. 체온 조절이 어렵고 열사병이나 피부염 등의 감염증을 유발하는 원인이 되죠.

　또한, 장모종은 그런 털 뭉치 때문에 움직임에 제한이 생기기도 해요. 심하게 엉켰을 때는 동물병원에서 전신의 털을 깎는 일도 더러 있습니다.

　빗질은 털의 결을 정돈해줄 뿐만 아니라 피부의 혈액 순환을 촉진하는 작용도 있어요. 무엇보다 강아지가 좋아하기 때문에 해줄 가치는 충분하죠.

삶 | 매일의 관리가 수명을 연장해요

강아지도 목욕해야 하나요?

매일 빗질한다면
이 주일에서 한 달에 한 번도 괜찮아요!

산책 후에 전신을 닦이고 매일 빗질해주고 있다면 목욕(샤워)이 꼭 필요한 건 아니에요. 냄새가 좀 나도 상관없어요. 이 주일에서 한 달에 한 번을 기준으로 삼아주세요.

자극이 적은 강아지용 샴푸도 늘고 있는데, 그래도 너무 자주 씻기는 건 안 좋답니다.

앞서 말했다시피 강아지의 땀샘은 사람과 다르게 냄새가 강한 땀이 나오는 아포크린샘이 전신에 분포합니다. 강아지 특유의 동물 냄새가 나는 건 바로 그 때문이죠.

피부 알레르기 등이 있는 경우는 시판되는 강아지용 샴푸보다 저자극 제품을 사용해주세요. 동물병원에도 마련되어 있습니다.

매일의 관리가 수명을 연장해요

강아지와 삶
155 샤워를 무서워해요...

샤워기 소리를 무서워하는 강아지에게 적당한 샤워 방법이 있어요
물놀이로 물에 익숙해지도록 해주세요

매일의 관리가 수명을 연장해요

목욕시킬 때 이런 방법은 어떨까요?

  샤워기 소리를 무서워하는 강아지에게 추천하는 방법입니다.

---

1 대야에 38도 전후의 따뜻한 물을 받아 강아지용 샴푸를 섞는다. 스펀지 등으로 거품을 충분히 내서 털에 잘 문지른다.

2 얼굴을 제외한 목 주변까지 털을 적신다. 샤워 헤드를 몸에 밀착시키는 것이 포인트. 샤워기 소리가 나지 않아서 무서워하지 않는다.

3 1의 거품을 손에 덜어 몸을 마사지하듯 씻긴다. 배 주변, 발, 꼬리, 항문, 귀를 세심하게 씻긴다.

4 얼굴은 젖은 수건으로 부드럽게 닦아준다.

5 2의 요령대로 목부터 순서대로 위에서 아래쪽으로 부드럽게 씻어내린다.

  강아지의 피부는 얇고 약해서 발바닥이나 꼬리 등 심하게 더러운 부위 외에는 강아지용 샴푸 원액을 그대로 사용하지 않도록 주의하세요.

  물에 익숙해지게 한다는 의미에서, 따뜻한 날에 강아지에게 물놀이를 시켜주는 것도 추천합니다. 놀이를 통해 물에 익숙해지면 목욕에 대한 두려움이 줄어들 거예요.

강아지와 삶

156

> 샤워 후에는 꼭 드라이기로 말려줘야 하나요?

덜 말리면 피부염에 걸릴 수 있어요
완전히 말려주세요

자연 건조도 좋지만 물기가 덜 마르면 피부염을 유발합니다. 특히 다음의 경우는 드라이기를 사용하는 편이 좋아요.

- 추워지는 시기(주로 가을, 겨울)
- 어린 강아지나 소형견
- 장모종

면역력이 낮고, 체온을 뺏기기 쉬운 어린 강아지나 소형견의 경우는 몸에 물기가 남아 있으면 안 좋아요. 장모종은 당연히 털이 긴 만큼 말리기가 어려우므로 역시 드라이기를 사용하는 편이 좋습니다. 포인트를 소개할게요.

- 몸이 따뜻해지면 오히려 가렵기 때문에 온도는 '냉풍'으로 설정한다.
- 드라이기를 흔들면서 골고루 바람을 쏘이는 것이 아니라, 일정 범위를 완전히 말린 후 다음 범위로(얼굴은 제외) 넘어간다. 드라이기는 몸에서 20~30cm 정도 떨어뜨린다.
- 브러시를 사용해 털을 세워가면서 속털까지 완전히 말린다.

얼굴을 말릴 때 뜨거운 바람이 눈에 닿아서 각막 손상으로 병원을 찾는 사례가 많습니다. 얼굴 주변은 '약한 냉풍'이나 수건으로 살살 닦아 말려주세요.

매일의 관리가 수명을 연장해요

157 항문낭이 막힐 수도 있나요?

막히는 경우도 있지만 원래는 똥과 함께 배출됩니다

'항문낭(항문샘)'이란 항문을 기준으로 대략 4시와 8시 위치에 있는 주머니 모양의 분비샘이에요. 인터넷에서 항문낭에 분비물이 꽉 차면 염증을 일으키고, 심한 경우에는 화농성이 되어 파열된다는 정보가 많아서 '짜야 한다'고 생각하는 반려인이 많은 듯합니다. 하지만 원래는 대변을 볼 때 함께 배출돼요. 꼭 짜줄 필요는 없답니다.

- 자꾸 엉덩이를 신경 쓴다.
- 뒷다리를 앞으로 뻗은 자세(사람으로 치면 책상다리)로 바닥에 엉덩이를 문지른다.

이러한 행동을 보인다면 짜주세요. 엉덩이에 이물감을 느끼며 간지러워하기 때문입니다. 짰는데도 반복해서 막히는 경우는 신속히 직장 검사를 통해 항문낭을 체크해주세요.

강아지와 삶 158 — 항문낭 짜는 방법을 알려주세요!

엄지손가락과 집게손가락을 이용해 아래에서 위로 꾹 눌러 짜세요! 냄새가 강하므로 휴지는 필수입니다

그럼 항문낭 짜는 법을 소개할게요.

1. 꼬리를 머리 쪽으로 들어 올린다. 항문이 열리면서 항문낭이 보이기 쉬워진다.
2. 엄지손가락과 집게손가락을 양쪽에 끼워 넣듯이 해서 항문낭을 짠다. 분비물이 튀어나올 수 있으므로 항문낭에 휴지를 대고 하는 것이 좋다.
3. 엉덩이의 오염 부위를 닦는다.

매일의 관리가 수명을 연장해요

분비물이 크림 상태가 되어 잘 나오지 않을 때는 무리해서 하지 말고 동물병원에서 처치를 받으세요.

고양이에 비해 강아지는 항문샘 트러블로 고생하는 아이가 많습니다. 짜지 않고 자연스럽게 배출을 촉진하는 방법도 소개할게요.

분비물 배출을 촉진하는 방법
- 고섬유식, 수분이 많은 음식을 급여한다.
- 유산균 등을 급여한다.
- 운동을 시킨다.
- 따뜻한 수건으로 항문을 따뜻하게 해준다.

있으면 도움이 되는 케어 아이템을 알고 싶어요

코코넛 오일은 감염증 예방에 털 관리까지 됩니다
1일 1작은술로 건강 관리를 해주세요

코코넛 오일이 강아지의 건강에도 좋다는 사실이 밝혀졌습니다. 하나 가지고 있으면 강아지 케어에 두루 이용할 수 있답니다.

섭취량은 강아지 체중 5kg당 1일 1작은술이 기준이에요. 사료 등에 섞어서 급여하세요.

매일의 관리가 수명을 연장해요

- **털 관리**
  피부 상태나 모질이 좋아지고 영양소의 소화 흡수를 돕는다.

- **감염증 예방, 면역력 관리**
  이스트균 감염증이나 켄넬코프(개전염성기관기관지염) 등의 감염증을 예방한다.

- **구취 예방**
  코코넛 오일로 양치질을 해주면 구취가 줄어든다는 보고도 있다. 물론 강아지가 먹어도 문제없고 맛도 나쁘지 않다.

- **치매 예방**
  뇌를 활성화시킨다. 10kg(사이즈 주의!)의 강아지에게 '코코넛오일 1작은술+시나몬 가루 살짝'을 더해 급여한다. 시나몬 가루는 극히 소량이어도 괜찮다. 많은 양은 강아지에게 독이 된다.

강아지와 삶

160 실내와 실외, 어디에서 기르는 게 좋나요?

당연히 실내에서 기르는 게 좋아요
온도 차도 적고
감염증에 걸릴 위험도 줄어듭니다

강아지의 수명이 연장된 이유 중 하나는 실내에서 생활하는 강아지가 늘었기 때문이에요.

  밖에서 기르는 편이 자연 친화적이라고 생각할 수 있지만, 실내는 온도 차가 적어 쾌적하고, 기생충이나 감염증에 노출될 위험도 적습니다. 안타깝게도 예전에는 실외에서 기르던 노령견이 저체온이나 열사병으로 죽는 사례가 많았어요.

  밖에서 기르는 강아지는 반려인을 비롯해 사람과 접할 기회가 적어 대부분 사람을 낯설어해요. 반면에 실내에서 기르는 강아지는 늘 눈이 닿는 범위에서 반려인과 커뮤니케이션을 하기 쉽지요.

  주택 사정 등에 따라서는 밖에서 기르는 경우가 있을 수도 있겠지만, 그런 경우는 강아지의 상태를 주의 깊게 살펴주세요.

요즘은 집에서 시간을 보내는 일이 늘었어요

실내 양육의 주요 스타일

- 거실 등에 케이지나 울타리를 쳐서 하우스를 만든다.
- 강아지 전용 방을 만든다.
- 집 전체에서 생활하게 한다.

161 실내에서는 풀어놔도 괜찮나요?

완전히 풀어놓는 건 오히려
스트레스가 될 수 있어요
자신이 머무를 수 있는 하우스가 있으면
안심할 수 있답니다

강아지를 실내에서 기르는 경우, '자유롭게 지내게 해주고 싶다', '가둬두는 데 거부감이 든다'며 풀어놓고 기르는 반려인도 많은 듯합니다.

이때 케이지나 울타리를 이용해서 강아지가 머무를 수 있는 '하우스'를 설치하는 것이 중요해요.

원래 개는 영역 의식이 강한 동물이에요. 하우스가 없으면 집 전체를 자신의 영역이라고 생각해 손님이 방문하는 등 조그만 변화에도 민감해집니다.

사람도 자기 방에 들어가면 편안함을 느끼잖아요. 강아지도 자신만의 공간이 있으면 안심합니다. 완전히 풀어놓는 건 오히려 스트레스가 될 수 있어요.

케이지나 울타리에 넣어 두면, 사람이 집에 없을 때 혹시 모를 사고나 집 안을 어지럽히는 일도 막을 수 있답니다.

특히 어린 강아지를 입양했을 때는 당분간 울타리에 지내게 하면서 조금씩 울타리 밖에서 보내는 시간을 늘리는 게 좋아요.

강아지와 삶 162 — 어떤 공간이 강아지가 지내기에 좋나요?

강아지와 반려인 모두 스트레스 없이 지내는 집 만들기 5가지 포인트

강아지가 스트레스를 받지 않고 지낼 수 있는 집은 이런 이미지입니다. 가족이 주로 시간을 보내는 거실을 중심으로 설명할게요.

최근 들어 마루에서 발이 미끄러져 다치는 강아지, 특히 소형견이 늘고 있어요. 앞다리 골절이나 무릎의 십자인대가 파열되는 일도 있어서 미끄럼 방지 대책을 마련해 둔 공간이 필요합니다(다만 노령견 등 대소변 실수가 걱정될 때는 방수를 우선시해도 괜찮아요. 비닐 시트 등을 깔아 두면 뒷정리가 편하겠죠).

요즘은 집에서 시간을 보내는 일이 늘었어요

☐ **자는 곳(하우스)**
거실 한쪽에 두면 안정감을 느낀다. 집에 혼자 있을 때 바깥 경치를 즐기라는 의미에서 창문 가까이 두는 경우가 있는데, 그러한 환경에서는 외부 자극 때문에 안정감을 느낄 수 없다.

☐ **미끄러지지 않는 바닥**
강아지는 땅에 발바닥 패드를 붙이고 발톱으로 차면서 걷는데 마루는 발톱이 파고들지 않아 미끄러지기 쉽다. 접이식 카펫이나 러그 매트(아래에 미끄럼 방지를 위해 스티커를 붙인다)를 까는 등 미끄럼 방지를 위한 궁리가 필요하다.

강아지와 삶 163 밖에 강아지 집을 둔다면 어디가 가장 좋을까요?

가족의 기척을 느낄 수 있으면서 통풍이 좋은 장소가 좋아요
지면 상태가 굉장히 중요하답니다

가정이나 주택 사정에 따라 밖에서 기르는 경우도 있을 수 있겠죠. 밖에 강아지 집을 둔다면 다음 사항에 유의해주세요.

삶 요즘은 집에서 시간을 보내는 일이 늘었어요

- 지면 상태가 중요하다. 땅파기는 강아지 본능 중 하나로 스트레스 해소에도 좋다. 소파 등에서 땅파기를 흉내 내는 강아지도 있다.
- 가족의 기척을 느낄 수 있도록 마당이나 테라스 등에 하우스를 설치한다. 안채 바로 옆에 있는 '별채' 정도의 거리감이 가장 좋다.
- 햇볕이 잘 들고, 통풍이 잘되며, 낮에는 그늘도 있는 장소가 이상적이다.
- 스트레스가 되기 때문에 사람들의 통행이 잦은 도로 쪽은 피한다. 영역 의식이 강한 아이는 잘 짖는다.

> 삶
> 요즘은 집에서 시간을 보내는 일이 늘었어요

강아지와 삶

164

◤ 음악을 틀면 강아지가 가버려요... ◢

헤비메탈, 하드 록처럼 격하거나 중저음 음악은 싫어해요
클래식이나 레게를 좋아한답니다

요즘은 집에서 시간을 보내는 일이 늘었어요

강아지는 헤비메탈, 하드 록처럼 격하거나 중저음으로 울리는 음악은 싫어합니다. 음악이 강아지의 행동에 미치는 영향에 대한 연구[※]에 따르면, 강아지는 클래식을 들으면 편안함을 느낀다고 해요.

더불어 레게나 소프트 록을 들을 때도 스트레스가 준답니다.

강아지는 큰 소리를 싫어해요. 음악이나 텔레비전 볼륨을 한껏 높인 환경에서는 고통을 느끼지요. 가족 간에 말다툼이 잦은 것도 주의를 기울여야 합니다.

※ 영국 스코틀랜드 동물학대방지협회와 글래스고 대학의 합동 연구

강아지와 삶

165

강아지의 건강을 해치는 뜻밖의 원인이 있으면 알려주세요

떠들썩하거나 사람이 많으면 피곤함을 느껴요
여름 휴가나 연말연시에는 특히 주의하세요

아무리 활발한 강아지라도 사람에 치여 건강을 해치는 시기가 일 년에 두 번 정도 있어요. 바로 여름 휴가와 크리스마스, 설날이 있는 연말연시지요.

이 시기는 방학 기간이라서 식구들이 늘어 집 안도 북적거리고, 이벤트가 있거나 손님이 늘어나기 때문에 평소보다 간식을 많이 먹게 돼요. 강아지 입장으로선 즐거우면서도 부담이 되는 시기입니다.

실제로 스트레스와 피로 때문에 컨디션이 나빠지고 소화기 질환을 일으키는 경우도 있어요. 강아지가 아무리 기뻐해도 휴식이 중요합니다.

여름방학, 크리스마스, 설날이 끝나고 나서 몸이 안 좋아지는 강아지도 있으므로 주의해주세요.

피로나 스트레스는 보통 2주 정도가 지나면 원래대로 회복됩니다. 예민한 아이는 식욕이 좀 줄거나 대변이 약간 무른 증상을 보이기도 하지만 이 정도는 괜찮아요. 다만 3일 이상 지속된다면 진찰을 받아보세요.

삶

요즘은 집에서 시간을 보내는 일이 늘었어요

강아지와 사계절

166

강아지에게 쾌적한 온도는
몇 도인가요?

여름엔 25도 이하, 겨울엔 20도 정도가 적당해요
강아지의 눈높이에서 측정해보세요

견종마다 다소 차이는 있지만, 강아지는 체온이 높은 동물로 평균 체온이 37.7~39.1도 정도 됩니다. 그리고 추위에 강하고 더위에 약한 경향이 있지요. 강아지에게 쾌적한 실내온도는 20~25도입니다.

   이건 에어컨 설정 온도가 아니므로 주의해주세요. 에어컨을 25도로 설정해놓아도 실내에 사람이 많거나 요리 중이라면 온도는 올라갑니다. 반드시 실내온도로 확인하는 것이 중요해요.

   강아지에게 적정 온도는 어쩌면 사람한테는 조금 추울 수도 있어요. 이때는 강아지에게 쿨매트 등을 주면 좋습니다.

   강아지의 생활권은 사람보다 낮은 위치에 있습니다. 똑같은 방이라도 위와 아래의 온도는 2~3도 정도 차이가 나므로 강아지의 눈높이에서 확인해주세요.

사계절 더위는 강아지에게 가장 큰 적!

강아지에게 쾌적한 환경
실온 … 20~25도
습도 … 40~60%

강아지와 사계절
167

강아지가 열사병에 걸리지 않을까 걱정돼요...

강아지의 열사병은 여름이 오기 전부터 시작되죠 혀가 축 늘어져 있고, 눈이 풀려 있다면 특히 주의해야 해요!

강아지의 열사병 대책은 봄부터 준비해야 합니다. 기온 상승이 몸에 익숙해져 있지 않기 때문에, 봄이나 장마 즈음에 열사병에 걸리는 아이가 많아요.

다음과 같은 증상을 보이면 열사병을 의심해야 합니다.

사계절 — 더위는 강아지에게 가장 큰 적!

- 헥헥거리며 입으로 호흡한다.
- 체온이 40도를 넘는다.
- 침의 양이 많아졌다.
- 혀가 축 늘어져 입 밖으로 나와 있다.
- 눈이 풀려 있다.

증상이 진행되면 구토나 설사, 경련이 일어날 수도 있습니다. 뚱뚱한 강아지나 어린 강아지, 8세가 넘은 노령견은 특히 주의해야 해요. 열사병 위험이 높은 견종은 다음과 같습니다. 해당 견종을 기르는 반려인은 특히 주의해주세요.

- **대형견** ⋯ 소형견에 비해 체온을 내리기 힘들다.
- **단두종** ⋯ 기도가 좁아서 팬팅(항목 91(122p) 참조)을 해도 체온이 잘 내려가지 않는다.
- **다리가 짧은 강아지** ⋯ 땅과 거리가 가까워 방사열을 받기 쉽다.
- **시원한 지역의 견종** ⋯ 원래 더위에 약하고 털이 빽빽해서 열사병에 걸리기 쉽다. 세인트 버나드, 그레이트 피레니즈 등의 견종도 마찬가지므로 주의해야 한다.

강아지와 사계절
168
평소 체온을 재두는 편이 좋을까요?

평소 체온을 알고 있다는 데 의미가 있어요
2도 이상 올라가면 위급 상황에 가깝답니다

저는 반려인에게 반려견의 체온 측정을 추천합니다. 평소 체온을 알아두면 열사병 등에 걸렸을 때 빨리 대처할 수 있기 때문이죠.

평소 체온 측정을 해두면 강아지의 몸 상태를 파악하는 데 매우 요긴합니다. 병원에서는 긴장이나 흥분 때문에 정상적인 데이터를 얻기가 쉽지 않아요. 그래서 매일 기록해두면 도움이 된답니다.

다음과 같은 방법으로 체온을 측정해보세요.

> 1 강아지용 체온계 끝에 윤활 젤리나 식용 오일 등을 발라서 항문에 넣어 측정한다.
> 2 항문 체온을 측정하기 어렵다면 겨드랑이 아래(앞다리 연결 부위)에서 측정한다.

항문 체온이 정확하지만 비접촉형 체온계를 사용해 귓구멍에 대서 측정하는 것도 괜찮아요. 평소 체온을 알고 있는 것이 중요하니까요. 평소보다 2도 이상 올라가면 위급 상황에 가깝습니다.

사실 강아지의 경우, 컨디션 악화 때문에 열이 오르는 일은 거의 없습니다. 열이 오르면 정말 큰일이 난 거죠! 열사병이나 감염증에 걸린 경우가 대부분이에요.

강아지와 사계절
169
열사병에 걸리면 어떻게 해야 하나요?

체온을 낮추는 응급처치를 하세요!
40도가 넘으면 곧바로 병원으로 가야 합니다

강아지가 열사병에 걸렸을 땐, 먼저 다음과 같은 방법으로 체온을 낮추는 응급처치를 해야 합니다.

더위는 강아지에게 가장 큰 적!

- 목이나 가슴 주위의 털을 적시고, 에어컨이 있는 방으로 데려간다.
- 목 주위나 겨드랑이 아래, 다리 안쪽 등, 혈류의 흐름이 많은 부위에 아이스팩을 댄다.
- 목에서 가슴 주위에 물을 뿌린다.

강아지의 호흡이 안정될 때까지 시원한 상태를 유지해주세요. 체온이 40도를 넘으면 곧바로 병원으로 가야 합니다.

열사병은 실내에서도 걸릴 수 있어요. 열사병 예방을 위해 쿨매트를 깔아줄 때는 에틸렌글리콜이 쓰이지 않았는지 확인해주세요. 강아지가 물어뜯어 새어 나온 에틸렌글리콜을 핥게 되면 위험합니다.

30도가 넘는 무더운 날에 강아지와 외출할 때는 체온계를 지참해주세요. 중간에 강아지의 체온을 재서 열사병에 걸리지 않도록 대비하는 것이 좋습니다.

강아지와 사계절
170
　천둥을 무서워해요!

태풍은 강아지에게도 스트레스예요
말을 걸고 놀아주면서 안심시켜 주세요

천둥이 치거나 태풍이 부는 날에는 컨디션이 안 좋은 강아지가 많아요. 저기압의 영향과 더불어 거센 빗소리와 바람 소리에 스트레스를 받죠.
　특히 뇌전증을 앓아 발작을 일으키는 강아지가 있다면 반려인은 긴장

사계절
더위는 강아지에게 가장 큰 적!

을 늦춰선 안 됩니다. 기압의 변화가 유발 인자가 되기 쉬우므로 각별한 주의를 기울여야 해요.

반려인이 당황하면 반려견은 더욱 불안해져요. 평소처럼 강아지 곁에서 말을 걸고 놀아주면 안정을 되찾을 거예요. 흥분하기 쉬운 아이에게는 배에 천을 복대처럼 감아주면 흥분도가 가라앉습니다.

악천후 후에도 상황을 좀 더 지켜봐 주세요. 얕은 잠을 자는 경우가 많고 컨디션이 안 좋아질 수 있기 때문이에요.

활발하고 민첩해 보여도 설사나 구토를 할 때는 물을 급여해주세요. 식욕이 있으면 소화가 잘되는 음식을 주고 반나절 동안 상태를 지켜봅니다.

이렇게 해도 개선되지 않는다면 가능한 빨리 동물병원으로 데려가 주세요. 매번 이렇다면 패닉을 잠재우는 음악을 이용하는 것도 하나의 방법이 될 수 있답니다.

사계절 더위는 강아지에게 가장 큰 적!

강아지와 사계절

171

썸머컷을 하고 싶은데
자외선이 걱정돼요

강아지는 사람보다 피부가 얇아요!
자외선 영향을 강하게 받습니다

여름이 되면 털을 짧게 깎은 '썸머컷'을 한 강아지를 볼 수 있어요. 언뜻 시원해 보이지만, 실은 피부에 직사광선이 닿기 때문에 도리어 체온이 상승하기 쉽습니다.

   자외선의 영향도 무시할 수 없는 부분이에요. 자외선을 받기 쉬운 코와 등은 특히 주의가 필요합니다. 하복부와 다리 안쪽도 지면으로부터 반사열을 받기 쉽죠.

   견종으로 말하자면 흰색 강아지나 말티즈, 요크셔테리어처럼 털이 가늘고 밀집도가 적은 강아지, 그리고 단모종은 자외선의 영향을 받기 쉬우므로 조심해야 해요.

   다음과 같은 방법으로 자외선을 차단해주세요.

> - 햇볕이 강한 시간대의 산책은 피한다.
> - 옷을 입힌다.
> - 귀나 코에는 유아용 자외선 차단제를 발라준다.
>   (단, 산화아연이 들어 있는 제품은 피한다)

   코 주위나 등이 분홍빛을 띠면 햇볕에 그을렸다는 신호예요. 이때는 실내로 들어가 주세요.

사계절 — 더위는 강아지에게 가장 큰 적!

강아지와 사계절

172
강아지를 두고 집을 비울 때는 무엇을 조심해야 하나요?

인체 감지 센서 에어컨은 강아지에게 위험할 수도 있어요
실내온도와 물은 철저히 신경 써주세요!

최근 인체 감지 센서가 있는 에어컨 때문에 많은 문제가 발생하고 있어요.

사람에게는 편리한 기능이지만 사람이 외출하면 '집에 아무도 없다'고 판단해 에어컨 가동이 멈추게 됩니다. 그 때문에 열사병에 걸린 강아지와 고양이를 지금껏 여러 번 진찰했어요.

강아지를 혼자 두고 집을 비울 때는 다음 사항에 주의해주세요. 단 30분을 외출하더라도 필요합니다.

아기강아지나 소형견, 노령견은 몸이 차가워지기 쉬우므로 냉풍이 직접 몸에 닿지 않게끔 조절해주세요. 돔형 하우스(이글루)나 담요를 두면 추울 때 강아지 스스로 파고들 거예요.

사계절 — 더위는 강아지에게 가장 큰 적!

집을 비울 때 강아지를 위해 할 일

☐ 집이 너무 더워지지 않도록 커튼을 쳐서 햇빛을 차단한다.
☐ 에어컨을 적정 온도로 설정한다(인체 감지 센서 기능은 OFF).
☐ 물그릇에 물을 채워놓는다.
☐ 쿨매트나 애견용 물병에 물을 넣어 얼린 것, 또는 아이스팩을 준비해 케이지에 넣어 둔다.

강아지와 사계절

173

　강아지 몸이 차요! 괜찮을까요?

에어컨이나 온풍 히터로는
따뜻해지지 않는 경우도 있어요
원적외선 히터를 추천합니다

사계절 — 더위는 강아지에게 가장 큰 적!

반려인이 아침 일찍 나갔다가 집에 들어왔는데 축 늘어져 있는 강아지를 발견하고 병원을 급히 찾는 일이 늘고 있어요.

　찬 공기는 아래쪽에 쌓이잖아요? 강아지가 주로 생활하는 바닥 부근은 사람이 체감하는 것보다 훨씬 춥다는 사실을 놓치기 쉬워요.

　다시 한번 말씀드리지만, 특히 어린 강아지나 노령견이 있는 집은 돔형 하우스나 담요를 준비해주세요.

　털이 있는 강아지는 에어컨이나 온풍 히터만으로는 몸속 깊은 곳까지 따뜻해지지 않으므로 개인적으로는 원적외선 히터를 추천합니다.

　또한, 겨울에는 대사를 유지하기 위해 에너지 소비량이 증가하기 때문에 평소와 식사량이 같으면 살이 빠질 수 있어요. 특히 소형견의 경우, 식사량은 그대로인데 체중이 한 달 만에 10% 정도 감소했다면 주의해야 합니다. 살이 빠졌다면 식사량을 조금씩 늘려주세요.

강아지와 사계절

174 공기가 너무 건조한 것 같아요

만약 기침을 한다면
수증기로 촉촉하게 해주세요

겨울철에 공기가 건조하면 강아지의 기관지염이 증가합니다. '기침을 좀 하는 거 같은데?' 싶으면 수증기를 이용해보세요. 방법은 다음과 같습니다.

> 1 욕조에 뜨거운 물을 받는다. 고온으로 설정하면 수증기가 생기기 쉽다.
> 2 강아지를 품에 안고 욕조에 들어가 10분 정도 함께 있는다.

수증기를 흡입하면 기관지염 치료에도 좋고 예방에도 좋습니다.

집의 습도는 50% 이상을 유지해주세요. 그래도 개선되지 않는 경우는 빨리 동물병원에 내원하기 바랍니다.

사계절 더위는 강아지에게 가장 큰 적!

강아지와 용품
175

목줄과 하네스 중 어느 쪽이 좋아요?

지시가 잘 전달되는 쪽은 목줄,
몸이 편한 쪽은 하네스예요
강아지가 좋아하는 것을 선택해주세요

결론부터 말씀드리면, 각각 장단점이 있습니다. 목줄과 하네스의 특징을 소개할게요.

용품 — 매일 쓰는 물건이니까…

> ☐ **목줄**
> - 강아지를 당기면 목이 가볍게 조여지는 슬립 칼라와 형태가 고정된 플레인(플랫) 칼라 2가지 종류가 있다.
> - 리드 줄을 잡는 즉시 지시가 바로 목에 전해지기 때문에 강아지가 알아채기 쉽다. 특히 슬립 칼라는 잘 빠지지 않는다는 이점도 있다(다만 강아지의 목을 다소 조이는 방식이라서 스트레스나 고통을 줄 수도 있다).
>
> ☐ **하네스**
> - 몸통 전체를 덮는 구조라서 당겼을 때 몸에 부담이 적다. 소형견, 호흡기나 경추 질환이 있는 강아지에게 추천한다.
> - 행동 억제력이 조금 낮아지기 때문에 훈련에는 부적합하다.

목줄과 하네스 모두 몸과 줄 사이에 손가락이 1~2개 들어갈 정도의 사이즈를 선택해주세요. 너무 꼭 맞으면 피부 질환을 유발한답니다. 목줄에는 소리 나는 방울을 달지 말아주세요. 강아지는 계속해서 소리 나는 환경을 싫어해요.

강아지와 용품

176

매너 벨트를 착용한 채로 자도 되나요?

착용한 채로 자도 되지만 온종일 채워 놓지는 마세요 습해서 피부염 등의 원인이 된답니다

'매너 벨트'란 마킹을 못 하게 하는 강아지 용품을 말해요. 다리 연결 부위의 하복부에 감아서 강아지의 마킹을 방지하죠.

본래 중성화 수술을 하면 마킹은 줄어들지만, 질병 등의 사정으로 수술을 할 수 없는 경우 등에 도움이 됩니다.

흡수 기능(일회용 타입, 시트 교체용 타입이 있습니다)이 있어서 기저귀 대신에 쓰는 반려인들도 있어요. 그 때문에 온종일 착용한 채로 있는 강아지도 많은 듯한데, 아침에 채웠으면 저녁에는 풀거나, 또는 그 반대로 해주는 등 하루 종일 채워놓는 건 피해주세요.

흡수 후에 교체해서 깨끗하다 할지라도 착용한 부위가 습해져서 세균이 번식하기 쉽습니다.

중성화 수술을 하지 않은 암컷의 히트(발정) 주기에 입히는 '매너 팬티'도 마찬가지예요.

용품 매일 쓰는 물건이니까…

강아지와 용품

177

강아지를 두고 집을 비울 때 주면
좋은 장난감을 알고 싶어요

후각이나 두뇌를 사용해 사료를 꺼내 먹는 교육용 장난감을 추천해요

강아지를 위한 교육용 장난감을 사용해 보는 건 어떨까요? 교육용 장난감이란 그 속에 사료나 간식을 넣을 수 있는 완구류를 말합니다. 후각을 사용해서 찾거나, 물어뜯거나, 굴려야만 사료가 나오는 구조예요.

입에 넣기까지 시간이 걸리기 때문에 꺼냈을 때 특별한 성취감을 맛볼 수 있으며, 본능적인 욕구도 충족할 수 있게 된답니다.

참고로 교육용 장난감이라고 해서 지능이 좋아지지는 않아요. 그렇더라도 뭔가에 집중하다 보면 집에 혼자 있다는 외로움을 잊게 되죠.

교육용 장난감에는 다양한 형태와 난이도의 장난감이 있습니다. 우선 천연 고무로 만든 강아지용 장난감(콩KONG)을 사용해보세요. 전 세계에서 40년 이상이나 명맥을 이어 온 전통 있는 교육용 장난감입니다.

용품 — 매일 쓰는 물건이니까…

178 강아지 용품은 어떻게 관리하나요?

부품이 헐거워진 곳은 없나요?
목줄과 리드 줄은 생명줄이에요
일 년에 한 번은 꼼꼼히 살펴봐주세요

거의 매일 사용하는 용품이나 장난감은 정기적으로 관리해주어야 해요.

목줄이나 하네스는 산책으로 인해 낡기 쉽습니다. 부품이나 리드 줄에 결함이 있는지 꼼꼼히 확인해주세요. 또한 강아지의 체중이나 근육량 변화에 따라 사이즈가 안 맞을 때도 있습니다. 쓸려서 피부가 상했을지도 모르니 사이즈도 확인해주세요.

꼬박꼬박 챙기는 게 어려울 수 있으므로 '반려견의 생일'이라든지 '강아지가 처음 집에 온 날'을 유지보수 날짜로 지정해두면 바빠도 기억할 수 있을 거예요.

체크 항목

☐ **목줄이나 하네스**
목에 끼거나 낡은 곳은 없는가? (매일 착용하는 경우 헐겁지 않은지 매일 체크한다)

☐ **목줄의 고정 부품**
금속 부분이 헐거워지진 않았는가? 손상이 누적되진 않았는가?

☐ **식기, 화장실, 장난감**
흠집이 나서 더럽진 않은가? 손상되진 않았는가?

☐ **애착 담요**
세탁을 안 해서 더럽진 않은가? 해진 곳은 없는가?

강아지와 위험

179

강아지가 잘못 삼키기 쉬운 것을 알고 싶어요

강아지는 먹보에다 호기심까지 왕성하죠 '잘못 삼키기 쉬운 것'이 아니라 '모든 것을 잘못 삼켜요'

강아지는 '모든 것을 잘못 삼킨다'란 표현이 맞을지도 몰라요. 예리한 후각과 호기심으로 음식을 훔쳐 먹는 일도 많죠. 엑스레이를 찍었더니 닭꼬치를 꼬치까지 통째로 먹어 치운 경우도 있었습니다.

옥수수 심지를 잘못 삼키는 사고는 정말 흔해요. 식물은 위에 들어가면 소화가 되지만, 옥수수 심지는 대부분 장에서 걸리고 맙니다. 그러면 소화기 내 이물질로 간주하여 수술로 꺼내는 방법밖에는 없어요. 바비큐 할 때 깜빡하고 통째로 급여한 적은 없나요?

복숭아 씨나 매실 씨도 마찬가지예요. 감이나 비파처럼 표면이 매끈하고 얇은 씨는 배변과 함께 배출되지만, 매실이나 복숭아 씨는 표면이 까끌까끌하기 때문에 이 또한 장에서 걸리고 맙니다.

반려인의 냄새가 배어 있는 물건, 특히 머리끈이나, 곱창 밴드, 속옷, 양말 등도 잘못 삼켜 병원에 내원하는 일도 많아요. 강아지가 뭘 주워 먹는지 주의하고 또 주의해야 해요.

강아지와 위험
180
수건을 너무 좋아해서 놓질 않아요

수건을 찢어서 먹는 사고도 많아요
수술하는 사례도 있답니다

강아지는 원래 물어뜯고, 핥고, 잡아당기며 놀 수 있는 수건을 무척 좋아해요.

그래서 수건을 찢어서 먹어버리는 사고도 자주 발생한답니다. '강아지의 놀이=사냥'이라서 사냥하듯 잡아 뜯고 놀다가 튀어나온 실오라기를 삼키는 일도 있어요.

장폐색을 일으켜 장의 연동으로 장이 찢어지는 문제가 발생하면 긴급 수술을 해서 꺼내는 경우가 대부분입니다.

'울 써킹(Wool Sucking)'이라는 강아지의 문제행동도 있어요. 울 소재 외에도 수건이나 담요, 인형 등을 씹고 빠는 행동을 반복하는 일도 있는데요.

이는 너무 이른 시기에 어미개로부터 분리되어 모유를 충분히 못 먹은 탓에, 어미개의 젖을 떠올리며 비슷한 동작을 취한다고 알려져 있어요.

어떤 경우든 너무 집착하며 놀지 않도록 주의가 필요합니다.

위험 집 안의 여러 가지 위험한 요소

강아지와 위험
181

관엽식물을 만져서
그만하라고 했어요~

관엽식물은 정말 위험해요!
꽃병의 물도 독이 된답니다

위험 집 안의 여러 가지 위험한 요소

관엽식물에 장난치는 강아지의 모습을 흔히 볼 수 있지요. 강아지는 풀을 먹기도 하지만, 먹어도 괜찮은 식물은 얼룩조릿대, 연맥, 캐모마일, 로즈마리, 타임 등에 한정돼요(그마저도 많이 먹으면 좋지 않아요).

관엽식물은 대부분 먹으면 위험하다고 할 수 있습니다.

백합과, 가지과, 장미과, 철쭉과, 대극과, 미나리재비과의 식물은 특히 그렇습니다. 이러한 식물들은 잎이나 꽃뿐만이 아니라 구근, 줄기, 수액, 꽃가루, 그리고 꽃을 꽂은 꽃병의 물까지 독성이 있다고 해요.

먹게 되면 침이 흐르거나 구토, 식욕 부진이 나타나며, 24시간 후에는 신장 기능이 저하되기 시작합니다. 급성신부전에 빠져서 최악의 경우 죽음에 이를 수도 있어요.

ASPCA(미국동물학대방지협회)의 홈페이지에는 강아지에게 중독을 일으키는 식물 400여 종이 게재되어 있습니다. 신경 쓰이는 분은 체크해 두기 바랍니다. 여기서는 일부만 소개할게요.

강아지에게 독성이 있는 식물

- 수선화
- 튤립
- 은방울꽃
- 대상화
- 백합
- 포인세티아
- 시클라멘
- 히아신스
- 스킨답서스
- 진달래
- 투구꽃
- 자운영
- 석산
- 제비꽃
- 수국
- 나팔꽃
- 알로에
- 은행
- 히비스커스
- 무화과나무
- 카네이션
- 사프란
- 남천 등

위험

집 안의 여러 가지 위험한 요소

강아지에게 독성이 없는 식물

- 얼룩조릿대
- 연맥
- 캐모마일
- 로즈마리
- 타임
- 파키라
- 테이블야자
- 아레카야자
- 종려죽
- 관음죽
- 접란
- 고수 등

229

강아지와 위험

182

담배 연기는 강아지에게도 당연히 안 좋나요?

강아지 코에는 발암 물질이 흡착되기 쉬워요 단시간이라도 악영향을 미칠 수 있어요!

위험 — 집 안의 여러 가지 위험한 요소

담배 연기는 사람에게도 유해하지만, 동물은 사람에 비해 수명이 짧아서 아주 조금만 빨아들여도 발암 물질이나 화학 물질의 영향을 받기 쉽습니다. 아주 잠깐만 노출되어도 해가 되기 때문에 흡연자가 있는 가정은 공기청정기를 강아지가 생활하는 장소에 두세요.

강아지의 코는 냄새를 감지하는 후각 상피의 면적이 인간의 약 60배이며, 유해 물질이 흡착되기 쉬운 복잡한 구조로 되어 있습니다.

흥미로운 데이터가 있어요. 일반적인 사이즈(견종이 다양해서 딱 꼬집어 말할 수 없지만)에 비해 코가 긴 견종(장두종)은 코암 발병 위험이 2배 높고, 코가 납작한 견종(단두종)은 폐암 발병 위험이 2.4배 높았다고 합니다. 담배 연기가 어디로 흡수되는지 잘 알 수 있는 데이터죠.

강아지와 위험
183 사람 약을 먹여도 되나요?

해열진통제는 특히 주의하세요!
꽃가루 알레르기 약도
잘못 삼키는 사고가 일어나기 쉬워요

강아지가 사람 약을 잘못 먹는 일이 발생하기도 합니다. 강아지는 단맛을 감지할 수 있기 때문에 특히 당의정 약을 먹어버리는 일이 있지요.

이전에 감기 비슷한 증상이 있어 강아지에게 사람용 감기약이나 해열진통제를 4분의 1 정도 줬다는 반려인도 본 적이 있습니다.

항생제나 안정제를 한 번 준 정도라면 괜찮을 수도 있지만, 해열진통제는 절대 안 됩니다. 아세트아미노펜이나 이부프로펜은 소량만으로도 출혈성 위장염을 일으킬 수 있어요.

꽃가루 알레르기약도 조심해야 해요. 콧물이나 눈물을 개선하는 성분에는 혈관 수축 작용이 있어서 혈압과 심박수 저하, 허탈, 떨림, 구토 등을 일으킬 수 있어요.

약은 강아지가 만질 수 없는 장소에 보관하고 잘못 삼킨 경우에는 곧바로 병원에 상담을 받아야 합니다. 강아지에게는 강아지용 소염진통제를 사용해주세요.

위험 · 집 안의 여러 가지 위험한 요소

강아지와 위험
184 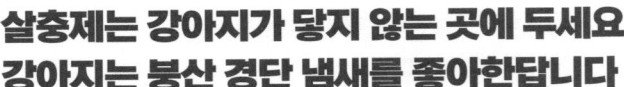 살충제나 세제를
잘못 먹을까 봐 걱정이에요

살충제는 강아지가 닿지 않는 곳에 두세요
강아지는 붕산 경단 냄새를 좋아한답니다

집안의 여러 가지 위험한 요소

살충제를 강아지가 잘못해서 먹어버리는 건 아닐까 걱정하는 반려인도 많습니다.

  살충제는 문 달린 찬장이나 냉장고 뒤 등 강아지가 들어갈 수 없는 장소에 두어야 합니다. 특히 바퀴벌레 퇴치용인 붕산 경단은 강아지에게 맛있는 냄새처럼 느껴지지요. 잘못 섭취하면 신부전을 일으키기 때문에 주의해야 합니다.

  화학 물질이 위험하다는 사실은 더 말할 필요도 없겠지요. 염소계 세제, 유연제, 부동액(보냉제 등에 사용), 쥐약 등은 특히 주의가 필요합니다.

  잘못해서 먹었을 경우, 곧바로 병원으로 가는 것이 상책이에요. 하지만 병원에 못 가는 사정도 있을 수 있겠지요. 그때는 다음과 같은 방법으로 집에서 구토를 유도하세요.

> **1** 위에 음식물이 들어 있으면 토하기 쉬우므로 음식을 먹인다.
> **2** 옥시돌 또는 진한 소금물을 1작은술 혀의 안쪽에 떨어뜨려 구토를 유도한다.

  어디까지나 붕산 경단이나 담배, 양파 등 부드러운 유독성 물질을 먹었을 때 할 수 있는 응급처치입니다.

강아지와 위험
185
사고가 발생하기 쉬운 시기가 있나요?

크리스마스 등 파티 시즌에는 사고가 발생하기 쉬워요

크리스마스 등 파티 시즌에 발생하기 쉬운 사고를 말씀드릴게요.

기분이 들떠 "오늘은 특별 보상이야!"라면서 반려견에게 프라이드 치킨을 준 경험이 있진 않나요? 소량이라면 문제없지만, 손님에게도 보상을 받으면 문제가 되겠죠. 그러다 결국 지방이 많은 고기를 소화시킬 수 없을 정도로 과식해서 위장 장애 등으로 병원을 찾는 강아지가 수두룩합니다.

먹고 구토한 경우라면 곧바로 동물병원에 가야 합니다. 특히 닭 껍질을 먹으면 갑작스러운 고지방식으로 급성 췌장염에 걸리는 경우가 많아요(구토가 아닌 설사의 경우는 항목 240(291p)을 참조해주세요).

고기에 끼운 이쑤시개나 랩, 크리스마스 장식을 잘못 삼키거나 전구 장식 코드를 깨물어 감전하는 사고도 많이 발생하는 시기랍니다.

위험

집 안의 여러 가지 위험한 요소

186 벼룩과 진드기 구제는 언제 시작하면 좋을까요?

강아지와 해충

벚꽃 피는 계절에는 필수지요!
최근에는 연중 내내 권장하고 있어요

벼룩과 진드기 대책은 '벚꽃 피는 시즌'에 철저히 세워야 해요. 카펫에는 겨울 동안 벼룩이나 진드기알이 잠들어 있다가 봄에 부화해 강아지를 노립니다. 알을 완전히 없애기는 어려우므로 성충이 되어 기생하기 전에 예방약으로 대책을 세워야 해요.

  강아지가 갑자기 몸을 긁거나 핥기 시작하면, 털을 꼼꼼하게 빗질해주세요. 까맣고 작은 알갱이가 몸에서 떨어지진 않나요?

  그 알갱이를 물에 조금 적셨을 때 빨개지면 벼룩의 똥이에요. 피를 빨아서 빨간 것이지요.

  최근에는 사람도 감염되어 사망에 이른 일이 있었어요. 중증 열성 혈소판 감소증후군(SFTS)이 극성입니다. 그 때문에 연간 내내 벼룩과 진드기 대책이 권장되고 있어요.

해충 — 벼룩, 진드기 대책의 최신 상식

강아지와 해충

187 추천하는 구충제를 알려주세요!

스팟 온 타입과 더불어 피부에 부담이 적은 먹는 타입의 구충제도 인기예요

벼룩과 진드기 예방책에는 알약이나 스팟 온 타입 등이 있는데, 요즘은 츄어블 타입의 구충제도 인기가 있습니다.

  예전에는 스팟 온 타입이 주류였어요. 먹는 타입은 직접 피부에 떨어뜨리지 않아 피부 부담이 적은데다 샴푸를 해도 되기 때문에 좋은 반응을 얻고 있어요.

  비교적 최신 약이라서 벼룩과 진드기에 내성이 없어 좋은 효과를 기대할 수 있습니다.

  또한, 최근에는 벼룩과 진드기뿐만 아니라, 필라리아(심장사상충) 등도 예방하는 종합 구충제가 일반적입니다.

해충

벼룩, 진드기 대책의 최신 상식

강아지와 해충
188
실내에서 키워도
벼룩과 진드기 대책이 필요하나요?

관엽식물을 심은 흙에도 숨어 있어요
모든 강아지에게 필요합니다

결론부터 말씀드리자면 실내견이라도 필수입니다.

예를 들어 관엽식물을 심어 놓은 흙의 15%에 회충이나 구충의 알이 있다고 보고된 바 있어요. 심장사상충 매개체인 모기는 고층이라도 엘리베이터를 타고 들어오기도 하지요.

 해충

 벼룩, 진드기 대책의 최신 상식

또한, 반려인이나 가족 누군가가 밖에서 다른 동물을 만져서 벼룩이나 진드기, 또는 그 알을 옷 등에 묻혀서 들어올 가능성도 있겠죠. 따라서 실내에서 기르더라도 안심할 수 없어요.

실내견이라도 산책을 자주 하는 강아지라면 이미 예방이 끝났을지도 모릅니다. '외출을 무서워해서 산책은 하지 않는다, 집에서 운동시키고 있다'라는 경우에 해당하겠죠.

만약 강아지에게서 벼룩을 발견했다면 성충용 구제약이 아니라 성충과 알, 유충에도 효과가 있는 약을 사용해주세요. 유충과 알을 죽이지 못하면 소용이 없답니다.

해충 ▶

벼룩, 진드기 대책의 최신 상식

강아지와 해충

189 심장사상충이란 어떤 질병인가요?

모기를 매개로 하여
강아지의 폐동맥이나 심장에 기생해요
혈관을 막기도 합니다

벼룩·진드기 대책의 최신 상식

기생충이라고 하면 왠지 장 속에 있을 것 같지 않나요?

'심장사상충(필라리아증)'은 모기가 매개하는 필라리아라는 감염자충(유충)이 강아지의 모세혈관에 들어가 성장하면서 폐동맥이나 심장에 기생하여 발생하는 질환이에요.

감염돼도 증상이 나타나지 않는 경우가 대부분이어서 정기적으로 예방 대책을 세워야 합니다.

감염돼도 감염자충(유충)이면 구충제로 없앨 수 있지만, 심장에 들어가 버리면(성충이 되면) 큰일이에요. 심장과 점막에 상처를 입히기 때문에 강아지에게서 식욕이 없어지고, 호흡이 가빠지고, 야위는 증상이 나타납니다.

장 속에 기생하는 기생충과는 달리, 성충이 변으로 배출되지 않을 뿐 아니라, 구충으로 죽여도 폐동맥에서 죽은 기생충이 혈관을 막아 수술로 제거하는 일도 적지 않지요. 후유증이 남을 수도 있고, 치료가 힘들 수 있으므로 예방이 가장 중요합니다.

강아지와 해충
190

> 검사상으로는 기생충이 없다고 하는데 대책이 꼭 필요하나요?

기생충의 산란 시기 여부에 따라 검사상으로는 나타나지 않을 수도 있어요

분변 검사를 했을 때 강아지 몸에서 기생충이나 배설물이 발견되지 않았다면 구충약은 필요 없을까요?

유감이지만 답은 '필요하다'입니다. 설령 '기생충이 없었다'고 해도, 없다고 딱 잘라 말할 수 없어요. 기생충이 기생하는 시기에 따라 알을 낳는 때와 낳지 않는 때가 있기 때문이죠.

구제약으로 구충할 수 있는 건 성충이에요. 알은 체내에 남아 있는 경우가 많으므로 정기적으로 구충을 해줘야 알이 자라 성충이 되었을 때 미치는 악영향을 막을 수 있습니다.

벼룩과 진드기, 기생충 대책은 예방이 중심입니다. 해충이 몸속에 있고 없고를 떠나 때맞춰 해주는 것이 가장 좋아요.

하지만 무엇을 언제 어떻게 해주면 좋을지 혼란스러울 수 있겠죠. 정리해 보겠습니다.

지금은 하나의 약으로 벼룩과 진드기, 필라리아, 회충, 구충, 편충까지 구충할 수 있는 제품이 대부분이에요. 예를 들어 먹는 구충제라면 매달 한 달에 한 번 복용하는(이 패턴이 일반적이에요) 방법이 가장 간단하고 지속하기도 쉽답니다.

벼룩·진드기 대책의 최신 상식

강아지와 해충
191

벼룩과 진드기 대책으로
주의해야 할 점은 무엇인가요?

무서운 건 참진드기예요
발견해도 만지지 마세요!

벼룩·진드기 대책의 최신 상식

벼룩과 진드기 중에서도 가장 무서운 건 참진드기입니다. 산책 중에 강아지가 풀숲 등에 들어가 다른 강아지의 배설물 냄새를 맡다가 묻혀 오는 경우가 많은데 육안으로도 확인할 수 있으며 피를 빨면 검붉어집니다.

강아지 몸에서 참진드기를 발견해도 만져서는 안 돼요.

- **손으로 짓이기지 않는다** … 대량의 알이 튈 수 있다.
- **무리하게 떼내지 않는다** … 진드기의 몸통은 떼어져도 주둥이 부분만 피부에 남아 염증을 일으킨다. 체내로 역류해서 감염증을 일으키기도 한다.
- **구충한 진드기를 만지지 않는다** … 구제약을 발라 떨어뜨린 참진드기는 봉지에 넣어 폐기한다.

무서운 것은 중증 열성 혈소판 감소증후군(SFTS)에 감염될 가능성이 있다는 거예요. 참진드기가 매개하는 이 질환은 치사율이 높아 강아지와 고양이는 물론 사람에게 감염되면 약 20%의 확률로 사망에 이를 수 있어요.

최근에는 참진드기의 활동 범위가 넓어지고 있고, 연중 내내 활동하기 때문에 대책이 필요합니다. 스스로 구충하는 게 걱정된다면 동물병원에서 처치를 받으세요.

강아지와 해충 192 강아지가 사람에게 옮기는 병이 있나요?

강아지 피부염에는 사람한테 옮기는 것도 있어요 강아지와 똑같은 가려움증이 나타났다면 주의해주세요

벼룩이나 진드기뿐만 아니라, 강아지의 피부염 중에는 사람한테 옮기는 것도 있습니다.

- **옴** ⋯ 옴진드기가 원인인 피부염
- **피부 사상균증** ⋯ 곰팡이가 원인인 피부염

둘 다 강한 가려움증을 동반하며, 심해지면 탈모 증상이 나타날 수 있어요. 강아지가 피부염으로 가려워할 때, 반려인에게도 똑같은 증상이 나타난다면 빨리 피부과를 방문해 진찰을 받으세요.

덧붙여서 고양이 알레르기 정도는 아니지만, 강아지 알레르기도 존재합니다. 보통 고양이 알레르기가 유명하잖아요? 여기에는 이유가 있습니다.

동물 알레르기는 타액에 함유된 단백질이 원인으로, 그 타액이 건조되어 공기 중에 퍼져 발생한다고 해요.

고양이는 하루 종일 그루밍을 하기 때문에 다른 동물에 비해 타액의 확산력이 강합니다. 그 때문에 고양이 알레르기가 있는 사람들이 더 많은 거예요.

강아지와 외출
193
반려견 놀이터를 이용할 때 주의점은 무엇인가요?

종합 백신 접종 시기에 따라서는 이용할 수 없는 시설도 있어요 사전에 확인해보세요

외출 — 함께 여기저기 가고 싶어요!

시설에 따라 다르지만, 이용할 때 강아지 등록이 필요한 곳도 있습니다. 다음 3가지를 준비해서 가세요.

- 강아지 인식표
- 광견병 예방 주사 확인서
- 종합 백신 접종 증명서
  (인식표와 광견병 예방 주사 확인서는 의무)

    중요한 것은 종합 백신 접종 증명서입니다. WSAVA(세계 소동물 수의사 협회)의 왁티네이션 가이드라인에서는 '3년 미만의 간격으로 접종해야 한다'고 규정하고 있는데, 반려견 놀이터 중에는 '1년 이내의 증명서 제출'이라고 규정한 시설도 있어요. 이러면 규정대로 3년에 한 번 백신을 접종해도 시설을 이용할 수 없게 되죠. 또한 '항체 조사로도 가능'이라고 규정한 곳도 있으므로 사전에 문의해보세요.

    다수의 강아지와 만나는 반려견 놀이터에서는 감염증이나 기생충을 옮기지 않는 것이 이용자의 매너입니다. 공용 급수 시설을 이용하는 강아지도 많으므로 개인 물병을 지참해주세요.

강아지와 외출
194

반려견 놀이터에서 놀고 나서
축 늘어져 있어요…

아드레날린 분비로 피곤해서 그래요
근골격계 문제도 의심해 볼 수 있죠

강아지가 흥분해서 무아지경 상태로 뛰어다니는 것을 '주미스(Zoomies)'라고 합니다. 반려견 놀이터 등 강아지가 모여 있는 장소에서 흔히 볼 수 있는 모습이죠. 이건 강아지가 기쁘거나 흥분했을 때, 스트레스 해소를 하고 싶을 때 보이는 행동이에요.

반려견 놀이터에서 논 후에는 반드시 발바닥을 확인해주세요. 평소 힘껏 달릴 기회가 잘 없는 아이는 흥분한 나머지 다쳤을 우려가 있습니다.

실제로 '십자인대가 끊어졌다', '슬개골 탈구가 악화되었다' 등 놀이터 이용 후 근골격계 문제로 진찰받는 강아지가 많습니다. 흥분한 것 같으면 불러서 리드 줄을 잡고 진정시켜 주세요.

반대로 반려인에게서 떨어지려 하지 않거나 꼬리를 내리고 돌아가자는 반응을 보인다면 스트레스를 느끼고 있다는 뜻이기 때문에 무리하지 않도록 해주세요.

처음 반려견 놀이터를 방문한 경우는 리드 줄을 잡은 상태에서 우선 강아지의 상태를 관찰해주세요. 무서워하거나 짖는다면 이용을 자제하는 편이 좋습니다.

외출 — 함께 여기저기 가고 싶어요!

강아지와 외출 195
차를 타고 멀리 갈 때는 무엇을 주의해야 하나요?

2시간에 한 번은 화장실을 보게 하거나 물 주는 시간을 가지세요
차에 강아지만 두고 내리는 건 절대 금지입니다!

반려견을 차에 태워 멀리 외출할 때는 다음 사항에 주의해주세요. 열사병이나 저체온증 등의 사고로 이어지는 일이 늘고 있어요.

외출 — 함께 여기저기 가고 싶어요!

- **차 안에 강아지를 혼자 두고 내리지 않는다** … 아주 잠깐이라도 가족 중 누군가는 차 안에 남아 온도 관리를 한다.
- **2시간에 한 번은 화장실을 보게 하거나 물 주는 시간을 갖는다**
- **더운 날에 외출하는 경우는 체온계를 지참해서 반려견의 열을 잰다** … 40도가 넘으면 즉시 차를 세우고 물을 먹인다. 몸을 적시고 얼음으로 목 뒤를 차갑게 해서 38.5도 이하로 내려갈 때까지 휴식한다.
- **차 안에서는 켄넬 안에 있게 한다** … 차 안에 자유롭게 있게 하면 브레이크를 걸었을 때 위험할 뿐 아니라 운전에 방해가 되는 일도 있다.
- **밖에서 이동할 때는 안고 있을 때도 리드 줄을 잡고 있는다** … 낯선 장소에서는 긴장한 나머지 도망치는 경우가 있다.

강아지의 수면 시간은 사람보다 길어서 성견은 12~15시간, 성장기 강아지나 노견은 16~18시간이 필요합니다. 깨어 있는 시간이 길면 컨디션이 안 좋아지므로 주의해주세요.

강아지와 외출
196

우리 강아지가
차멀미를 하는 것 같아요...

바깥 공기를 맡게 해주면 편안해져요!
매번 그렇다면 멀미약을 처방받으세요

강아지가 차멀미를 할 때 창문을 조금 열어 바깥의 신선한 공기를 맡게 해주면 편안해져요. 강아지는 냄새를 맡으면 활기가 돌기 때문이지요 (창문으로 뛰어내리지 않도록 주의!).

그런데 차멀미 증상인지 판단하기 어려울 때도 있겠죠? 다음과 같은 증상을 참고해보세요.

외출

함께 여기저기 가고 싶어요!

- 헥헥거린다.
- 다량의 침과 콧물을 흘린다.
- 덜덜 떤다.
- 안절부절못한다.
- 하품을 한다.
- 울거나 으르렁거린다.

매번 차멀미를 한다면 동물병원에서 상담 후 멀미약을 처방받으세요. 위에 음식물이 있으면 상태가 더 나빠질 수 있으므로 당일 아침 식사는 소량만 주세요.

차멀미는 열사병 증상과 비슷합니다. 만약 반려견의 몸이 뜨겁다고 느껴지면 열사병일 가능성도 있습니다.

강아지와 외출
197

강아지와 함께 캠핑을 가도 괜찮을까요?

약수나 냇물은 마시지 않게 해주세요! 렙토스피라증 백신 접종은 필수입니다

강아지와 함께 캠핑이나 어디 멀리 갈 기회가 많다면 렙토스피라증을 포함한 9종 종합 백신을 접종해주세요. 렙토스피라증은 인수 공통 감염병입니다. 발열, 식욕 부진, 황달 등의 증상을 보이며, 대다수 강아지가 신부전에 걸리는 심각한 질환이지요.

강아지에게도 생수를 주세요. 냇물은 민물이므로 강아지가 마셔도 되지만, 캠핑장 부근이나 사람이 많은 장소에서는 깨끗해 보이는 물이라도 기름이나 잡균이 있을 수 있답니다.

물놀이 때 세균(렙토스피라)이나 기생충(에키노코쿠스)에 감염되는 일도 있어요. 쥐나 여우가 매개하여 인간에게 옮기는 인수 공통 감염증이죠.

조금 무섭게 말씀드린 것 같은데, 백신 접종과 기생충 대책으로 해결할 수 있습니다. 꼼꼼히 관리하여 반려견과 행복한 추억을 쌓기 바랍니다. 참고로 렙토스피라증 백신의 유효기간은 1년이므로 매년 접종해주세요.

> 외출
> 함께 여기저기 가고 싶어요!

강아지와 외출
198
강아지에게 쾌적한 이동 가방을 알고 싶어요

큰 가방은 불안정해요
조금 좁은 가방이 딱입니다

강아지용 이동 가방에는 플라스틱으로 만든 딱딱한 가방(켄넬과 비슷한 종류가 많아요)과 천으로 만든 부드러운 가방이 있습니다.

1시간 정도 이동할 때는 보통 천으로 된 부드러운 이동 가방을 많이 이용합니다. 그때 '강아지가 편안하게 있기를 바라는 마음'에서 일부러 큰 사이즈를 고르진 않나요?

공간에 여유가 많으면 반려인이 걸을 때마다 흔들려서 오히려 안정감이 떨어져요. '좀 좁은 것 같은데?'라고 느껴지는 크기가 가장 좋은 사이즈랍니다.

부드러운 가방은 가볍고 편리하다는 이점이 있는 반면, 소재 특성상 발밑이 불안정해서 강아지에게 조금 부담을 줄 수 있으므로, 장시간 이동은 피하고 한 번씩 강아지가 자세를 바꿀 수 있게끔 해주세요.

소형견이라면 반려인의 품에 안기는 자세가 되는 슬링백이나 숄더백이 더 친밀감과 안정감을 줄 수 있습니다. 배변 패드만 깔아주면 완벽하죠.

외출
함께 여기저기 가고 싶어요!

강아지와 돌발상황 199 — 켄넬이 필요한가요?

평상시는 물론 재해 시를 대비해 이동장 훈련이 필요합니다

돌발상황 이럴 땐 어떻게 해야 하나요?

케이지, 서클, 켄넬, 이동 가방을 간단히 정리해보면 다음과 같은 차이가 있습니다.

- **하우스로 쓰는 것**
  케이지, 울타리, 켄넬
- **이동할 때 쓰는 것**
  이동 가방, 슬링, 유모차, 켄넬

먼저 켄넬은 이동할 수 있는 지붕이 덮인 하우스를 말해요. 대다수 공공교통기관에서는 반려동물을 이동 가방이나 켄넬에 넣도록 규정하고 있지요.

특히 지진 등의 재해가 발생했을 때 중요합니다. 대피소 생활 중에는 리드 줄만으로는 위험하다고 판단하기 때문에 켄넬에서 지내도록 하는 경우가 많아요. 강아지가 거부감을 갖지 않고, 쾌적한 장소라고 느낄 수 있게끔 평소 훈련해두는 것이 필요해요.

강아지와 돌발상황
200 　 켄넬에 들어가질 않아요...

'켄넬에 들어가면 간식을 먹을 수 있다!' 작전을 이용하세요
켄넬 속에서 지내는 시간이 많아진답니다

그럼 켄넬에 들어가는 연습을 해볼까요? 순서는 다음과 같습니다.

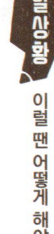

1. 켄넬 안에 간식을 넣어서 강아지를 안으로 유인한다. '켄넬에 들어가면 간식을 먹을 수 있다'는 점을 강아지에게 인식시켜 준다.
2. 옆 창문으로 사료를 주어 켄넬 안에 머무는 시간을 늘린다. 그때 문을 닫았다가 바로 여는 것을 반복한다.
3. 2에 익숙해지면 1의 요령으로 켄넬 안으로 유인하여 다 먹을 때까지 문을 닫아 둔다(교육용 장난감을 이용해 거기에 몰두시키는 방법도 추천).
4. 안에서 차분하게 있을 수 있으면, 그 안에서 재워 본다. 반려인이 켄넬을 들고 실내를 걷다가 익숙해지면 밖으로 들고 나간다.

　야외에서도 문제없다면 켄넬 훈련은 종료입니다.
　고양이만큼은 아니지만, 강아지도 어둡고 좁은 곳을 좋아해요. 하지만 '이 켄넬에 들어갔다가 병원에 가서 아픈 일을 당했었지' 등의 나쁜 기억이 생겨버리면 들어가지 않을 수도 있어요.

강아지와 돌발상황

201 강아지가 달아나버렸어요!

24시간 이내가 골든 타임이에요
강아지 네트워크로도 찾을 수 있답니다

돌발상황 / 이럴 땐 어떻게 해야 하나요?

강아지가 도망갔을 때는 최초 24시간이 골든 타임입니다. 대부분 도망친 장소에서 1km 내에 있는 경우가 많기 때문에 그 범위라면 찾을 수 있는 확률이 높아요. 다음의 수색 절차를 알아두세요.

1 근처 사람이나 지인에게 연락한다
누군가의 보호를 받고 있는 경우도 많으므로, 지인들에게 도망갔다는 사실을 알린다.

2 강아지의 특징을 알린다
강아지를 보호하고 있으면서도 동물보호센터로 연락하면 강아지가 안락사당할 거라는 생각에, 연락하는 걸 꺼리는 사람도 많다. 따라서 SNS나 전단지에 반려인의 연락처를 기재해두는 것이 의외로 중요하다. 특히 강아지는 다른 장소로 이동하는 경우가 많아서 SNS에 올리면 수색 범위를 넓힐 수 있다.

3 동물보호센터나 경찰서에 연락한다
어딘가에서 보호하고 있거나 교통사고를 당한 경우를 대비한다.

목줄이나 리드 줄의 결함, 현관이나 자동차 문을 열었을 때, 천둥이나 불꽃놀이 등 큰 소리가 울릴 때 도망가기 쉽습니다. 주의해주세요.

강아지와 돌발상황 202 — 마이크로칩을 삽입하는 게 좋을까요?

장착해두면 재회할 가능성이 높아져요!
법 정비도 갖추어져 있어요

강아지는 귀소 본능이 뛰어나다고는 하지만, 최근에는 미아가 되어 결국 돌아오지 못하는 아이들도 많아졌어요. 슬프게 헤어지는 일이 없도록 마이크로칩 삽입을 검토해주세요.

마이크로칩이란 직경 약 2mm, 길이 약 10mm의 원통 모양을 한 전자 표식을 말합니다. GPS 기능은 없으므로 강아지를 잃어버렸을 때 어디 있는지 확인할 수는 없지요. 하지만 고유 번호로 정보를 조회할 수 있기 때문에 강아지가 어디선가 발견만 된다면 재회할 수 있답니다.

마이크로칩은 목 주변 피부 아래에 주사기로 삽입합니다. 순간이기 때문에 마취도 필요 없고, 한번 삽입하면 반영구적으로 사용할 수 있지요. 이는 미아견뿐만 아니라, 어딘가로 끌려가거나 재해 시에 헤어진 경우에도 힘을 발휘할 수 있습니다.

돌발상황 이럴 땐 어떻게 해야 하나요?

※ 2019년의 동물보호법 개정에 따라 판매된 개와 고양이는 마이크로칩 장착이 의무화되어 2020년 6월부터 시행됩니다.(한국은 현행 동물보호법에 따라 반려견 등록이 의무화되어 있습니다. 단, 일본처럼 마이크로칩 장착이 의무화되진 않았습니다.)

강아지와 돌발상황
203 강아지를 맡기고 싶은데 괜찮을까요?

반려인의 수건이나 옷을 함께 맡겨주세요
좋아하는 냄새에 안심한답니다

낯선 장소에서는 강아지가 흥분하기 쉬우므로 반려인의 옷가지를 함께 맡겨주세요. 대다수 반려인은 반려견이 사용하던 식기나 담요 등을 가져오는데, 실제로는 가장 가까운 반려인의 냄새에 안정을 되찾는 강아지가 많습니다.

최근에는 애견 호텔을 함께하는 동물병원도 있어요. 가능하면 강아지를 맡기기 전에 안을 살펴보면 좋습니다. 그때 다음의 2가지 사항을 꼭 확인해주세요.

> - 강아지와 고양이의 공간이 분리되어 있는가?
> - 공간은 강아지가 서 있을 때도 머리가 닿지 않는 높이인가? 강아지 코에서 꼬리까지의 2배에 달하는 길이인가?

언제 어떤 상황에 강아지를 맡기게 될지는 예측할 수 없지요. 낯선 장소에서의 스트레스를 줄이기 위해, 평소 다양한 장소에 데리고 가는 것도 좋은 방법이에요. 환경의 차이를 경험하게 해주면 처음 가는 장소에 대한 내성이 생겨요.

돌발상황 이럴 땐 어떻게 해야 하나요?

강아지와 돌발상황

204

재해를 대비해서
해야 할 일은 무엇인가요?

강아지용 방재용품은 3일분 이상이 이상적이에요
많아서 나쁠 건 없습니다

자연재해가 자주 발생하는 일본에서는 반려동물을 위한 대비책이 필요하지요. 애견 방재 세트를 준비해두세요. 배송이 지연될 수도 있으므로 최소 3일분은 있어야 합니다. 2주분을 비축해 놓으면 안심할 수 있어요.

일본 환경성에서는 반려동물과 동행 대피를 추진하고 있는데, 그다음은 각 지자체의 판단에 맡깁니다. 울음소리 문제나 개를 무서워하는 사람이 있을 수 있으므로 함께 지낼 수 있을지는 장담할 수 없어요. 만약 집이 안전하다면 재택 피난도 고려해볼 수 있겠죠.

재해 시 대응에 대해서는 환경성의 '재해 시에 대한 반려동물 구호 대책 가이드라인'을 훑어보면 도움이 됩니다(한국은 행정안전부의 '애완동물 재난대처(방)법'에 따르면 안내견을 제외하고 반려동물은 대피소에 들어갈 수 없다는 사실을 명시하고 있습니다).

돌발상황 이럴 땐 어떻게 해야 하나요?

재해를 대비해 마련해 놓아야 할 물건 리스트

☐ 최소 3일 치의 식량과 물(2주분 있으면 안심)
☐ 켄넬
☐ 목줄과 리드 줄(파손에 대비해 여분도 준비)
☐ 인식표(잃어버렸을 때를 대비한다)
☐ 식기(깨지지 않는 소재)
☐ 배변 패드
☐ 비닐봉지(남은 음식이나 배설물을 처리한다)
☐ 처방약(평상시에도 2주 분량을 상비해두면 좋다)
☐ 백신 접종 증명서와 질병 기록
  (스마트폰으로 촬영한 것도 OK)

강아지와 돌발상황 205 반려견이 사람을 물었어요

피해자에게는 진지하게 대응합니다
사고 발생부터 신고까지의 절차를 알아두세요

반려견이 사람을 물었다면 일단은 피해자에게 진지하게 대응하세요. 그 후, 법률에 따른 절차를 밟습니다.

 돌발상황 이럴 땐 어떻게 해야 하나요?

> 1 **피해자의 치료와 연락처 확인** … 자신의 이름과 연락처 등을 상대에게 전하고 상대의 주소, 나이, 전화번호도 받는다.
>
> 2 **보건소에 신고** … 24시간 이내에 지역 관공서에 사고 발생 신고서를 제출한다. 서류는 관공서 웹사이트에서 다운로드받을 수 있다(한국에서는 이에 대한 사항이 없음).
>
> 3 **동물병원에서 강아지를 검진** … 48시간 이내에 검진하여 반려견의 광견병 유무를 확인한다. 일본에는 광견병이 없지만, 법률에 따라 감정할 의무가 있다.
>
> 4 **피해자와 보상 상담** … 가입한 보험 회사에 개인 배상에 관하여 확인한다. 피해자의 치료에 든 의료비 등의 부담을 상담한다.

강아지와 돌발상황

206 사고를 막기 위해 해야 할 일은 무엇인가요?

사고가 발생할 만한 상황을 피하고 옐로우 도그 운동에 동참해주세요

안타깝게도 강아지가 사람을 무는 사고가 끊이질 않고 있어요. 훈련된 강아지에게도 사고는 발생합니다. 사람을 잘 따르는 강아지라도 낯선 사람이 갑자기 쓰다듬으면 공격성을 보일 수 있어요. 재롱을 부리고 싶어서 사람에게 뛰어들었다가 상대에게 상처를 입히는 일도 있답니다.

- 공원 등 사람이나 강아지가 많은 장소에서는 리드 줄을 놓지 않는다.
- 아이에게 가까이 가지 않는다.
- 훈련할 때 심하게 꾸짖지 않는다.

돌발상황 이럴 땐 어떻게 해야 하나요?

사고를 막기 위해서는 이러한 기본적인 사항을 지킬 수밖에 없어요.

혹시 '옐로우 도그 프로젝트(Yellow Dog Project)'를 아시나요? 이것은 '리드 줄에 노란색 리본이나 노란색 아이템을 단 개를 발견하면, 옆으로 다가오지 말고 가만히 있어주세요'라는 뜻을 담고 있답니다. 질병이나 부상, 과거 트라우마 등 여러 가지 사정이 있는 개와 사람 모두를 지키기 위한 운동이죠.

아직 널리 알려진 개념은 아니지만, 공격성을 보일 가능성이 있는 강아지에게 노란색 아이템을 달아두면 도움이 된답니다.

강아지 학대 현장을 목격했어요!

스스로 어떻게 해보려고 하지 말고 곧바로 경찰서에 신고해주세요

동물을 해치거나 유기 현장을 목격했다면 망설이지 말고 경찰서에 신고해주세요.

현장을 스마트폰으로 촬영해두면 증거가 될 수 있지만, 너무 무리하진 마세요. SNS 등에서 학대 사진이나 동영상을 발견했을 때도 경찰서에 신고하기 바랍니다.

스스로 어떻게 해보려고 하지 마세요. 직접 상대하는 것은 위험합니다. 동물에게서 사람에게로 폭력이 옮겨갈 수 있어요

반려동물에게 식사나 물을 주지 않고 돌보지 않는 행위 또한 동물 학대에 해당합니다. 사육 포기로 이어질 가능성이 있으므로 동물보호센터에 연락하세요.

이런 경우에는 배설물 등에 의한 공중위생상의 문제가 있는 경우도 많으므로 각 지자체의 보건소나 위생과, 또는 동물보호센터에 신고하는 것이 일반적입니다(한국에서도 동물 학대를 목격했을 경우 현행 법령에서 관할 지방자치단체장 또는 동물보호센터, 경찰서에 신고하라고 규정하고 있습니다).

강아지와 돌발상황

208

알 수 없는 바이러스가 유행하면
어떻게 해야 하나요?

반려인은 우선 감염 예방을 해주세요
만약을 위해 맡길 곳을
확보해두는 일도 중요하답니다

반려견이 사람에게 신종 코로나바이러스를 전파한 예는 아직까지 없습니다. 이처럼 바이러스가 유행할 때 미리 대비해두면 좋은 사항을 소개하겠습니다.

돌발상황 이럴 땐 어떻게 해야 하나요?

1 맡길 곳을 확보한다
혹시 모를 상황에 대비해 가족이나 친구에게 강아지를 맡아줄 것을 부탁해둔다. 또한 동물병원 등에 미리 상담해두면 안심할 수 있다.

2 밀접한 접촉을 삼간다
강아지와 접촉할 땐 마스크를 끼고 손 소독을 한다. 얼굴 등을 핥지 못하게 한다.

3 위생 관리를 철저히 한다
- 귀가하면 손 씻기와 양치질을 한 다음 강아지를 만진다.
- 신발을 현관에서 털고 소독한다.
- 산책에서 돌아오면 강아지의 몸과 발을 깨끗이 소독제(핥아도 안전한 제품)로 닦는다.

만약 가족 중에 감염자가 나왔다면 강아지와의 접촉을 피해야 합니다. 이탈리아의 사례에서는 강아지와 고양이 항체 검사를 시행한 결과, 양성률이 강아지의 경우 3.4%, 고양이의 경우 3.9%였으며, 반려인이 감염된 가정에서의 양성률이 높다는 사실이 밝혀졌어요. 다만 강아지는 감염되어도 증상이 발현되지 않는 경우가 많다고 합니다.

6장

건강 이상 신호를 놓치지 마세요

- 신체 변화를 알아채고 싶어요
- 병에 걸렸으면 어쩌죠?
- 강아지의 비만과 현대병
- 믿을 수 있는 병원을 찾고 싶어요

209 강아지의 컨디션은 어떻게 알 수 있죠?

민첩성은 중요한 열쇠예요
강아지에게도 '괜히 컨디션이 안 좋은 날'이 있답니다

강아지에게도 사람처럼 '괜히 축 처져 있고, 쉽게 피곤해하는 날'이 있는데, 이는 강아지의 민첩성을 보면 알 수 있습니다.

소리나 부름에 반응이 느리고, 평소처럼 먹지만 어쩐지 시원찮게 먹을 때 검사를 해보면 대체로 건강 이상이 발견되는 경우가 많아요.

강아지는 다음과 같은 행동으로 여러 가지 건강 이상 신호를 보냅니다. 병을 특정하기는 어렵지만, 강아지의 컨디션 이상을 빨리 눈치채는 것은 반려인이 해야 할 일이 아닐까 싶어요.

- 입 주변을 발로 턴다 → 입의 통증
- 머리를 흔든다 → 귀의 통증
- 머리를 긁는다 → 뇌의 질환, 귀의 가려움
- 고개를 숙이고 눈을 위로 뜬다 → 목이 아파서 올려다볼 수 없다
- 걸을 때 머리가 위아래로 움직인다 → 앞다리의 통증
- 몸을 조금씩 떤다 → 몸의 통증이나 배의 통증
- 걸을 때 꼬리를 내리고 한쪽에 댄다 → 뒷다리나 항문 주위 통증
- 엉덩이를 질질 끈다 → 항문샘에 이물감을 느낀다
- 전보다 잘 뛰지 않는다 → 관절 통증, 몸의 통증

강아지와 건강

210 ◀ 소형견이 더 약한가요? ▶

뼈가 가늘어 골절되기 쉬운 경향은 있지만 예방할 수 있답니다

강아지의 건강 이상을 놓치지 않으려면 소형견, 특히 3kg 이하의 강아지는 신경 써야 하는 점들이 있답니다.

건강 — 신체 변화를 알아채고 싶어요

- **뼈가 가늘어서 골절되기 쉽다**
  소파에서 뛰어내리는 것만으로도 골절되는 경우가 많다. 높낮이 차가 있는 장소에서는 스텝이나 슬로프를 두고, 경사가 심한 계단은 되도록 오르내리지 않도록 한다. 단차의 길이가 다리보다 길면 몸을 굽혀 오르기 때문에 허리에 부담이 되기 쉽다.

- **저혈당에 빠지기 쉽다**
  혈액 속 당분 농도가 저하되면 휘청거리거나 경련 발작, 축 늘어지는 증상이 나타난다. 원래 입이 짧은 아이도 적지 않으므로 매끼 필요한 양을 잘 챙겨 먹여야 한다. 설사로 인해 먹지 않아서 발병하는 경우도 많다.

소형견이 추위에 약하다는 점은 이미 항목 94(125p)에서도 말씀드렸지요.

중·대형견과 비교해보면 어딘가 약한 부분이 있는 건 맞지만, 그렇다고 해서 수명이 짧은 건 아니니까 안심해주세요. 주의를 기울임으로써 반려견의 건강을 지킬 수 있답니다.

강아지와 건강 211 강아지를 쓰다듬다가 멍울을 발견했어요!

종양은 악성인 경우도 많아요
매일 쓰다듬으면 조기 발견이 가능하답니다

건강 — 신체 변화를 알아채고 싶어요

강아지를 쓰다듬거나 만지다 보면 멍울 같은 게 느껴질 때가 있어요.

이런 멍울은 종양일 가능성이 크며, 그중에서도 유선 종양은 약 50%가 악성이에요. 멍울을 조기에 발견하면 강아지의 생명을 구할 확률이 높습니다. 특히 8세를 넘은 암컷 강아지를 키우는 반려인은 매일 만져서 확인하기 바랍니다.

멍울은 전신에 생길 수 있으므로 머리 위에서 꼬리 끝까지 확인하되, 특히 배(겨드랑이 아래에서 넓적다리 안쪽까지)와 가슴을 꼼꼼히 확인해주세요.

콩알만 한 사마귀나 모기에 물린 것처럼 불룩하고 빨갛게 부은 것도 종양의 일종이에요. 발견 즉시 동물병원에서 세포진(바늘로 세포를 채취하여 현미경으로 확인한다) 검사를 받으세요.

멍울은 직경 5mm를 넘지 않으면 화상 진단이 어려운데, 소형견의 경우 멍울 크기가 5mm라면 이미 꽤 커진 상태입니다. 사람의 손은 작은 차이도 알아챌 수 있는 우수한 검사기예요. 매일 만져주면 그 차이를 느낄 수 있습니다.

강아지와 건강

212

작은 멍울이니까
좀 더 지켜봐도 괜찮겠죠?

'이 정도면 괜찮겠지'
그렇게 상태를 지켜보는 동안 심각해지기 쉬워요

강아지의 몸에 쌀알만 한 멍울을 발견했을 때 '작으니까 괜찮겠지'하는 생각에 그냥 지나치기 쉽습니다. 하지만 강아지와 사람은 그 심각성이 달라요.

종양이 직경 1cm까지 성장하기 위해서는 32회의 세포분열이 필요하다고 합니다. 그런데 1cm의 종양이 전신에 퍼지는 데는 단 9번의 분열이면 된다고 해요. 즉 멍울이 확인될 정도의 크기가 되면 앞으로 증상의 진행이 빨라진다는 것을 의미하죠.

문제는 통증이 없는 멍울이에요. 만졌을 때 아파하지 않는다면 악성 종양일 수 있어요. 말랑하고 만졌을 때 통증이 있다면 화농성 상처나 타박상 등의 염증일 가능성이 큽니다.

상태를 지켜보지 말고 우선 검사를 받으세요. 치유율이 달라집니다. 지방이나 노폐물이 쌓여 생기는 양성 멍울도 있을 수 있는데, 양성인지 악성인지는 만지는 것만으로는 판단할 수 없어요.

건강 신체 변화를 알아채고 싶어요

강아지와 건강
213
▶ 핥은 곳에서 냄새가 나요~ ◀

악취가 나면 치주 질환일 가능성이 있어요
빨리 진찰을 받아보세요

건강 신체 변화를 알아채고 싶어요

식후도 아닌데 강아지 입에서 냄새가 난다면 구취가 심해지고 있다는 증거예요.

만약 달걀 썩는 듯한 고약한 냄새가 난다면 치주 질환이 틀림없습니다. 입안에서 세균이 번식하여 강한 악취를 풍기는데, 증상이 진행되면 오줌이나 똥 같은 냄새가 나게 되죠.

침이 끈적끈적하진 않나요? 건강한 강아지의 침도 미끈거리기는 하지만, 이 감촉과는 조금 다릅니다.

또한, 만성 신장병이나 간장 질환 같은 증상의 하나로 구취가 심해지기도 하며, 구강 내 종양으로 치주 질환과 매우 비슷한 악취가 날 수도 있습니다.

강아지 입에서 냄새가 날 때는 신속히 동물병원에 내원해주세요.

강아지와 건강 214 ◀ 치주 질환에 걸리면 어떻게 돼요? ▶

3세를 넘은 강아지의 약 80%가 치주 질환을 앓고 있어요
초기라면 양치질로 케어가 가능하답니다

3세를 넘은 강아지의 약 80%가 치주 질환을 앓고 있다고 합니다.

치주 질환이란 입안에 세균이 번식하여 잇몸이나 치아의 뿌리 등에 염증을 일으키는 병이에요. 사람과 마찬가지로 심장이나 신장 질환에도 영향을 미치죠. 강아지의 치주 질환이 무서운 이유는 최종적으로 아래 턱뼈를 녹여버리기 때문입니다.

치주 질환 초기에는 양치질이나 치석 제거 등으로 케어할 수 있지만, 방치하면 치조 농루(중증 치주 질환)로 진행됩니다. 입 냄새가 나는 건 바로 이 단계예요.

잇몸이 빨갛게 붓고, 치아가 흔들리며, 심하면 치아를 지지하는 턱뼈가 점차 녹게 되지요. 통증이 있으면 다음과 같은 신호가 나타납니다.

건강 – 신체 변화를 알아채고 싶어요

- 식욕이 떨어진다(특히 건식 사료나 딱딱한 간식을 먹을 수 없다).
- 먹을 때 입 옆으로 샌다.
- 장난감을 물지 않는다.
- 얼굴이나 입 만지는 걸 싫어한다.
- 입 주위를 자주 긁는다.

이런 증상이 나타난다면 꽤 괴로운 상태일 거예요.

치주 질환은 초기 단계라면 매일 양치질을 해줌으로써 진행을 막을 수 있습니다. 구강 관리를 철저히 해주세요.

215 치아가 갈색인 이유는 충치 때문인가요?

강아지와 건강

치아 하나만 변색되었다면 치아 내부의 이상이에요 우선 수의사에게 상담해보세요

건강 — 신체 변화를 알아채고 싶어요

강아지의 치아는 흰색 또는 상아색을 띠고 있으며, 사람의 치아처럼 나이가 들어감에 따라 누런빛을 띠는 경우가 있습니다.

갈색을 띠는 치아는 플라그나 치석이 생긴 경우가 대부분인데, 치아 자체가 변색되는 일은 거의 없어요.

만약에 치아 하나만 갈색이나 연분홍색으로 변색되었다면 치아 속에 이상이 생겼을 확률이 큽니다. 이런 경우는 치아가 부서지거나 깨져서 치아 내부의 치수(무른 섬유성 조직)가 염증을 일으켜 치아가 죽은 상태입니다. 그 때문에 치아가 변색되기 시작하지요.

치아의 염증이 턱뼈로 퍼지는 경우도 있어요. 치아 변색을 발견하면 동물병원을 방문해 상담해보기 바랍니다.

강아지와 건강

216

흔들리는 치아는
빼는 게 좋나요?

발치가 최선의 치료법인 때가 많아요
식욕도 좋아지고 활발해집니다!

건강 — 신체 변화를 알아채고 싶어요

부상 등의 특수한 사정을 제외하면, 치아의 흔들림은 치주 질환이 의심됩니다. 턱뼈까지 영향을 주는 경우가 많아서, 앞서 말씀드린 대로 악화된 뼈가 녹아버리는 일도 발생하지요. 이런 경우는 발치가 최선의 해결책이에요.

이유는 이렇습니다. 강아지 앞니의 치근은 치아당 하나라서 치근을 못쓰게 되면 이빨이 빠져요.

하지만 어금니의 치근은 치아당 두세 개라서, 그중 하나가 염증을 일으킨다고 해서 빠지지는 않습니다. 그 대신 입안에 심한 통증이나 염증을 일으키지요.

이런 경우는 발치를 하면 구강 상태가 회복되어 식욕이 좋아지기도 하고, 건강을 되찾아 잘 놀게 되면서 생활의 질이 높아집니다.

발치를 권하면 대다수 반려인은 '이빨이 없으면 밥을 못 먹잖아요'라며 걱정을 합니다. 하지만 앞서 말씀드렸다시피, 강아지는 보통 씹지 않고 통째로 먹기 때문에 그 점이라면 안심하셔도 돼요.

강아지와 건강 217 — 유치와 영구치가 같이 나버렸어요!

잔존유치 상태예요
발견하면 뽑아주세요

건강 — 신체 변화를 알아채고 싶어요

강아지의 유치(28개)는 생후 2~3개월령에 나기 시작해 약 6개월령부터 영구치(42개)로 교체됩니다.

하지만 턱이 작은 소형견의 경우 생후 반년이 지나도 유치가 빠지지 않은 채 영구치가 같이 자라는 경우가 있어요. 이를 '잔존유치'라고 합니다.

잔존유치를 그대로 두면 치석이 쉽게 쌓여 치주 질환의 원인이 될 뿐만 아니라 부정교합이 생길 수 있어요. 발견하면 신속히 유치를 제거해 주세요.

잔존유치는 중성화 수술을 할 때 발견해서 발치하는 경우가 많아요(치열에 영향을 주는 경우는 중성화 수술보다 빨리하기도 합니다). 중성화 수술을 할 때 발치하면 마취 한 번으로 끝낼 수 있기 때문이죠.

강아지와 건강

218 ◀ 집에서 눈 건강을 확인할 수 있나요? ▶

매일의 눈맞춤이 최선의 예방책이에요
다양한 증상을 발견할 수 있답니다

반려인이 집에서 반려견의 눈 건강을 확인하는 방법을 소개할게요.

건강 — 신체 변화를 알아채고 싶어요

- 눈꺼풀 뒷면(결막)이 새빨갛진 않은가? … 새빨갛다면 결막염의 가능성이 있다. 양쪽 색이 다르지 않은지도 확인한다.
- 눈꺼풀 일부가 부풀었거나, 사마귀는 없는가? … 양성을 포함해 눈꺼풀에는 종양이 생기기 쉽다.
- 눈이 충혈되진 않았는가?
- 양쪽 동공의 크기가 같은가?
- 눈동자가 탁하진 않은가?
- 눈이 건조하진 않은가? … 강아지는 눈이 건조하기 쉬워 안구 건조증이나 마이봄샘염 등 안질환이 많이 발생한다.

어느 한 가지라도 해당 사항이 있으면, 병원에 방문하여 나이 때문인지 질환 때문인지 검진을 받아보기 바랍니다.

강아지와 건강
219 강아지 시력이 떨어진 것 같아요

솜으로 공을 만들어 확인해볼 수 있어요

강아지도 나이가 들면 시력이 떨어집니다. 잘 보이는지 확인해보세요.

> 1 솜으로 작은 공을 만든다.
> 2 강아지 얼굴 옆에서 솜으로 만든 공을 떨어뜨린다(양쪽 눈을 각각 확인하기 위해).

건강 — 신체 변화를 알아채고 싶어요

떨어지는 솜을 눈으로 좇으면 잘 보이는 것이므로 괜찮습니다. 얼굴 정면에서 떨어뜨려도 반응이 없으면 보이지 않거나 시력이 많이 떨어진 것일 수도 있어요. 그럴 때는 병원에서 검진을 받아보세요.

참고로 솜으로 만든 공을 사용하는 이유는 무엇일까요? 천천히 떨어지는데다 떨어졌을 때 소리가 나지 않기 때문이지요. 소리에 반응하면 눈의 기능을 확인할 수 없으니까요. 수의사도 똑같은 방법으로 시력을 검사합니다.

망막이 얇아져 실명하는 '진행성 망막 위축'은 비교적 어린 나이에 발병해요. 1세 무렵부터 어두운 곳에서 잘 보지 못하게 되므로, 만약 밤에 산책할 때 불안한 모습을 보이거나 무언가에 부딪친다면 신속히 동물병원에 내원해주세요.

강아지와 건강

220

눈이 하얗게 흐려져 있어요!
백내장인가요?

언뜻 비슷해 보이는 증상으로 핵경화증과 백내장이 있어요 핵경화증은 노화의 신호랍니다

반려견의 눈이 하얗게 흐려져 있다면 매우 당황스럽겠지요. 하지만 눈동자가 하얗다고 해서 백내장이라고 단정 지을 수는 없습니다. 핵경화증은 노화 현상에 의해 핵이 단단해져 백내장과 마찬가지로 하얗게 흐려지는 경우도 있어요.

  핵경화증의 경우, 기본적으로 시각에 문제는 없어요. 하지만 백내장인지 핵경화증인지 반려인 스스로 판단하기는 어려울 거예요. 눈이 하얗게 흐려지는 증상이 나타난다면 수의사에게 상담을 받아보기 바랍니다.

  덧붙여서 백내장과 핵경화증은 안압강하제 등의 점안액 중심으로 치료가 이뤄집니다.

건강

신체 변화를 알아채고 싶어요

눈머리에 하얀 막이 있는데 이건 뭔가요?

제3의 눈꺼풀, 순막이에요
오랜 시간 보인다면 병원에 가보세요

이 하얀 막은 '순막'이라고 하며, 별칭으로 '제3의 눈꺼풀'로도 불립니다.

눈을 깜빡여서 각막을 촉촉하게 만들고, 눈에 들어온 먼지를 제거하죠. 순막 안에는 순막샘이라는 눈물 분비선이 있어, 그곳에서 나오는 누액은 전체 눈물의 30~40%를 차지할 정도예요.

순막이 커튼이라면 눈꺼풀은 셔터와 같은 이미지입니다.

보통은 아래쪽 눈꺼풀과 안구 사이에 있기 때문에 거의 보이지 않지만, 계속 보인다면 이상이 있을 수 있어요.

눈 깜빡임에 주목해보세요. 강아지는 1분 동안 약 14회 눈을 깜빡인다고 해요. 눈을 다 감지 않는 불완전한 깜빡임을 보이진 않나요? 이는 특히 소형견에게 자주 보이며 안구 건조증(건성각결막염)의 원인 중 하나입니다.

시추, 퍼그, 프렌치 불도그 등 단두종 중 눈이 돌출된 견종은 특히 안구 건조증에 주의해주세요.

눈곱이 까매요! 이거 병인가요?

흰색, 검은색, 회색은 괜찮아요
누런색이나 황록색은 이상이 있다는 신호랍니다

정상 눈곱은 눈 바깥쪽에 낍니다. 눈곱 색이 흰색이나 갈색, 회색, 검은색이라면 건강 상태는 양호한 거예요. 커피 찌꺼기 같은 적색이나 적갈색을 띨 때도 있지만 이 또한 문제는 없어요.

주의해야 할 것은 눈 주위 전체에 누런색이나 황록색 눈곱이 끼어있을 때입니다. 사람도 감기에 걸리면 누런색이나 황록색 가래가 나오잖아요. 강아지의 눈곱이 이런 색이면 세균에 감염된 경우가 대부분입니다. 각막의 상처나 안구 건조증도 의심해 볼 수 있어요.

눈곱을 방치하면 굳어서 피부염을 유발할 수 있으므로 발견하는 즉시 떼어주세요. 굳어서 잘 떨어지지 않으면, 다음과 같은 방법을 써보세요.

> 1 미지근한 물에 눈 세정액(사람용)을 섞는다.
> 2 면이나 거즈에 1의 용액을 적셔 가볍게 짠 다음 눈곱을 닦아준다.

물티슈는 알코올 성분이 들어 있는 제품도 있어요. 이는 눈을 자극해 역효과를 일으킬 수 있으므로 알코올 성분이 함유된 제품은 사용을 피해주세요.

강아지와 건강
223 눈 주변이 갈색으로 변색됐어요!

흘러넘친 눈물의 철분이 산화하여
갈색으로 변색된 거예요
유루증 상태입니다

건강 — 신체 변화를 알아채고 싶어요

어떤 이유로 눈물이 계속 흘러 눈 밑의 털이 갈색으로 변색되는 것을 '유루증'이라고 합니다. 눈물의 철분이 산화하여 갈색으로 변한 상태죠.

갈색 부분은 물티슈 등으로 닦아내는 수밖에 없지만, 유루증 자체가 질환은 아니랍니다.

만약 근본적으로 개선하고 싶다면 원인에 맞는 해결 방법을 수의사와 상의해야 합니다. 참고로 눈물이 많아지는 원인은 다음과 같아요.

- 비루관(눈과 코를 연결하는 관)이 막혀 있다.
- 눈 주변의 털이 자라는 방식에 문제가 있다.
- 잇몸 염증 등의 치아 문제가 있다.
- 눈이나 귀의 감염증이 있다.

이 중 어디에도 해당하지 않는다면 다음과 같은 방법으로 증상을 개선할 수도 있습니다.

- 첨가물이 들어 있지 않은 사료로 바꾼다.
- 여과한 물을 급여한다.

첨가물이 원인일 수도 있으므로 사료를 바꾸면 치료되기도 한답니다.

224 코를 너무 심하게 골아요...

코를 갑자기 골기 시작했거나
페이스가 변했을 때는 위험해요
주의해서 들어보세요

반려견의 견종은 무엇인가요?

프렌치 불도그나 퍼그 등 코가 납작한 견종(단두종)이면, 호흡기의 선천적인 이상(연구개 과장증) 때문에 코를 골기 쉽습니다. 일상적인 코골이는 걱정하지 않으셔도 돼요. 뚱뚱한 강아지도 코를 자주 곱니다.

견종을 떠나 주의해야 할 것은 갑자기 코를 골기 시작했다거나 코를 고는 소리나 페이스가 달라졌을 때예요. 코안이나 목구멍에 종양이 생겼을 수도 있는데, 특히 10세를 넘긴 경우라면 가능성이 있습니다.

깨어 있는데도 코골이 비슷한 호흡을 하는 강아지도 있어요. 이런 경우는 기관지 질환, 성대 질환, 인후두 질환, 코의 질환 등을 의심해 볼 수 있습니다.

건강 — 신체 변화를 알아채고 싶어요

강아지와 건강 225
호흡이 거친데 괜찮을까요?

혀의 색을 살펴보세요
새빨간 색이라면 주의가 필요합니다!

'하아하아' 하고 거칠게 호흡한다면 즉시 혀의 색을 체크해주세요. 호흡과 혀의 색 변화는 동시에 진행되는 경우가 많습니다.

> **건강** 신체 변화를 알아채고 싶어요

- **선명한 빨간색** … 덥거나 혹은 흥분한 상태. 혀가 축 늘어져 있다면 열사증일 가능성이 크다.
- **벽돌색이나 청자색** … 산소가 결핍되어 호흡이 괴로운 상태. 치아노제(청색증)가 발현되고 있다. 폐수종 등 호흡기나 순환기 질환도 의심된다.
- **하얀빛이 도는 분홍색** … 빈혈이나 저혈당을 일으킨 상태. 체내 출혈이나 자가면역성 질환일 가능성이 있다.

호흡이 안정되면서 평소의 혀 색깔로 돌아가면 문제없지만, 같은 증상이 빈번하게 발생한다면 동물병원에서 진찰을 받아보기 바랍니다.

참고로 혀 위에 파란색, 보라색, 검은색 등의 반점이 보이는 경우가 있는데, 이는 설반이라고 불리는 점 같은 것으로 딱히 건강에 해를 끼치지는 않습니다.

강아지와 건강

226

 귀에서 이상한 냄새가 나요...

머리를 흔들거나 뒷발로 귀를 긁는다면 외이염일 가능성이 있어요

냄새 외에 다음과 같은 증상은 없나요?

- 귀지가 갈색이나 흑갈색이다.
- 자주 머리를 흔든다.
- 뒷발로 귀를 긁는다.
- 귀를 만지면 싫어한다.

건강 신체 변화를 알아채고 싶어요

이런 증상을 보인다면 외이염일 가능성이 있습니다.

강아지는 외이염에 걸릴 확률이 높으며 재발도 잘 돼요.

심한 가려움이나 통증을 동반하는 경우도 많아요. 귀의 통증은 얼굴과 가까이 있어서, 인간의 치통이나 두통과 비슷한 통증이 아닐까 싶습니다. 괴로운 통증 때문에 스트레스로 공격적으로 변하는 경우도 적지 않답니다. 또한, 약 절반가량이 공포나 불안도 느낀다고 해요.

외이염은 더워지면 발병했다가, 시원해지면 가라앉는 경향이 있어요. 말하자면 가을부터가 치료받기 가장 좋은 시기인 거죠. 동물병원에 상담하여 완치를 목표로 삼아보세요. 확실한 치료가 재발을 막을 수 있답니다.

만성화되면 고막보다 더 깊은 곳까지 감염되어 평형감각이 무너져 머리가 한쪽으로 쏠리기도 합니다.

강아지와 건강 **227** 콧물이 흘러요. 감기인가요?

콧물 색깔과 나오는 곳이 중요해요
알레르기성일 수도 있고
질환의 증상일 수도 있답니다

건강 - 신체 변화를 알아채고 싶어요

콧물은 투명한가요? 아니면 누렇거나 황록색에 점성이 있나요? 콧물 색깔과 나오는 곳에 따라 원인이 다릅니다.

- **코 양쪽에서 투명한 콧물이 나온다** … 알레르기성 비염. 하얗게 말라서 코에 붙어 있기도 한다.
- **코 한쪽에서 황색이나 황록색, 피가 섞인 콧물이 나온다** … 세균성 감염증(화농성 비염)이나 치주 질환, 종양 등이 원인이다.

한쪽에서 나오는 콧물은 생각지도 못한 심각한 질병의 증상이므로 각별히 주의가 필요합니다. 대부분 다음 두 가지 중 하나예요.

1 치근이 썩어 위턱뼈를 녹여 콧물이나 재채기를 유발한다.
2 종양에서 고름이 나오고 있다.

강아지의 코는 구조가 복잡하고, 유해 물질이 흡착되어 쌓이기 쉬워 코암이 많이 발생합니다.

동물의 꽃가루 알레르기는 아직 증명되지 않았지만, 초봄에 재채기와 콧물이 많아지는 강아지는 확실히 많아요. 이 경우에는 알레르기를 의심해 볼 수 있습니다.

228 강아지에게도 알레르기가 있나요?

강아지의 3대 알레르기는 식물과 벼룩 알레르기, 아토피성 피부염이 있어요

몇 가지 알아두면 유용한 알레르기를 소개하겠습니다.

> - **식물 알레르기** … 다음과 같은 식품은 강아지 알레르기를 유발하는 원인이 될 수 있다.
>   - 소고기, 닭고기, 양고기, 달걀, 유제품, 곡류(콩, 옥수수, 밀)
>
>   시판되는 강아지 사료는 대부분 육류가 주원료이기 때문에 알레르겐이 들어있지 않은 처방식, 제거식을 이용한다. 말이나 캥거루 고기를 사용하거나 단백질을 아미노산 단위로 분해해서 알레르겐이 되지 않도록 제조한 사료도 많다.
> - **아토피성 피부염** … 벼룩과 진드기 예방을 했고, 피부 질환이 없는데도 장기간 몸을 핥거나 긁는다.
>   가을부터 겨울, 사람이 울 소재 옷을 입는 계절에 발병하는 경우가 많으며, 이 시기에 실내가 건조해서 집 먼지가 떠다니기 쉬운 것도 원인이 된다. 기침이나 재채기 외에 눈 주위의 가려움증이나 귀의 외이염을 악화시킨다.
> - **벼룩 알레르기** … 기생한 벼룩의 침이 흡혈 시 체내에 침입하여 발생하며, 심한 가려움증을 유발한다. 또한, 벼룩에 물려 피부에 상처가 생기는 경우도 많다.

건강 - 신체 변화를 알아채고 싶어요

알레르기 검사를 해서 알레르겐이 들어 있지 않은 제품을 먹기 시작한 후 2주에서 2개월이 지나도 좋아지지 않는다면 항알레르기 약물 치료가 필요합니다.

강아지와 건강
229 계속 발을 핥는데 어떡하죠?

핥고 있는 부위를 주목해주세요!
앞발이나 뒷발 끝이라면
'오버 그루밍'일 가능성이 있답니다

건강 — 신체 변화를 알아채고 싶어요

강아지의 그루밍에는 건강 문제가 숨어 있는 경우가 대부분입니다. 특히 습도가 높은 장마철이나 여름철에 그런 행동을 보인다면 피부염을 의심해 볼 수 있어요.

발가락 사이나 발바닥 패드에는 아토피성 피부염이 나타나기 쉬운 부위입니다. 강아지는 핥는 행동으로 가려움을 해소해요.

특정 부위를 병적으로 계속 핥아서 털이 빠지는 '오버 그루밍'도 자주 볼 수 있죠. 강아지의 경우는 앞발 끝에서 발목, 뒷발 끝에서 자주 보여요.

오버 그루밍의 원인은 정신적인 불안이나 스트레스입니다.

- 재택근무로 인해 집 안에 항상 사람이 있다.
- 자녀가 진학해서 가족이 줄었다.
- 아기가 태어났다.

이처럼 가족 구성원의 교체가 원인이 되기도 해요. 심해지기 전에 검사를 한번 받아 볼 것을 추천합니다.

강아지와 건강

230

활발한 건 좋지만
다칠까 봐 걱정이에요

뛰어내릴 때마다 목에 충격을 받아요
목디스크의 위험도 있답니다

목뼈에 부담에 되기 때문에 되도록 뛰어내리지 않게 하는 편이 좋습니다.

강아지는 점프할 때 머리를 번쩍 들고 기세등등해합니다. 반대로 뛰어내릴 때는 착지 순간에 머리를 들어 충격을 흡수하지요. 이러한 동작은 목뼈에 손상을 주게 됩니다.

건강 / 신체 변화를 알아채고 싶어요

- 안으면 '끼잉' 하고 운다.
- 올려다보지 못하고 눈을 치켜뜬다.
- 단차가 있는 곳을 올라가지 못한다.

이러한 증상이 나타나면 높은 확률로 목디스크를 의심해 볼 수 있어요.

한편, 다리에 부담이 되는 행동에는 주로 소형견이 뒷발로 서서 방방 뛰는 동작이 있어요. 울타리에 반려인이 다가가면 강아지가 이러한 행동을 하지 않나요? 토이 푸들, 잭 러셀 테리어, 보스턴 테리어 등에서 자주 보이지요.

높은 곳에는 슬로프를 설치해 뛰어내리지 않도록 하고, 천장이 있는 울타리를 사용해 방방 뛰지 못하게 하면 예방할 수 있답니다.

231 걷는 게 뭔가 좀 이상해요

바로 동영상을 찍어주세요! 진찰할 때 강아지가 똑같은 동작을 취할 가능성은 낮습니다

다리를 끈다든지 절뚝인다든지 '평소랑은 걸음걸이가 좀 다른데'라고 느껴진다면 곧바로 동영상을 찍어주세요. 걷는 모습을 정면, 옆면, 뒷면의 세 방향에서 찍습니다.

그런 다음 동물병원에 내원하면 진료에 크게 도움이 됩니다. 잠시 후엔 다시 정상 걸음으로 돌아가거나, 진찰실에서는 강아지가 긴장하기 때문에 증상을 드러내지 않는 경우도 많아요. 동영상을 보면 어느 다리의 어디 관절이 안 좋은지를 대략 판단할 수 있습니다.

걸음걸이가 빠른 아이라도 느린 속도로 재생하면 아픈 다리를 알 수 있어요.

직업상 산책 중인 강아지를 무의식적으로 시진하게 되는데, 파행(다리를 절뚝이는 증상)을 보이는 아이가 많아서 안타깝습니다. 힘없이 아장아장 걷는 것도 이상 신호랍니다.

강아지와 건강
232
강아지가 화상을 입었어요!

환부를 차갑게 식히는 게 최우선
무서운 건 저온 화상과 발바닥 화상입니다

강아지가 화상을 입었다면 얼음물을 넣은 비닐봉지(혹은 얼음주머니)를 환부에 대고, 전신이라면 냉수로 적신 거즈나 수건으로 덮어주세요. 차갑게 몸을 식히면서 병원에 가기 바랍니다.

무서운 건 발바닥 화상이에요. 여름철에 무심코 아스팔트나 모래 위를 걷게 하지 마세요. 아스팔트나 모래 위의 표면 온도는 25도에서 52도, 31도에서 69도 이상입니다.

전기장판 위에 오랜 시간 같은 자세로 있으면 저온 화상을 입을 수도 있어요. 오줌이나 물 등으로 장판 위가 젖어 있으면 더욱더 위험합니다.

저온 화상 같은 경우는 강아지 털 때문에 발견이 늦는 바람에 1~2주가 지나 내원하는 상황이 흔해요. 처치가 늦어져 증상이 악화되는 사례도 많답니다. 최근에 화상을 입을 뻔한 일은 없었는지 떠올려 보세요.

건강 — 신체 변화를 알아채고 싶어요

강아지와 건강
233
소변 색이 평소보다 진해요!

소변 색이 계속 진하다면 문제가 있어요

건강 — 병에 걸렸으면 어쩌죠?

건강한 강아지의 오줌은 투명한 노란색, 혹은 옅은 노란색을 띠고 있어요. 먹은 음식이나 컨디션에 따라 다소 다를 수 있으므로 매일의 변화는 크게 신경 쓰지 않아도 괜찮아요. 다만, '어떤 날을 경계로 진한 오줌이 계속된다'면 문제가 있답니다.

또한, 다음과 같은 오줌 색이 관찰된다면 신체 이상이나 질환의 가능성이 있으므로 병원에서 진찰을 한번 받아보기 바랍니다.

- **색이 빨갛다** … 이른바 혈뇨. 방광염이나 요로 결석 등
- **적갈색을 띤다** … 파 종류 중독, 빈혈, 심장사상충 등
- **노랗고 진하다** … 갈색처럼 보이기도 한다. 간장 질환이나 용혈성 빈혈 등
- **색이 연해졌다** … 더워서 물을 많이 마시면 오줌 색이 연해지지만, 날이 추워졌는데도 물을 많이 마신다면 신장 기능 질환이 의심된다.

덧붙이자면 강아지의 소변은 그다지 냄새가 나지 않아요. 냄새가 나는 경우는 감염증에 걸렸을 확률이 높은데, 대부분 방광염에 걸렸을 때입니다.

강아지와 건강
234

오줌이 반짝반짝 빛나요!

소변 속 미네랄 성분이 결정화되었기 때문이죠
요도가 막히기 전에 치료를 해주세요

소변 속에 결정이 생기면 오줌이 반짝이게 됩니다. 이는 강아지가 걸리기 쉬운 요로 결석, 그중에서도 칼슘 옥살레이트가 방광에서 결정화되는 '방광 결석'의 초기 증상이에요.

결정이 결석으로 변해 요도를 막게 되면 수술을 해야 합니다. 이는 급성 신부전을 유발할 우려가 있으므로 빨리 진료를 받으세요.

치료 후에는 재발하지 않도록 식사를 조절합니다. 다음과 같은 칼슘과 옥살산을 다량 함유한 식품을 너무 많이 주지 않도록 주의하세요.

- **칼슘을 다량 함유한 식품** … 생선, 브로콜리, 유제품 등
- **옥살산을 다량 함유한 식품** … 시금치, 브로콜리, 단호박, 사과 등

스트루바이트 요석이 결정화되어 오줌이 반짝반짝 빛나는 경우도 있지만(이 경우는 원인이 달라요), 우선 강아지에게 발병하기 쉬운 증상이 있다는 점을 알고 계셨으면 합니다.

건강 — 병에 걸렸으면 어쩌죠?

강아지와 건강
235 ◀ 배뇨 횟수가 늘었는데 괜찮을까요? ▶

배뇨 횟수는 적든 많든 걱정이죠
횟수보다 배뇨 시간으로 판단합니다

건강 — 병에 걸렸으면 어쩌죠?

배뇨 횟수가 줄면 걱정이지만, 느는 것보다는 문제가 없다고 생각하는 반려인도 많습니다.

보통 신장이 나빠지기 시작하면, 소변이 묽고 양이 늘어나는 것이 일반적이에요. 그 밖에도 소변을 자주 보는 질환에는 당뇨병, 부신피질기능항진증 등이 있습니다.

특히 여름철에는 배뇨 횟수가 늘었다고 느낄지도 몰라요. 강아지는 더우면 물을 많이 마시잖아요. 그래서 소변을 자주 보는 게 당연하다는 생각에 배뇨 횟수가 늘었다는 사실을 알아차리기 어렵지요.

배뇨 시간을 체크하는 방법을 추천합니다. 횟수가 늘어도 한 번 소변을 볼 때 소량이면 평소와 비슷한 소변량이 됩니다. 하지만 배뇨 시간이 길면 확실히 소변량이 늘었다는 사실을 알 수 있지요.

더불어 건강 관리를 위해 노령이 되면, 1년에 4회 정도는 소변 검사를 받아보길 추천합니다.

강아지와 건강

236 간단한 채뇨 방법을 알려주세요!

아침 첫 소변을 배변 패드 뒷면에 모아서 스포이드로 빨아들입니다

소변 검사는 정기 검진 등을 통해 받는 편이 좋지만 동물병원에서 소변을 채취하기는 힘들어요. 강아지가 언제 소변을 볼지 모르기 때문에 집에서 채뇨해 오게 하는 경우가 많습니다.

채뇨 방법을 기억해두면 검사가 편해집니다. 소변을 채취하는 방법을 설명할게요. 다음과 같은 곳에 모아두세요.

건강 — 병에 걸렸으면 어쩌죠?

- **배변 패드 뒷면** … 배변 패드 뒷면은 방수 기능이 있다.
- **비닐이나 랩을 깐다** … 배변판 위에 랩 등을 깔아 그곳에 소변을 모은다.
- **국자나 종이컵** … 직접 받아도 OK.

소변을 모아 스포이드나 휴대용 간장 용기로 빨아들이세요.

가능한 아침 첫 소변이 좋습니다. 되도록 정확한 검사 결과를 도출하기 위해서예요. 예를 들어, 더운 날 오전에 물을 많이 마신 상태에서 점심때 소변을 채취한다면 소변이 묽어지겠죠.

채뇨 규칙

- 아침 첫 소변을 채취한다.
- 밀봉해서 냉장고에 넣어 두면 전날 소변이라도 괜찮다.

강아지와 건강
237 ◀ 강아지가 변비인 것 같아요... ▶

2일 이상 나오지 않으면 병원에 데려가세요
추위나 통증 때문에 쭈그려 앉지 못해서
변비가 되기도 한답니다

평소에 잘 먹고 매일 배변하는 강아지가 이틀 동안 신호가 없다면 무척 괴로운 상태일 거예요. 질환이 변비를 유발하는 경우도 있으므로 신속히 진찰을 받아보기 바랍니다.

갑자기 기온이 낮아진 시기에 변비 증상을 보이는 것은 음수량이 줄고 추위로 몸이 굳어 배변 자세를 잡기가 힘들어서 그래요.

건강에 문제가 없으면 사람용 가용성 섬유나 유산균 보충제를 급여해 주세요. 사료를 불려서 수분 섭취량을 늘리는 것도 좋은 방법입니다.

강아지의 경우, 변비는 노인성 질환의 일종이에요. 뒷다리 쇠약이나 통증 때문에 쭈그려 앉는 게 어려우면 만성 변비가 되는 경우가 많답니다.

강아지와 건강
238 건강한 대변은 어떤 상태인가요?

갈색에다 손으로 눌러도 뭉개지지 않는 정도가 이상적이에요
벌레가 나왔다면 병원에 데려가세요!

건강한 강아지의 대변은 다음과 같은 특징이 있습니다

- **● 색깔**
  일반적으로 갈색. 혈변이나 타르 같은 대변을 봤다면 뭔가 이상이 의심된다. 소고기 저키 같은 적색 계열 음식을 섭취한 탓에 붉은색 똥이 나오는 경우도 있다.

- **● 딱딱한 정도**
  처리할 때 손으로 잡아도 뭉개지지 않는 정도가 이상적. 동글동글하고 딱딱한 똥은 식사량이 적거나 변비일 가능성이 있다.

- **● 양**
  평소와 비슷하다면 문제없다. 식물섬유량이 많은 다이어트 사료 등을 다량 섭취하면 대변량이 늘어난다.

만약 대변에서 벌레를 발견했다면 그 벌레를 동물병원에 갈 때 가져가세요.

늘 정해진 사료를 급여하면 거의 같은 색, 같은 냄새의 대변을 보기 때문에 변화를 쉽게 알아차릴 수 있다는 이점이 있어요.

강아지와 건강 239
병원에 가야 할 설사 증상은 무엇인가요?

사실 강아지는 설사를 잘해요
2일 이상 지속되고, 체중이 감소하고,
구토 증세가 보일 때는 주의를 요합니다!

강아지는 음수량이 많거나 운동을 해서 피곤할 때도 설사를 하는데, 이러한 컨디션 악화에 따른 설사나 무른 변은 수일 후면 괜찮아집니다. 하지만 같은 상태의 설사가 2일 이상 지속된다면 일단 병원에 데려가 주세요. 체중이 줄고 구토 증세를 보인다면 특히 주의를 요한답니다.

일반적인 설사에는 채소 퓌레가 특효약입니다. 특히 사과와 단호박은 설사와 변비에 효과적이지요.

원래 강아지는 채소를 잘 소화하지 못하지만, 믹서기 등으로 갈아서 채소의 세포를 파괴하면 영양소를 흡수할 수 있습니다.

강아지가 우유를 먹었을 때 설사를 하는 경우도 있어요. 성장하면서 우유에 함유된 유당을 분해하는 효소가 소실되어 소화 불량을 일으키는 유당 불내증 때문이죠.

> **채소 퓌레 만드는 법**
> 1 사과와 단호박을 각각 걸쭉한 상태로 만든다.
> 2 각각 1큰술씩 강아지의 평소 식사에 섞어서 급여한다.

강아지와 건강

240
튀김을 줬더니 설사를 해요...

강아지는 지방을 좋아하지만 소화를 잘 못해요 탄수화물을 토핑해주세요!

기름기 있는 음식을 먹고 강아지가 배탈이 났다면 밥, 파스타, 고구마류 등의 탄수화물을 급여해 위장을 쉬게 해주세요. 다음과 같은 죽 스타일을 추천합니다.

건강 — 병에 걸렸으면 어쩌죠?

> 1 사료를 뜨거운 물에 불린다.
> 2 쌀밥은 그대로 두고 파스타는 삶아 적당히 다진다, 고구마류는 가열하여 으깬다. 둘 중 하나만 준비해도 OK.
> 3 1과 2를 섞어 죽처럼 급여한다.

기름진 음식을 먹어 구토한 경우, 급성 췌장염에 걸렸다면 큰일이기 때문에 곧바로 동물병원에서 검진을 받으시기 바랍니다.

강아지는 프라이드 치킨의 살 부분 외에도 튀김옷을 굉장히 좋아하죠. 많이 주지 않도록 주의하세요.

241 약을 잘 먹이는 방법을 알고 싶어요!

강아지와 건강

힘든 것은 알약이죠
강아지가 '먹고 싶게끔' 만드는
미끼 작전을 추천해요

건강 / 병에 걸렸으면 어쩌죠?

시판되는 동물용 약이나 병원에서 처방하는 약은 가루약, 알약, 액상 등 제형이 다양합니다.

가루약이나 액상 타입은 비록 쓴 약이라도 꿀에 섞어 걸쭉한 상태로 만들어 잇몸에 발라주면 먹습니다.

문제는 알약이죠. 사료에 섞어주면 강아지가 귀신같이 약만 골라내지 않나요?

실은 여기에는 요령이 있어요. 처음부터 약을 넣어주지 않는 거죠.

1 치즈나 믹서 등으로 간 고구마류, 고기 등 강아지가 좋아하는 식재료를 준비한다.
2 1, 2개째는 미끼(약 없이) 급여하고, 3개째에 약을 섞어 넣어 급여한다.

'더 먹고 싶어!' 하는 타이밍을 노리세요. 유제품 알레르기가 없다면 사람이 먹는 저온 타입의 슬라이스 치즈를 작게 찢어 라비올리처럼 약을 싸도 좋습니다.

피나 이물질이 섞여 있다면 곧장 병원으로 데려가 주세요!

강아지는 고양이와 달리 습관처럼 토하는 일은 거의 없습니다. 평소에는 토하지 않던 아이가 토하면 걱정이죠. 토했을 때는 날짜와 토사물을 사진으로 찍어 기록해두세요.

무엇을 토했을 때 위급한지 알아두면 안심할 수 있겠죠. 다음과 같이 토사물의 색과 상태로 알 수 있습니다.

1 피나 이물질 혼입
곧장 병원으로 간다. 소화기에 이물질이 남아 있는 경우도 많다.

2 하얀 거품, 노란색이나 갈색 액체
하얀 거품은 위액, 노란색이나 갈색 액체는 담즙. 공복이 심하면 담즙이 위로 역류하여 토할 때가 있다. 또한, 너무 추우면 소비 에너지가 늘어 속이 텅 비어서 토하는 아이도 있다.

3 갈색 덩어리
정체는 식사 도중 혹은 식후에 소화되지 않은 상태로 토한 사료. 급하게 먹거나 너무 많이 먹어서 갑작스러운 위확장(사료 팽창)이 원인이기 때문에 사료량을 줄여서 조절한다.

강아지와 건강
243 토한 것을 먹어버렸어요!

먹어도 문제는 없지만
사료 급여 방식을 점검해주세요

강아지가 토한 것을 먹고 있는 모습을 보고 깜짝 놀라는 반려인도 많으리라 생각합니다.

결론부터 말씀드리자면, 먹어도 괜찮습니다. 배가 고파서 먹는 아이도 있으니까요.

다만 이런 경우, 사료 급여 방식에 문제가 있는 경우가 많아요.

보통 다음과 같은 원인을 생각해 볼 수 있는데, 사료 급여 방식을 다시 한번 점검해보기 바랍니다.

- 건식 사료가 맞지 않는다.
- 1회에 급여하는 양이 많다.
- 너무 빨리 먹는다.

급여 방식이 적절하다 하더라도 강아지의 몸 상태에 따라 맞지 않은 경우도 있답니다.

강아지와 건강
244
왜 갑자기 요가 자세를 잡나요?

'기도 자세'라고 불려요
건강 이상의 신호랍니다
복통이 의심돼요

앞발을 뻗어 엎드린 자세를 취한 다음 엉덩이를 높게 들어 올려 기지개를 켜는 듯한 모습을 보이진 않나요?

그렇다면 그건 이른바 '기도 자세'예요. 자세는 귀엽지만 배가 아파서 괴로운 상태죠. 복통이 있을 때, 사람은 배를 문지르잖아요. 그것과 마찬가지입니다. 강아지는 배를 쭉 늘림으로써 통증을 참고 있는 거예요.

모든 강아지가 아플 때 '기도 자세'를 취하진 않지만 매일 반복한다면 종양 등의 가능성도 있으므로 진찰을 권합니다.

강아지는 몸의 이상을 말로 표현할 순 없어도, 다음과 같은 자세로 통증을 호소해요.

- **목이나 등이 아프다** … 꼬리를 내리고 등을 구부린다. 눈을 치켜뜨고 몸을 떤다.
- **배가 심하게 아프다** … 갈팡질팡하며 어쩔 줄 몰라 한다. 혹은 몸을 떤다.

건강 — 병에 걸렸으면 어쩌죠?

강아지와 건강
245
수컷인데 고환이
하나밖에 없는 것 같아요...

고환이 몸속에서 내려오지 않은 상태예요
생후 3개월이 판별 포인트랍니다

수컷의 정소(고환)는 생후 30일 무렵부터 음낭 안으로 내려와 일반적인 생식기의 형태를 이루지요.

 이때 드물게 한쪽, 또는 양쪽 모두 내려오지 않는 경우가 있어서 고환이 1개 혹은 고환이 없는 것처럼 보이는 일이 있습니다. 이렇듯 정소가 체내에 머무는 상태를 '정류 고환(잠복 고환)'이라고 해요.

 잠복 부위는 다양하며, 정소가 음낭에 절반 정도 들어가 있는 상태라면 잡아 빼는 듯한 마사지를 해서 내려오게 하기도 합니다.

 복부나 뒷다리의 고관절에 잠복된 경우는 잡아 빼내는 것이 좀 어렵겠죠. 생후 3개월 무렵에도 내려오지 않는다면 우선 동물병원에 상담해 보세요. 음낭에 비해 체내는 온도가 높아서 노화와 함께 정소가 종양이 될 위험도 있습니다.

건강 | 병에 걸렸으면 어쩌죠?

246 아기강아지의 기침이 멈추지 않아요

켄넬코프일 가능성이 있어요
'코프 테스트'로 확인해보세요

집에 막 입양해온 아기강아지가 기침을 한다면 '켄넬코프'일지도 몰라요. '개전염성기관기관지염'이라고도 불리는데, 면역력이 충분하지 않은 어린 강아지를 중심으로 발병하며, 가래를 동반한 기침, 콧물이 나오지요.

병에 걸렸으면 어쩌죠?

켄넬코프인지 아닌지는 '코프 테스트'로 확인해볼 수 있습니다. 켄넬코프는 기도를 만지면 기침이 유발되기 때문에 만져보면 알 수 있습니다. 한번 해보세요.

기침이 나오나요? 성견도 걸릴 수 있기 때문에 신경 쓰인다면 테스트를 해보기 바랍니다.

반응을 보인다면 신속히 수의사에게 상담을 받아보세요. 원래는 복합백신 접종으로 예방하는 경우가 많아요.

한편, 성견이 된 강아지는 거의 기침을 하지 않기 때문에, 기침을 한다면 감염증, 폐렴, 폐 종양, 심장질환, 기관지염 등의 질환이 의심됩니다.

특히 노령견이 흥분했을 때 기침한다면 심부전일 가능성이 있어요.

강아지와 건강
247

기침? 재채기? 어느 쪽이죠?

숨을 들이마시는지 내뱉는지가 핵심이에요
'역재채기'일 가능성도 있답니다

건강

병에 걸렸으면 어쩌죠?

'기침인지 재채기인지 잘 모르겠지만 뭔가 괴로워 보여...'

반려인은 이런 강아지가 무척 걱정되겠죠. '역재채기'라고 불리는데, 이는 숨을 들이마셨을 때 발생하는 호흡곤란 발작입니다. 보통의 재채기라면 코로 숨을 내뱉지만, 역재채기는 거꾸로 숨을 들이마시게 됩니다.

기도의 개구부쪽 목구멍의 후두개나, 목구멍 안쪽의 주름(연구개)이 말려 들어가 발생하므로 치료가 필요한 건 아니에요

질환으로 인한 기침과 혼동하면 안 되니까 구분하는 법을 소개할게요. 어느 쪽인지 알 수 없는 경우, 잠깐 동안만 강아지의 콧구멍을 막았다가 뗐을 때 증상이 나아진다면 대부분 역재채기입니다.

아니면 입을 봐도 알 수 있어요. 기침 같은 재채기를 할 때 입을 다물고 있다면 역재채기입니다.

강아지와 건강

248

> 큰일이에요.
> 코끝이 말랐어요!

항상 촉촉하진 않기 때문에 괜찮아요
잠에서 깨면 건조하답니다

건강한 강아지의 코가 촉촉한 이유는 냄새 분자를 흡착하기 위해서입니다. 젖은 행주 쪽이 먼지를 흡착하기 쉬운 것과 같은 원리죠.

단, 수면 중에는 후각도 쉬기 때문에 촉촉하지 않아도 괜찮습니다. 늘 촉촉하지 않아도 상관없다는 뜻이죠.

공기가 건조한 시기에 일시적으로 건조해지는 것도 문제없어요. 하지만 탈수 가능성이 의심된다면 물을 마시게 해주세요.

코가 갈라질 정도로 말라 있거나, 딱지가 있고, 코 주위에 염증이 있는 경우에는 수의사와 상담해주세요. 코코넛 오일이나 올리브 오일을 매일 발라주면 개선되기도 하지만, 혹시 갑상선에 이상이 생겼을지도 모르기 때문입니다.

참고로 나이를 먹을수록 코 색깔이 바래기도 하는데, 색깔은 질환과 거의 관계가 없습니다.

건강 / 병에 걸렸으면 어쩌죠?

강아지와 건강

249 ◀ 코피가 나요! ▶

치주 질환 때문일 수 있어요
멈췄다고 안심해선 안 돼요

건강 — 병에 걸렸으면 어쩌죠?

강아지는 코피를 흘리는 일 자체가 드문데, 코피가 났다면 대부분 치주 질환이 원인입니다. 치주 질환이 진행되어 균이 비강까지 미치면 코에서 고름이 섞인 콧물이나 코피가 나지요.

치주 질환에 의한 코피는 자연히 멈추지만, 코에 생긴 종양 등이 원인이라면 멈추지 않을 때도 있어요.

이런 경우에는 병원에서 지혈제 등을 사용한 처지가 필요합니다.

지혈을 위해 강아지 콧구멍에 티슈를 넣지는 마세요. 호흡이 고통스러워집니다.

설령 '멈췄다고 해도 안심'해서는 안 됩니다. 평소에는 코피가 나지 않는데 났다면 어떤 질환이 심각해진 경우가 많기 때문이에요.

강아지와 건강

250

> 평소 알아두면
> 도움이 되는 건 무엇인가요?

호흡은 건강의 바로미터예요
호흡수가 평균보다 많다면 건강 이상이 의심돼요

강아지의 호흡수를 세어본 적이 있나요? 강아지의 건강 이상은 호흡수(숨소리)로 알 수 있는 경우도 많기 때문에 다음과 같은 방법으로 평상시 수치를 파악해두세요.

건강 / 병에 걸렸으면 어쩌죠?

---

1. 안정 시 강아지의 가슴이 오르내리는 횟수를 센다. 오르내리는 움직임을 1회로 해서 15초 측정한다.
2. 1로 센 횟수×4를 하면 1분간 호흡수가 된다.

가슴의 움직임을 알기 힘든 경우는, 손바닥을 강아지의 가슴에 대면 알 수 있어요. 평균치를 내는 것이 중요하므로 날짜를 건너뛰어 몇 번 정도 재주세요.

평균보다 많은 날이 수일간 지속되면, 동물병원에 상담을 받아보기 바랍니다. 40회를 넘는 경우는 심장이나 호흡기 이상의 신호예요.

정상 호흡수(1분간)
- **소형견** … 약 25회
- **중형견** … 약 20회
- **대형견** … 약 15회

강아지와 건강

251 강아지도 마음의 병에 걸리나요?

8~10세 이상의 강아지에게 보여요
동료나 좋아하는 사람을 잃은
'상실감'에서 나타납니다

건강 — 병에 걸렸으면 어쩌죠?

최근에 강아지도 우울증 비슷한 증상을 앓는다는 사실이 밝혀졌습니다.

특히 반려인이나 자기를 예뻐해준 사람이 세상을 떠났을 때, 함께 살던 강아지가 무지개다리를 건넜을 때 등 '상실감'에서 나타나는 경우가 많지요. 이사나 가족 구성원의 변화 등이 계기가 되기도 한답니다.

함께 지낸 세월이 길수록 쉽게 발병하기 때문에 8~10세 이상의 강아

지에게서 많이 볼 수 있습니다.

  우울증에 걸리면, 대다수 강아지의 식사에 변화가 나타나요. 과식을 한다든지 반대로 식욕 부진을 보이며 기운을 잃게 되죠.

  이런 상황에서 해결책은 가능한 한 지금까지와 같은 환경을 되찾는 것입니다. 예전 반려인처럼 놀아준다든지, 함께 지내던 강아지와의 놀이가 줄어든 만큼 반려인이 함께 놀아주세요.

  원인이 해결되면 대부분 수개월 후에는 괜찮아지지만, 치료되지 않는 경우에는 약을 사용합니다. 약효가 나타나기까지는 최대 2개월 정도가 소요되므로 6~12개월 후에는 아마 괜찮아질 거예요.

  다만, 노화의 증상과도 매우 비슷해서 판단하기 힘든 경우가 있어요. 이럴 때는 수의사와 상담하기 바랍니다.

건강 | 병에 걸렸으면 어쩌죠?

강아지와 비만
252

우리 강아지는 많이 먹지도 않는데 살이 쪘어요

살찌는 데는 다 이유가 있지요
눈대중으로 사료를 주진 않나요?

중성화 수술 후에 강아지가 살이 찌기 쉬운 건 사실입니다. 하지만 기본적으로 '많이 먹지 않는데 살이 찌는' 경우는 잘 없지요.

적정량의 사료를 급여하는데도 살이 찐다면 다음과 같은 이유를 생각해볼 수 있어요.

> ● **눈대중으로 급여하고 있다**
> 눈대중으로 급여하는 경우 한 번의 사소한 차이가 쌓여 결국 칼로리 오버로 이어진다. 재밌는 사실은, 눈대중으로 급여하면 적게 주는 일은 거의 없고 많이 주는 경우가 대부분이라는 것이다.
>
> ● **가족 중 누군가가 몰래 간식을 주고 있다**
> 가족 간에 마음대로 간식이나 식사 주지 않기 등의 규칙을 공유한다.

간식을 줬다면 그만큼 사료량을 줄이는 일도 잊지 마세요.

강아지와 비만

253

우리 강아지는 날씬한가요?
뚱뚱한가요?

반려인의 손으로
체형을 확인하는 방법이 있습니다

날씬한지 뚱뚱한지 강아지의 체형을 확인하는 방법 중에 보디 컨디션 스코어(BCS, Body Condition Score)가 있습니다. 반려인의 '손'만으로 판단할 수 있는 간단한 방법이죠.

> 1 강아지의 갈비뼈를 만진다.
> 2 1의 감각과 자신의 손을 비교한다.
> - **손등의 감촉과 똑같다** … 딱 알맞은 보통 체형. 손등은 뼈의 존재가 조금 느껴진다. 그 정도 감촉이 이상적.
> - **주먹을 쥐었을 때 주먹의 튀어나온 부분을 만진 감촉과 똑같다** … 뼈가 울퉁불퉁하고, 만졌을 때 그 감촉과 비슷하다면 마른 체형.
> - **손바닥의 감촉과 똑같다 또는 그보다 더 부드럽다** … 뚱뚱한 느낌. 손바닥은 말랑말랑하다. 즉 비만이라는 뜻.

반려인의 손의 형태에 따라 다소 오차는 있겠지만, 별도의 측정표도 필요하지 않고 자신의 손만 있으면 어디서나 확인할 수 있어요. 부디 매일 확인하는 습관을 들여보세요.

비만 — 강아지의 비만과 현대병

254 강아지와 비만 — 강아지의 적정 체중을 알고 싶어요

1세 때 체중이 기준이에요
거기에서 20% 늘었다면 비만으로 볼 수 있어요

강아지의 경우, '이상 체중' 같은 공통된 수치는 없습니다. 견종마다 차이가 크기 때문에 시바견은 ○kg, 소형견은 ○kg 등 숫자를 매기기가 어렵지요.

따라서 강아지의 성장이 멈춘 1세 전후의 체중이 적정 체중(표준 체형의 경우)이며, 가급적 그 체중을 유지하도록 권장합니다. 거기서 20% 늘어나면 거의 비만이라고 봐도 무방해요.

강아지의 체중은 가정용 체중계로 잴 수 있습니다. 반려인이 강아지를 안고 체중계에 올라가 측정한 뒤, 자신의 체중을 뺀 숫자가 강아지의 체중이죠.

2kg 이하의 소형견인 경우는 주방 저울에 올려놓고 재면 보다 정확한 수치를 잴 수 있습니다.

식사나 배설은 숫자에 영향을 미치므로 매번 같은 타이밍에 측정할 것을 추천합니다.

강아지와 비만
255
역시 뚱뚱한 강아지가 병에 걸리기 쉽겠죠?

비만은 만병의 근원이에요
수명이 2년 이상 줄어듭니다!

닥스훈트와 래브라도 리트리버 등 10여 견종의 보디 컨디션 스코어와 수명을 조사한 결과, 뚱뚱한 개는 2년 이상 수명이 줄어든다고 밝혀졌습니다.

비만
강아지의 비만과 현대병

　비만이 좋지 않다는 사실은 반려인도 이미 잘 아시리라 생각하기 때문에 다른 각도에서 이야기를 해보려고 해요.

　강아지는 체지방이 1kg 늘면 그것을 감당하기 위해 모세혈관이 약 4mm 늘어난다고 합니다. 이는 늘어난 혈관만큼 혈액을 내보내는 심장의 부담이 증가함을 의미하지요.

　질환의 치료에도 악영향을 미쳐요. 동물에게 투약할 때는 체중에 따라 약의 양이 결정됩니다. 적정 체중이라면 규정된 양이면 충분하겠지만, 뚱뚱하면 양이 늘어나죠. 약 성분을 혈액에 실어 나르는 건 간의 역할이기 때문에 간의 부담이 그만큼 커집니다.

　강아지의 비만은 사람과 마찬가지로 좋을 게 하나도 없어요. 반려견이 뚱뚱하다면 다이어트를 추천합니다.

강아지와 비만
256

어느 정도의 페이스로
감량하면 좋을까요?

다이어트를 시작한 지 일주일간 1~2%, 1개월에 4~8% 감량하는 게 이상적이에요

급격한 체중 감량은 강아지에게도 위험합니다. 면역력이 떨어져 질병에 걸리기 쉽고 근육이 빠져서 기초대사량이 낮아질 수 있어요. 1개월에 4~8% 감량을 목표로 삼아주세요.

예를 들어 5kg 강아지라면 1개월에 약 200g 감량이라는 계산이 나옵니다.

숫자상으로는 얼마 안 되는 것 같지만 강아지에게 체중 100g은 사람(60kg)의 2.4~4.8kg에 해당해요. 사람이 2kg 감량하면 '빠졌다! 빠졌어!' 하고 기뻐하잖아요.

빠르게 효과를 얻고 싶겠지만, 무리하지 않는 다이어트를 목표로 하기 바랍니다.

강아지의 비만과 현대병

이상적인 다이어트 페이스

● **시작~일주일**
시작할 때 체중의 1~2% 감량한다.

● **일주일~1개월**
시작할 때 체중의 4~8% 감량한다.

● **그 후**
1개월마다 4~8%씩 감량하는 페이스를 유지한다.

강아지와 비만

257

> 운동만으로 살을 뺄 수 있나요?

산책을 조금 늘리는 정도로는 효과가 없어요 식사를 줄이는 것이 가장 중요하답니다

아무리 건강을 위해서라긴 하지만 먹는 걸 좋아하는 강아지의 식사량을 줄이는 것에 대해 반려인은 미안한 마음이 들 거예요.

그런데 운동으로만 살을 빼는 데는 한계가 있어요. 매일 1시간 이상 달리는 정도의 운동량이라도 효과가 그리 크지 않기 때문이죠.

원래 뚱뚱한 강아지는 운동을 싫어해요. 갑자기 달리면 관절에 무리가 오는 등 꾸준히 지속할 수 없는 경우가 대부분입니다.

안타깝지만 다이어트는 식사량을 줄이는 것이 가장 현실적인 방법이에요.

비만 — 강아지의 비만과 현대병

강아지와 비만

258 식사량은 얼마만큼 줄이는 게 좋나요?

총섭취량의 10% 감소를 목표로 해주세요
강아지가 줄었다는 것을 모를 정도의 양이랍니다

우선 한 달 동안 식사량을 10% 줄이는 것부터 시작합니다. 예를 들어 50g 사료라면 45g, 5cm 저키라면 4.5cm가 되겠죠.

그런데도 체중이 빠지지 않는다면 10%를 더 줄입니다. 이 방법이면 대부분 서서히 체중이 줄어들 거예요.

참고로 강아지는 10%까지는 식사량을 줄여도 잘 알아차리지 못해요.

식사량은 그대로 두고 일반 사료와 다이어트 사료를 반반씩 섞어주는 방법도 있습니다. 이렇게 해도 칼로리를 약 10% 정도 줄일 수 있어요.

다만 체중을 연간 30% 이상 줄이게 되면 질환에 걸릴 위험이 높아지기 때문에, 살이 너무 많이 빠지지 않도록 주의하면서 진행해주세요.

비만

강아지의 비만과 현대병

강아지와 비만

259

다이어트에 추천하는
수제 음식은 무엇인가요?

채소로 포만감을 주세요
지방 분해 효소가 함유된 오이를 추천합니다

양배추로 식사량을 많아 보이게 하려는 반려인도 많은 듯한데, 오이를 한번 먹여 보세요.

오이는 칼로리가 적고 생으로 먹으면 지방을 분해하는 '포스포리파아제'라는 효소가 작용합니다. 염분의 배출을 촉진하는 칼륨도 다량 함유되어 염분 과다 섭취로 건강을 해치기 쉬운 강아지에게는 더없이 좋은 식재료예요.

다이어트 중에는 물론 '줘도 줘도 강아지가 계속 먹고 싶어 해서 난감할 때' 도움이 되는 음식이랍니다.

비만

강아지의 비만과 현대병

강아지와 병원

260 ◣ 어떨 때 병원에 가야 할까요? ◢

별문제 없어 보여도
'평소와 다르면'
아이에게 이상이 생겼을 수도 있어요

병원
믿을 수 있는 병원을 찾고 싶어요

호흡곤란이나 경련, 잘못 삼킴이나 골절 등 심각한 질환이나 사고가 났을 때는 누구나 병원에 데려가야겠다고 생각합니다. 하지만 '좀 더 상태를 두고 봐도 괜찮을 것 같은데?'라는 생각이 드는 증상은 망설이게 되지요.

이럴 때 제 대답은 이렇습니다. "평소와 다르다면 일단 검진을 받아주세요."

'평소와 다르다면' 문제가 있을 수 있어요. 예를 들어 한 달에 두 번 설사하던 강아지가 일주일에 두 번 설사를 하게 됐다고 가정해보겠습니다. 일주일에 두 번은 횟수로는 문제가 되지 않지만, 그 강아지에게는 비정상적인 상황이에요.

예리한 반려인이라면 날마다 어떤 차이를 느끼고 있을 수도 있습니다.

그럴 때는 아래의 3가지 사항이 추가로 발견되면 병원에 데려가 주세요.

> **플러스 3가지 체크 포인트**
> ☐ 체중이 줄었다.
> ☐ 민첩하지 않다.
> ☐ 늘 자던 곳에서 자지 않는다.

강아지는 몸 상태가 좋지 않으면 은밀한 장소에서 자려고 합니다. 누가 만지는 게 귀찮고, 다른 강아지에게 알리고 싶지 않아서지요. 또한, 대사 이상이 일어난 몸을 식히기 위해 현관 바닥에 엎드려 자기도 하죠. 평소 자던 공간에서 자지 않는다면 어떤 이상이 생겼을지도 모릅니다.

병원

믿을 수 있는 병원을 찾고 싶어요

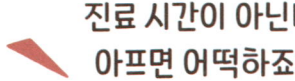

강아지와 병원
261
진료 시간이 아닌데 아프면 어떡하죠?

아침까지 상황을 두고 보는 것은 위험해요
만약을 대비해 야간 진료 병원을 알아두세요

'일 끝나고 집에 돌아왔더니 반려견이 축 늘어져 있다!'

이럴 때는 진료 시간이 아니라는 이유로 아침까지 기다리지 말고 우선 다니던 동물병원에 전화해보세요. 모든 병원이 다 그런 건 아니지만 진료 시간이 아니더라도 대응해주는 병원이 적지 않습니다.

그리고 만약을 대비해 야간 구급 전문 동물병원을 조사해두세요.

최근 이런 유형의 동물병원이 증가하고 있는데, 야간과 구급 진료 경험이 많은 곳이라 다니던 병원이 아니더라도 적절한 처치를 받을 수 있답니다. 24시간 수의사 상담 서비스도 있어서 상태를 두고 볼 건지 진료를 받을 건지 고민된다면 이용해보는 것도 좋을 것 같아요.

병원
믿을 수 있는 병원을 찾고 싶어요

262 우리 강아지는 동물병원을 너무 싫어해요…

우선 인식부터 바꿔주세요
산책 코스에 넣어 '동물병원=들르는 곳'으로요

저희 수의사도 많이들 고민하는 문제입니다.

산책 코스에 동물병원을 넣어보는 건 어떨까요? 동물병원 주위에는 다양한 동물 냄새가 가득해요. 치료를 받는 일은 괴롭지만 냄새를 맡기에는 최고의 장소인 셈이죠.

동물병원 앞에 멈춰 서서 간식을 주면 좋습니다.

정말 싫어하는 경우는 왕진이라는 선택지도 있지만, 초진은 동물병원에서 검사받는 게 좋아요. 엑스레이나 초음파로 질병의 상태를 확인하고 적절한 치료 계획을 세우는 것이 중요하기 때문이죠.

강아지와 병원 263 — 증상을 잘 설명하지 못하겠어요!

사진이나 동영상, 메모 등으로 매일 기록해두면 치료에 도움이 됩니다

병원 — 믿을 수 있는 병원을 찾고 싶어요

" 예약할 당시에는 분명 증상이 있었는데 여기(병원) 오니까 사라졌어요~" 이건 동물뿐만이 아니라 사람에게도 나타나는 현상입니다.

이런 일도 있어요. 강아지가 자다가 경련하듯 발을 움직여서, 이를 '경련'이라고 이해한 반려인이 수의사에게도 그렇게 전했지요.

하지만 경련이라고 단정할 순 없어요. 심장병 발작으로 경련 같은 움직임을 보일 수도 있기 때문이죠.

경련인가? 심장병인가? 그건 반려인이 녹화한 영상을 보여주면 판단할 수 있습니다.

신경 쓰이는 증상이 있다면 꼭 영상이나 사진을 찍어두세요. 메모를 해도 좋습니다. 설사나 토사물 사진을 보는 일도 수의사에게는 익숙합니다.

그러한 기록은 진료에 큰 도움이 되기 때문에 수의사로서는 매우 고마운 일이에요.

사진을 찍어 둔다
- 대변(설사나 변비)
- 소변
- 토사물

동영상을 찍어 둔다
- 다리를 들고 다닌다.
- 일어서기가 어렵다.
- 호흡이 이상하다.
- **기침을 하거나 토를 한다.**
- 경련 증세를 보인다.

강아지와 병원
264
당황해서 선생님께
이것저것 물어보지 못했어요

반복해서 사용할 수 있는
'이것만은 확인 리스트'를 활용해주세요

'반려견이 아파서 충격으로 수의사의 설명을 듣는 것만으로도 벅찼다.'

'집에 돌아오니 그제야 그것도 물어볼걸! 하는 질문이 가득했다.'

진료 중에는 긴장과 불안으로 치료에 대해 물어보거나 무엇을 질문해야 할지 떠오르지 않는 일이 흔합니다.

그럴 때를 위해 '이것만은 확인 리스트'를 정리해두세요. 큰 도움이 됩니다.

병원 — 믿을 수 있는 병원을 찾고 싶어요

이것만은 확인 리스트
- ☐ 치료를 받으면 앞으로 어떻게 바뀔까?
- ☐ 다른 방법은 없는가?
- ☐ 완치까지의 기간과 비용은?
- ☐ 반려견이 입는 데미지는 무엇인가?
- ☐ 입원은 필요한가? 매일 면회할 수 있는가?

강아지와 병원
265 ▸ 항생제는 꼭 필요한가요?

항생제를 쓰지 않아도 가능한 치료는 많아요
일단 써보겠다는 생각은 좋지 않습니다

병원

믿을 수 있는 병원을 찾고 싶어요

항생제는 주로 감염증의 원인이 되는 세균을 사멸하기 위해 사용하는 약입니다.

하지만 항생제를 남용한 탓에 약에 대한 내성이 생겨 약효가 듣지 않는 '약물 내성균'이 늘어나 문제가 되고 있지요.

강아지 치료에서도 마찬가지예요. 원인은 항생제 남용에 있습니다.

동물에게 약을 먹이기란 여간 힘든 일이 아니라서 요즘은 하루 한 번만 투여하는 뉴퀴놀론계의 항생제를 처방하는 의사가 늘고 있어요. 광범위하게 사용할 수 있는 편리한 항생제지만 내성균이 생기는 것이 문제입니다.

적절한 처치만 이루어진다면, 기본적으로 설사 등의 증상에 항생제를 사용하는 일은 거의 없습니다. 중성화 수술도 마찬가지예요.

감염증 치료라면 어쩔 수 없지만, 항생제를 처방받으면 '무엇에 효과가 있는지' 수의사에게 자세한 설명을 구하세요.

저희 수의사 또한 안이한 처방으로 내성균을 키우지 않겠다는 생각을 갖고 있습니다.

강아지와 병원

266 강아지 치료에도 세컨드 오피니언이 필요할까요?

최상의 치료를 찾는 수단 중 하나예요
단골 병원과의 연계가 중요합니다

세컨드 오피니언을 받을 때는 단골 병원에서 강아지의 신체 변화나 검사 결과를 받는 일이 매우 중요합니다. 이 정보가 없으면 불필요한 검사나 치료를 받게 되어 단순히 병원을 옮긴 것에 지나지 않게 되지요.

'주치의에게 불만이 있어서 몰래 다른 수의사에게 진찰을 받고 싶어 하는' 경우는 흔히 있는 일이지만, 이건 세컨드 오피니언이 아닙니다.

만약 소개받지 못했다면 그때까지의 치료 경과와 검사 결과를 받아 세컨드 오피니언을 받아보세요. 검사 항목 등이 줄어서 강아지의 부담은 물론 금전적인 부담도 줄게 된답니다.

병원

믿을 수 있는 병원을 찾고 싶어요

강아지와 병원
267

> 매일 면회 가는 게 민폐는 아닐까요?

가능한 매일 병문안을 와주세요
반려인과의 스킨십은 치유 능력을 높입니다

반려견에게 입원은 엄청난 일이에요. 가능한 매일 만나러 와주세요.

골절 수술처럼 안정이 필요할 때도 반려인과 만난 강아지 쪽이 치유 능력이 더 높아졌다는 데이터도 있답니다.

심장 질환으로 산소실에서 나오지 못하는 경우를 제외하고는 반려견을 안아주고 쓰다듬어 주세요.

입원이 필요한 경우는 집중 치료가 필요한 내과 질환 외에도 다음과 같이 외과 수술이 필요한 종양, 정형외과를 중심으로 한 질환이 있습니다.

입원실 케이지에 반려인의 물건을 넣어주세요. 강아지는 반려인의 냄새에 안심합니다.

병원 - 믿을 수 있는 병원을 찾고 싶어요

수술, 입원 기준

- **암컷 중성화 수술** … 당일부터 1박 입원
- **수컷 중성화 수술** … 당일
- **교통사고 등의 부상, 골절, 추간판 탈출증, 종양 적출, 장 절개 수술** … 경과 관찰을 위해 수일간 입원

강아지와 병원

268 강아지에게도 정밀 의료란 게 있나요?

동물병원에서는 치료하기 어려운 질환에 대응하는 '2차 진료'가 주목받고 있어요

최근 동물 의료가 발전하면서 보다 정밀한 의료 기술인 '2차 진료'가 주목받고 있어요.

2차 진료란 다니던 동물병원(1차 진료)의 소개를 통해 최첨단 의료 시설로 보다 상세한 검사와 치료를 받는 것(2차 진료)을 말해요. 인간으로 치면 대학 병원 같은 이미지입니다.

전문성이 높은 치료를 원하는 반려인이 늘어나면서, 2차 진료 기관이 늘어나게 된 거죠(제가 대표를 맡고 있는 'DVMs 동물 의료 센터 요코하마'도 그중 하나예요).

2차 진료 기관은 질환이나 증상별로 전문 의사와 의료 스탭이 있을뿐만 아니라 보다 정밀한 검사를 위한 의료 기기를 갖추고 있는 등, 치료의 이점이 많은 곳이랍니다.

하지만 질환에 따라서는 검사나 치료가 철저히 이루어지기 때문에 의료비도 많이 들고 강아지에게 부담을 주는 일도 적지 않습니다. 2차 진료의 필요성에 대해서는 다니던 병원의 수의사와 상담해보기 바랍니다.

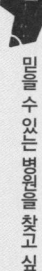

병원 — 믿을 수 있는 병원을 찾고 싶어요

강아지와 병원

269

정기검진 횟수와 비용이 궁금해요

일 년에 한 번을 목표로 해주세요
필요 최소한의 검사를
매년 지속하는 것이 중요합니다

병원 믿을 수 있는 병원을 찾고 싶어요

특별히 신경 쓰이는 건강 문제가 없다면, 일 년에 한 번 정도 정기 검진 받을 것을 추천합니다.

"검사 내용이 너무 많아서 우리 아이에게 뭐가 필요한지 잘 모르겠어요." 정기검진 시기에 반려인들에게 이런 질문을 자주 받습니다.

강아지의 정기 검진의 경우 정해진 코스가 있는 건 아니에요. 반려인이 자유롭게 선택할 수 있습니다. 그래서 더 헤매게 되는 것이죠.

꼭 많은 검사를 받을 필요는 없다고 생각해요. 문진과 촉진만으로도 수의사는 많은 질환을 알아낼 수 있습니다.

이것을 기본으로 하여 뭔가 신경 쓰이는 증상이 있으면 소변 검사, 흉부 엑스레이 검사, 복부 초음파 검사 등을 추가합니다(8

- 문진, 촉진
- 혈액 검사

세 이상의 강아지에게는 이 3가지 검사가 필수예요). CT 검사나 MRI 검사도 있지만, 이 검사가 필요한 경우는 많지 않아요.

선택할 수 있는 검사가 다양하므로, 비용에 관해서는 일률적으로 말할 수 없습니다. 촉진과 문진, 혈액 검사를 포함하여 저희 병원에서는 1만 2천~2만 엔 정도가 들어요. 고액의 검사를 받기

보다 필요한 검사를 꾸준히 해주는 것이 중요해요. 정기 검진은 반려견의 데이터를 축적하여 나중에 도움을 받을 수 있다는 데 의미가 있습니다.

> **정기 검진 횟수**
> - 유아견, 청년견(대형견 5세 이하, 소형견 7세 이하) … 1년에 1번
> - 고령견(대형견 6세 이상, 소형견 8세 이상) … 1년에 2번
> - 노견(대형견 10세 이상, 소형견 12세 이상) … 1년에 3~4번

강아지와 병원 270 강아지에게도 뜸과 침이 효과가 있나요?

사람에 대한 치료 효과가 동물에게도 인정되고 있어요

침구나, 지압, 한약은 잘 아시다시피 동양의학의 치료법입니다. 민간요법과는 달리 미국 국립 위생 연구소 등에서도 정식으로 효과를 인정받았지요.

이러한 동양의학을 동물의 치료에도 사용하는 움직임이 주목받고 있어요.

멀미를 하는 강아지에게 붙이는 타입의 침 치료를 한 결과 구토나 침을 흘리는 등의 증상이 억제되었다는 사실도 밝혀졌답니다.

최근에는 동양의학의 전문 진료과를 마련하는 동물병원도 있어요. 수의사와 상담한 후에 또 하나의 치료 방법으로 검토해보는 것도 좋지 않을까 생각합니다.

1장

알면 알수록 재미있는 견종 이야기

● 견종마다 이렇게 다르다니...

강아지와 견종
271

왜 강아지는 고양이보다 종류가 많나요?

전 세계 견종은 700종 이상이에요
품종개량이 성행했기 때문이죠

현재 세계에서 인정받는 견종은 700~800종이고, 일본(Japan Kennel Club)에 등록되어 있는 견종은 약 200종입니다. 고양이가 약 60종인 것에 비하면 꽤 많은 숫자지요.

견종마다 겉모습이나 크기 차이도 큽니다. 소형견인 치와와와 대형견인 세인트 버나드를 비교하면 체중 차이가 20배 이상이나 나죠. 그 비율을 고양이에게 적용한다면 최대 80kg 이상이 되므로 거의 호랑이급이라도 해도 과언이 아닙니다.

다양한 견종이 있는 이유는 성장을 촉진하는 유전자가 많다는 점, 환경에 맞춰 개량했다는 점이 있어요. 그리고 무엇보다 사람에 의해 품종개량이 성행한 탓이겠죠.

유럽과 미국에서는 200년 동안 수렵과 목축 등의 목적에 맞추어 다양한 견종을 탄생시켰습니다. 사냥개만 해도 사냥감을 코로 찾는 개, 눈으로 찾는 개, 회수하는 개, 굴로 들어가는 개 등이 있어요.

견종마다 특징적인 기질과 행동이 있으므로 반려견의 뿌리를 확인해 보는 것도 즐거운 일이겠죠.

> 견종
> 견종마다 이렇게 다르다니…

강아지와 견종
272

> 역시 소형견이
> 더 기르기 쉽겠죠?

견종이 가진 성격이 중요해요
'얌전하고 기르기 쉽다'는 말은
의심해 볼 필요가 있답니다

소형견이라면 '늘 끌려다녀서 산책이 부담스러운' 일은 없겠지만, 작다고 기르기 쉬운 건 아니에요. 역시 중요한 건 견종이 가진 기질입니다.

소형견은 인기가 많죠. 하지만 인기 견종을 고르면 그에 따른 폐해도 있어요. 인기 견종은 '건강하지 않은 아이'도 있기 때문이죠.

인기 있는 견종은 신경질적이고 질병에 취약한 강아지라도 수요를 맞춰야 하니 보통보다 빠른 속도로 번식이 이루어집니다. 그 때문에 유행 중인 강아지에게서는 여러 가지 선천성 질환이 발견되는 경우가 많아요.

부모와 떨어지는 시기가 빨라서 모유를 제대로 먹지 못한 아이는 대부분 건강하게 잘 자라지 못합니다. 하지만 그런 아이들이 펫숍에 진열되어 있으면 '귀엽고 얌전한 아이'처럼 보일 수 있지요. 사실은 건강하지 못해서 그런 건데 말이에요.

'얌전하고 기르기 쉽다'는 말은 늘 의심해 봐야 한다는 게 저의 생각입니다.

견종마다 이렇게 다르다니…

강아지와 견종

273 견종별 걸리기 쉬운 질환이 있나요?

체형과 체질이 다르면 걸리기 쉬운 질환도 달라요 알아두면 예방할 수 있답니다

견종별 걸리기 쉬운 질환을 소개할게요. 유전적인 질환 외에도 체형이나 체질의 영향을 받기 쉽지만, 알아두면 예방에 도움이 된답니다.

견종마다 이렇게 다르다니…

- **웰시코기** … 추간판 탈출증, 변형성 척추증, 변성성 척수증, 추간판 변성, 연골 형성 부전
- **골든 리트리버** … 림프종, 혈관육종, 피부 알레르기
- **시바견** … 급성 습성 피부염 알레르기, 아토피성 피부염
- **시베리안 허스키** … 자가면역성 질환, 어릴 때 백내장이 발병하기 쉬움
- **잭 러셀 테리어** … 수정체 탈구
- **시추** … 슬개골 탈구, 림프종
- **닥스훈트** … 추간판 탈출증
- **치와와** … 기관 허탈
- **퍼그** … 단두종 기도 증후군, 눈 트러블
- **프렌치 불도그** … 단두종 기도 증후군
- **푸들** … 슬개골 탈구, 앞다리 골절, 녹내장
- **포메라니안** … 탈모증X(검은 피부 질환)
- **말티즈** … 하얀 강아지 떨림 증후군(White Dog Shaker Syndrome), 승모판 폐쇄 부전증
- **미니어처 슈나우저** … 당뇨병, 고지혈증
- **요크셔테리어** … 기관 허탈, 간 문맥 션트
- **래브라도 리트리버** … 전십자인대 파열, 고관절 형성 부전, 주관절 형성 부전, 비만

강아지와 견종
274 왜 대형견은 수명이 짧나요?

확실히 밝혀진 바는 없지만
너무 빠른 성장 속도가
몸에 부담을 준다는 설이 있어요

아시다시피 견종의 크기는 수명에 영향을 미칩니다. 세인트 버나드 같은 초대형 견종은 치와와 시추 등의 소형견에 비해 수명이 약 40%나 짧지요.

다음과 같은 이유를 생각해 볼 수 있어요.

견종마다 이렇게 다르다니…

- **성장 속도가 빠르다**
  같은 십수 년 수명 동안 몸집이 소형견의 몇 배나 커진다. 또한, 크기를 유지하기 위해 세포분열을 활발히 반복하므로 질병에 걸릴 위험이 높아진다.

- **심장의 부담**
  강아지의 기관은 신체 크기에 관계없이 거의 같은 사이즈다. 즉 대형견은 몸에 비해 심장이 작아서 전신에 혈액을 돌게 하기 위한 심장의 부담이 크다.

아직 확실한 이유는 밝혀지지 않았습니다. 대형견종은 6세 무렵에 관절염 등이 발병하며 고령기에 접어들어요. 그래서 그즈음에 시니어 검진을 시작하는 것이 좋지요.

강아지와 견종 275 — 왜 강아지 나이를 사람 나이로 계산하죠?

자신의 나이에 대입해보면
강아지의 라이프 플랜을 세우기가 쉬워져요

강아지의 나이를 일부러 사람의 나이에 맞추어 환산하는 건 좀 억지스러울지도 모릅니다.

하지만 여기에는 강아지의 라이프 플랜을 세우기 쉽다는 데 의미가 있어요. 예를 들어 강아지의 나이가 12세라면 고령이지만, 숫자만 봐선 쉽게 다가오지 않잖아요. 그래서 사람의 나이에 대입해보면 필요한 식사와 운동량, 훈육, 질병에 대한 구체적인 이미지를 그릴 수 있답니다.

오른쪽에 강아지의 나이가 사람의 어느 나이대에 해당하는지 정리해두었습니다.

최근 미국의 대학※에서 보다 새로운 강아지 연령환산법이 발표되었습니다.

유전자 게놈 DNA의 메틸화에 주목하여 '강아지 실제 연령의 자연 대수를 16배로 하여 31을 더한 수치가 사람의 나이로 환산한 강아지의 나이다'(대형견 분석 결과)라는 것이죠.

계산식이 복잡에서 자세한 내용은 생략했지만, 이로써 향후 견종별 상세한 환산 나이를 알게 되고 실용화되면 보다 나은 케어가 가능해지지 않을까 생각합니다.

※ 미국 캘리포니아 대학 샌디에이고 캠퍼스(UCSD) 연구팀

> **강아지 나이를 사람 나이로 환산**
> (왼쪽은 강아지의 나이, 오른쪽은 사람의 나이)
>
> - 2~3세 = 20대
> - 4~5세 = 30대 (대형견의 경우는 3~4세)
> - 9~11세 = 50대 (대형견의 경우는 7~8세)
> - 11~13세 = 60대 (대형견의 경우는 9~10세)

강아지와 견종

276 꼬리 없는 강아지가 있다니 신기해요

견종 견종마다 이렇게 다르다니…

사냥개나 목축견의 꼬리가 다치는 걸 방지하기 위해 자른 흔적이죠

웰시 코기나 토이 푸들 등 꼬리가 없거나 짧은 강아지가 있습니다. 하지만 꼬리가 처음부터 없었던 건 아니에요.

이것도 사냥이나 목축을 목적으로 품종을 개량한 결과죠. 꼬리가 있으면 사냥 중에 덤불에 걸리거나 소 등의 가축에게 밟혀 다칠 우려가 있어요. 그래서 꼬리를 자르는 '단미'가 일상적으로 행해지게 되었답니다.

토이 푸들, 잭 러셀 테리어, 웰시 코기 등은 아직까지도 그 관습이 이어지고 있죠. 도베르만 등은 단이(귀를 자르는 일)도 행해지고 있어요.

유럽에서는 동물 복지 의식이 높아서 단미나 단이의 규제를 마련하고 있는 나라가 많습니다.

강아지와 견종
277

장모종은 털이
너무 많이 빠져서 힘들어요…

장모종은 의외로 편해요
사실 단모종 쪽이 더 털이 많이 빠진답니다!

아시다시피 장모종은 털 관리에 손이 많이 가는데, 털 빠짐에 관해서는 반대예요. 단모종일수록 털이 많이 빠져서 청소하는 데 시간이 오래 걸린답니다.

　보통 강아지의 털은 '성장기(털이 자란다)→퇴행기(자라는 속도가 늦어진다)→휴지기(자라는 게 멈춘다)'를 거쳐, 마지막에는 새로 난 털에 밀려 빠지게 됩니다.

　단모종은 털의 길이가 3cm 전후의 강아지를 말하는데, 이렇게 털이 짧으면 금방 최장 길이가 되어, 빠지는 주기가 빨라지게 됩니다. '털이 나면 빠지는 사이클=털 주기'가 빨라서 결국 단모종 쪽이 털이 더 많이 빠져 처리하기 힘들게 되는 거죠.

　참고로 요크셔테리어나 시추는 원래 장모인데 손질이 힘들어 짧게 자른 경우는 눈으로 판단하기 어렵답니다.

견종
견종마다 이렇게 다르다니…

강아지와 견종
278
경찰견은 셰퍼드밖에 할 수 없나요?

안내견은 문이 좁아요
시험에 합격하면 촉탁 경찰견이 될 수 있답니다

경찰견은 저먼 셰퍼드 도그 말고는 잘 보지 못한 것 같지 않나요? 안내견도 래브라도 리트리버밖에 보지 못한 것 같고요. 다른 견종은 경찰견이나 안내견이 될 수 없는 걸까요?

일본 경찰견 협회에서는 셰퍼드 외에도 리트리버나 도베르만 등 총 7견종을 지정하고 있습니다. 사실 가정에서 키우는 강아지라도 시험에 합격하면 촉탁 경찰견으로 등록이 가능해요. 토이 푸들이나 시바견 등 의외의 견종도 포함해서 전국에 약 1,300마리의 경찰견이 있답니다.

안내견은 사람을 잘 따르고, 사람과 공동 작업을 수행하길 좋아하는 리트리버가 제격입니다.

참고로 단모인 래브라도가 많은 이유는 장모인 골든보다 관리하기가 더 쉬워서라고 하는군요.

견종마다 이렇게 다르다니…

강아지와 견종
279
혈통서는 언제 도움이 돼요?

혈통 증명서는 강아지의 호적이에요
가계는 물론 유전 질환도 확인할 수 있답니다

혈통서가 있다고 해서 가치가 더 높느냐면 그렇지는 않습니다. 혈통서에는, 양친, 조부모 등 몇 대 전까지 거슬러 가 핏줄과 유전 질환 등이 기재되어 있으므로 순혈종을 번식할 때 필요한 서류지요. 반대로 번식 목적이 아니라면 없어도 상관없습니다. 동물병원에서는 유전병 검사를 할 때 더러 사용하기도 합니다.

덧붙이자면, 정식 명칭은 '혈통 증명서'라고 하며, 혈통서의 정보를 바탕으로 반려견과 혈연관계가 있는 형제견을 찾아주는 서비스도 있는 듯해요. 생각만 해도 즐겁지 않나요?

견종마다 이렇게 다르다니…

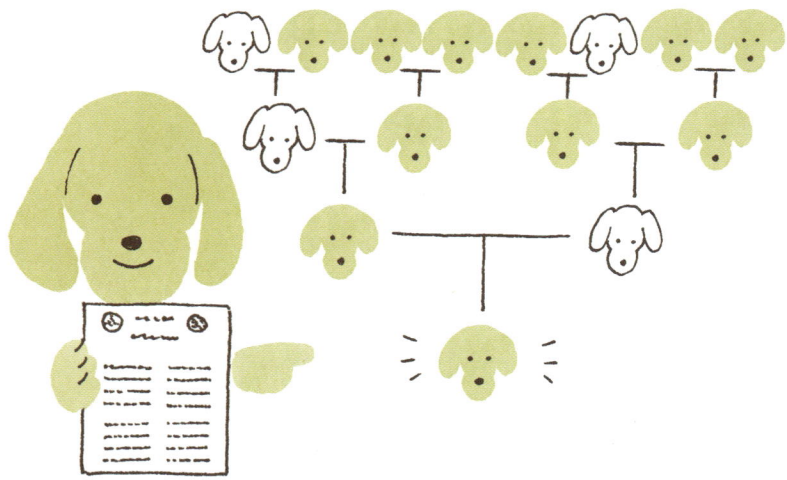

강아지와 견종 280

강아지의 혈액형에 대해서 알고 싶어요

강아지 혈액형은 13종류 이상! 하지만 중요한 건 DEA1·1형에 대해 +냐, −냐예요

'침팬지에게는 A형과 O형밖에 없다', '고릴라는 전부 B형이다'

이처럼 동물의 혈액형은 꽤 흥미롭지요.

강아지의 혈액형은 무려 13종 이상이랍니다. 인간의 ABO식이 아닌 DEA(적혈구 항원)식으로 분류하죠.

그렇다고 13종류로 분류되는 것은 아닙니다. 강아지가 질병에 걸리거나 다쳐서 수혈할 때는 DEA1·1형이라는 혈액만이 쓰이죠. 따라서 강아지의 혈액형은 DEA1·1형에 대해 +냐, −냐만 알면 됩니다.

참고로 '+'밖에 없는 견종은 시바견, 포메라니안, 미니어처 슈나우저, 보르조이입니다. 반대로 '−'밖에 없는 견종은 프렌치 불도그, 보더 콜리예요.

최근에 미국에서 혈액형과 성격의 상관관계를 지적하는 연구 결과가 발표되었습니다. 견종의 혈액형으로 혈액형 점을 봐도 재밌을 것 같군요.

견종마다 이렇게 다르다니…

8장

강아지 사회에도 고령화가 찾아왔어요

- 강아지의 고령화 사정
- 세심하게 돌봐주세요

강아지와 고령화

281 강아지의 평균 수명을 알고 싶어요

평균은 14.48세지만 어디까지나 기준에 지나지 않아요 매일 얼마나 잘 케어해 주느냐에 따라 좌우되죠

강아지의 성장 속도는 사람보다 훨씬 빨라서 1세까지 한 번에 성장한 다음, 천천히 나이를 먹어갑니다.

개체 차이는 있으나, 소형견, 중형견의 1세는 사람의 15세, 대형견의 1세는 사람의 12세, 그 후에는 1년에 4세에서 7세씩 나이를 먹어가죠.

크기별 평균 수명은 다음과 같아요. 단, 어디까지 기준에 지나지 않지요.

예전에 척수 종양이 생긴 8세 강아지를 진료했을 때, 증상으로 보아 얼마 못 산다고 진단했습니다. 그러나 9년의 세월이 흐른 지금도 그 아이를 진찰하고 있어요. 증세가 천천히 진행된 케이스로 산책도 다닌다고 해서 그저 놀라울 따름입니다. 강아지의 체질과 반려인의 케어가 큰 영향을 미쳤다는 사실을 알 수 있는 사례지요.

이 책에서는 7세~10세 강아지를 중년기, 11세(사람의 60세) 이상을 고령기라고 정의했습니다. 각 연령대에 맞춘 관리를 참고해주시기 바랍니다.

고령화 강아지의 고령화 사정

강아지의 평균 수명[※]	
강아지 전체 14.48세	
● 초소형견	15.19세
● 소형견	13.97세
● 중·대형견	13.60세

※ 2020년 전국견묘양육실태 조사(펫푸드 협회) 자료

반려견을 오래 살게 하는 7가지 포인트

1 연령과 체질에 맞춘 균형 잡힌 사료를 급여한다.
2 1일 2회, 매일 산책을 시킨다.
3 가능한 매일, 양치질을 해준다.
4 대소변의 색, 양을 체크한다.
5 체중을 꼼꼼하게 체크한다.
6 아이 콘택트를 하는 등 매일 커뮤니케이션을 한다.
7 매일 만지고 쓰다듬어서 몸 상태를 확인한다.

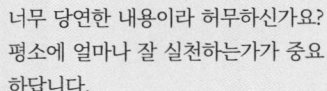

고령화 / 강아지의 고령화 사정

너무 당연한 내용이라 허무하신가요?
평소에 얼마나 잘 실천하는가가 중요하답니다.

강아지와 고령화
282

세계에서 가장 오래 산 강아지는
몇 년을 살았나요?

기네스 기록은 29세 5개월이에요
함께할 수 있는 시간이 늘어난 만큼
반려견의 행복한 노후를 생각해주세요

고령화 / 강아지의 고령화 사정

기네스 세계 기록에 등재된 세계에서 가장 오래 산 강아지는 오스트리안 케틀독인 '불리'예요. 1910년에 태어나 오스트리아의 빅토리아주에서 약 20년 동안 목축견으로 일하고, 29세 5개월에 세상을 떠났지요.

일본의 최장수견은 도치기현에 살았던 믹스견 '푸스케'예요. 2010년에는 '살아 있는 세계 장수견'으로 기네스에 등재되어 다음 해 26세 8개월까지 건강하게 살았다고 합니다.

강아지의 수명이 연장됨으로써 함께할 수 있는 시간이 늘어난 만큼 행복한 노후를 생각해주는 것이 반려인의 책무가 되었습니다. 특별한 케어가 필요한 건 아니에요. 아침저녁 산책, 쾌적한 실내 온도, 적절한 식사 관리와 같이 기본에 충실한 게 최고입니다.

강아지와 고령화
283
강아지 성격이 갑자기 나빠졌어요

성격이 변한 게 아니라 신체 기능이 약화된 탓일지도 몰라요 반려인에 대한 마음은 변함없답니다

'나이가 드니까 반려견의 성격이 바뀌었다.' 이런 고민을 하는 반려인도 많은 듯합니다.

사실 이런 경우 성격이 변했다기보다 신체 기능 약화가 원인인 경우가 많아요.

만약 몸을 만졌더니 '으르렁'하며 짖었다면, 그건 시각이나 청각이 약해져서 반려인이 다가온 걸 알아차리지 못했기 때문이에요. 갑자기 누가 만지니까 놀라서 짖은 거죠.

"기다려"라고 했는데 기다리지 않거나, "이리 와"하고 불러도 모른 척하는 것도 같은 이유입니다.

체력도 떨어져 잘 안 놀긴 하겠지만, 어쨌든 반려인과의 신뢰 관계에는 변함이 없어요. 그러니 너무 서운해하지 않으셔도 됩니다.

고령화 / 강아지의 고령화 사정

강아지와 고령화
284
노화 신호는 어디를 보면 알 수 있나요?

털이나 수염에 하얀빛이 눈에 띄기 시작했다면 '노화'의 신호입니다

강아지의 노화는 사실 중년기(7세~10세)부터 시작합니다. 사람이 중년이 되면 흰 머리가 늘듯이 강아지의 털과 수염에 하얀빛이 눈에 띄기 시작했다면 그건 노화의 신호예요.

털의 상태를 체크하는 것이 반려인에게는 가장 쉬울지도 몰라요. 모질이 바뀐 것처럼 부스스하며 윤기도 사라지지요.

또한, 다양한 신체 문제도 강아지 털의 상태로 확인할 수 있어요. 모질을 통해 과식, 소화 불량, 내장계 질병에 의한 설사, 만성 신장병, 간 기능 장애 등의 만성 질환을 발견하는 일도 실제로 많습니다. 매일 강아지를 쓰다듬어 주는 시간을 가져보세요.

고령화 강아지의 고령화 사정

그 밖에도 다음과 같은 변화가 눈에 띈다면 노화가 시작된 신호로 볼 수 있습니다.

눈에 띄는 노화 신호

- **털** … 윤기가 사라졌다, 푸석푸석하다.
- **눈** … 빛이 들어와도 동공이 수축하지 않는다, 하얗게 흐려져 있다.
- **치아** … 치아가 빠졌다, 입 냄새가 강해졌다.
- **귀** … 이름을 불러도 반응이 없다.
- **머리** … 살이 빠져 삼각형이 되었다.
- **몸** … 근육이 빠져 하반신이 가늘어졌다.

노화 신호가 눈에 띄기 시작하고, 더 진행되면 자는 시간이 늘거나 다리가 약해지는 등 행동에 변화가 나타나요.

강아지와 고령화 285 — 나이 든 강아지를 위해 무언가 해주고 싶어요...

행동 변화에 맞춰 강아지가 지내기 좋은 환경으로 바꿔주세요
몸의 부담이 줄어든답니다

반려견에게 이런저런 신체적 불편함이 생기기 전에 실내를 리폼해보면 어떨까요? 예를 들면 이렇게 말이죠.

고령화 — 세심하게 돌봐주세요

> ● **잘 미끄러지지 않는 바닥재를 깐다**
> 플로링은 미끄럽기 때문에 강아지가 평소 자주 머무는 장소만이라도 쿠션 플로어나 카펫 등을 깔아 강아지가 미끄러지지 않는 바닥재로 교체한다. 대소변 실수가 잦아져도 그 부위만 세척하면 되기 때문에 청소하기가 쉽다.
>
> ● **장애 요소는 치운다**
> 높낮이 차가 심한 곳은 오르내리기 힘들기 때문에 단차가 신경 쓰이는 장소에 발판으로 슬로프나 스텝을 둔다. 소파 옆, 현관, 베란다 등 단차가 신경 쓰이는 곳에 설치한다. 뛰어내릴 때 충격을 완화하기 위해, 오르내리는 곳에 요가 매트를 까는 것도 추천한다.
>
> ● **모서리에 커버를 씌운다**
> 시력 저하나 비틀거림으로 가구나 기둥 모서리에 부딪히는 일이 늘어난다. 커버를 씌워 부상을 방지하자.

꼭 거창한 것이 아니더라도 약간의 아이디어를 내 실행할 수 있는 것들이죠. 강아지를 위해 꼭 시도해 보세요.

강아지와 고령화

286   밥을 먹는 게 힘들어 보여요

타액의 양이 줄었기 때문이에요
사료를 따뜻한 물에 불려 촉촉하게 해주세요

고령인 강아지가 건식 사료를 남긴다면 따뜻한 물에 불려서 급여하거나 습식 사료를 줘보세요.

강아지는 음식을 다량의 타액으로 감싸 식도를 통과하기 쉽게 만듭니다. 그런데 고령이 되면 타액 분비가 줄어들기 때문에 건식 사료는 입안이나 식도에 걸려서 먹기 힘들어져요.

위의 활동도 둔해집니다.

저녁을 많이 먹거나 늦은 시간에 식사를 하면 위에 가스가 차서 위확장·위전염 증후군에 걸리는 일도 있답니다.

저녁 식사는 소량만 줘서 일찍 끝내고 아침 식사에 중점을 두세요. 한밤중에 배가 팽창해서 응급실에 가는 강아지가 매우 많습니다.

고령화 세심하게 돌봐주세요

강아지와 고령화

287

노령견의 식사에서 주의할 점은 무엇인가요?

음식물을 삼키는 힘이 떨어져서 오연성 폐렴을 일으키기 쉬워요 높이가 있는 식기가 편하답니다

고령화 세심하게 돌봐주세요

사람에게 일어날 수 있는 대부분의 일은 강아지에게도 일어날 수 있어요. 노령견의 경우, 삼키는 힘이 떨어져 기관으로 넘어간 음식물이 폐렴을 일으키는 일도 있답니다.

이 오연성 폐렴은 대부분 증상이 심각해지기 때문에 주의가 필요합니다. 수분이 많은 음식을 조금씩 급여해주세요.

사소하지만 오연성 폐렴을 예방하기 위해 식기를 바꾸는 것도 한 방법입니다. 나이가 들면 높낮이 차를 극복하기가 힘들기 때문에 최대한 고개를 위아래로 움직이지 않고 먹을 수 있는 식기가 좋아요. 보통 서 있는 상태, 즉 머리를 든 위치에 음식이 바로 있을 수 있도록 높이가 있는 그릇을 추천합니다.

오연성 폐렴의 원인이 되는 세균에는 구강 상재균, 특히 혐기성균이 있습니다. 이들 대부분은 치주 질환을 일으키죠. 구강을 청결히 유지하는 건 이렇듯 정말 중요해요.

강아지와 고령화
288

고령인데도 식욕이 왕성해요.
괜찮을까요?

잘 먹고 잘 마시는 강아지도 있지만 '고지혈증'으로 진단된 경우는 다른 질환이 의심됩니다

혹시 정기 검진에서 '고지혈증이 있다'고 진단받은 적이 있나요?

노령견이라 하더라도 식욕이 왕성하고 물을 자주 마시는 일이 있습니다. 이런 경우, 위하수나 복부 팽만이 나타날 수 있으며, 정기 검진에서는 '고지혈증이 있다'고 진단받는 경우가 많은데, 실은 부신이나 갑상선 호르몬 질환일 가능성이 높습니다.

특히 부신에 이상이 생기면, 담낭 점액 낭종이 될 위험이 배로 높아지죠. 이는 어떠한 원인으로 담낭 속에 젤리 상태의 점액 물질이 쌓여 담즙의 분비가 방해되는 질환인데, 상태가 진행되면 식욕 부진으로 전혀 먹을 수 없는 상태가 되거나 구토, 설사, 황달 등 심각한 합병증을 일으킵니다.

고지혈증으로 진단된 경우는, 혹시 모르니 호르몬 검사나 복부 초음파 검사를 서둘러 받아볼 것을 권합니다.

고령화 세심하게 돌봐주세요

강아지와 고령화

289   잠만 자는 데 괜찮을까요?

하루에 한 번은 강아지를 일으켜 본래의 '강아지 자세'를 유지해주세요 걷기는 꼭 필요하답니다

고령화 — 세심하게 돌봐주세요

고령이 되어 허리가 약해져서 혼자서는 설 수 없게 된 강아지라도 반려인이 허리를 받쳐 일으켜주면 걸을 수 있어요.

반려견의 몸을 하루에 한 번 일으켜 세워주세요. 손으로 반려견의 몸통을 받치면서 머리가 천천히 바닥과 수평 상태(건강할 때의 자세)로 놓이게 합니다. 이렇게만 해줘도 컨디션이 좋아질 수 있어요.

누워 있는 자세가 지속되면 심장이나 폐 등의 장기가 신체의 한쪽으로 쏠리게 됩니다. 몸을 일으켜 세움으로써 치우쳐 있는 장기를 제자리로 되돌려 몸의 기능을 깨워주세요. 적외선 히터 등으로 몸을 데우고 손발을 움직이기 쉽게 해주는 것만으로도 일어설 수 있게 되는 일이 많답니다.

이렇게까지 말씀드리는 이유는 운동량이 줄면 노화가 급속도로 진행되기 때문이에요. '나이가 많으니까…' 하고 자리에 누워 있게만 하지 말고, 조금이라도 일으켜 세워 함께 산책하러 나가 보세요.

강아지와 고령화
290

큰일 났어요.
욕창이 생겼어요!

4시간마다 돌아눕게 해주세요
벌꿀이나 설탕으로 만든 수제 연고를 추천합니다

옆으로 누워 있는 시간이 늘면, 특히 몸의 한쪽으로만 누우면, 뼈의 튀어나온 부분의 피부가 헐 수 있어요.

바로 혈액 순환 불량으로 피부 일부가 괴사해버린, 이른바 욕창 상태예요. 볼이나 다리 관절, 허리는 특히 주의해야 할 부위지요.

만약 욕창이 생기면 똑같은 자세가 지속되지 않도록, 4시간 간격으로 몸을 돌려주세요. 욕창 방지 매트를 이용하는 것도 추천합니다.

만약 피부에 구멍이 생기면, 환부에 벌꿀 혹은 설탕을 발라 거즈로 보호하면 빨리 낫습니다(화상 치료에도 효과적이에요). 설탕이 수분을 흡수해 림프액이 환부에 머무르면 살이 차오르는 원리지요.

만약 화농성으로 진행되었다면, 신속히 병원에서 치료를 받아주세요.

고령화 세심하게 돌봐주세요

강아지와 고령화

291 ◀ 가장 약해지는 부위는 어디에요? ▶

뒷다리가 약해지기 쉬워요
공 던지기 같은 놀이를 자주 해주세요

고령화 세심하게 돌봐주세요

나이가 들어 달리거나 점프하는 놀이가 줄면 뒷다리를 사용할 기회가 줄어 약해집니다.

한편 앞다리는 신체의 60~70%를 지지하게 되어 부담이 증가하지요. 종종 아파하기도 하는데, 이건 강아지의 앞다리는 걸을 때 추진력을, 뒷다리는 순발력을 담당하기 때문입니다.

특히 서 있을 때 다리가 떨리거나, 계단 오르내리기를 싫어하게 되었다면 뒷다리의 약화나 통증을 의심해 볼 수 있습니다.

여러 마리를 기르는 반려인이 이런 말씀을 한 적이 있어요. "강아지들끼리 얼마나 잘 노는지 몰라요. 제일 큰아이가 17살인데도 활발하다니까요. 놀고 나면 몸의 움직임이 더 좋아질 정도예요."

보통 나이가 들면 산책조차 잘 나가지 않게 되지만, 실내에서 간단한 공던지기를 하는 것만으로도 신체 기능이 좋아질 수 있습니다. 강아지에게 놀이는 그만큼 중요해요.

강아지와 고령화
292 화장실을 잘 못 가려요

훈육으로 개선하기 어려우니
화장실 환경을 바꿔주세요

나이가 들면 화장실 실수도 잦아져요. 근력이 떨어져서 볼일 보는 중에 비틀거리거나, 배변 패드가 있는 장소를 착각하기도 하죠. 훈육으로는 개선하기 어려우니 다음과 같은 방법으로 환경을 바꿔보세요.

고령화 세심하게 돌봐주세요

- **알기 쉬운 위치에 둔다**
  배변 패드에서 자세를 잘 못 잡아 오줌이 삐져나오는 경우에는 큰 시트로 교체한다. 단차가 없는 곳에 두는 등 위치를 알기 쉽게 한다.
- **미끄럼 방지 시트를 둔다**
  쭈그려 앉으면 시트가 미끄러져서 쭈그려 앉길 피하는 경우가 있다. 시트 아래에 올록볼록한 미끄럼 방지 매트를 까는 것도 좋은 방법이다.
- **배변 패드 수를 늘린다**
  화장실에 가기도 전에 볼일을 보는 일이 늘기 때문에 배변 패드를 여러 군데 두어 배변 실수를 막는다. 자다가 실수하는 경우는 자는 곳에 배변 패드를 까는 것도 방법이다.
- **위로하지 않는다**
  "실수했구나~" 하고 위로해주면 일부러 실수하는 일도 생길 수 있다.

화장실 실수가 잦다면 신장 질환 등 질환이 숨어 있을 수 있습니다. 동시에 다음다뇨가 보인다면 신속히 동물병원에 가서 검사를 받아주세요.

강아지와 고령화
293
어떤 '놀이'를 하면 효과적일까요?

강아지의 후각을 자극하는 노즈 워크를 추천해요
노화 방지에 좋답니다

강아지의 후각을 자극하는 '노즈 워크'는 어떨까요? 노즈 워크란 강아지의 후각을 활용한 보물찾기 같은 놀이를 말합니다. 하는 방법은 다음과 같아요.

세심하게 돌봐주세요

> 1 똑같은 모양의 빈 상자(신발 상자 크기 등 3개 이하)와 간식을 준비한다.
> 2 실내(실외에서도 가능)에 상자를 늘어놓고, 한 개의 상자에만 간식을 넣는다. 강아지에게 간식을 찾으라고 지시하고, 찾으면 먹게 한다.
> 3 1, 2를 반복한다. 서서히 상자 수를 늘림으로써 난이도를 높여도 좋다.

후각을 이용하여 몸을 조금씩 움직이게 하면 노령견은 물론, 부상을 입은 강아지라도 잘 놀 수 있어요. 후각은 강아지의 가장 본능적인 감각이라서 맡는 힘을 자극하면 뇌를 활성화하는 효과도 있답니다.

필요한 도구는 상자와 간식뿐입니다. 실내 공간이 좁으면, 적당한 야외 공간에 나가서 해도 좋아요.

나이 든 반려견에게 기운이 없다고 느껴진다면 꼭 시도해보세요.

강아지와 고령화

294 강아지도 치매에 걸리나요?

12세가 넘으면 가능성이 있어요
견종에 따른 차이는 없습니다

강아지도 사람과 마찬가지로 치매(인지기능장애증후군)에 걸릴 수 있다는 사실이 확인되었습니다.

  개체 차이는 있지만 12세가 넘어서 다음과 같은 증상을 보인다면 치매를 의심해 보기 바랍니다(대형견은 수명이 짧아서 좀 더 일찍 증상을 보일 수 있어요).

  치매는 시바견이나 믹스견에 많이 발병된다고 밝혀졌지만, 14세가 넘으면 견종에 따른 차이는 없어지게 됩니다. 앞 번호일수록 초기에 보이는 증상이에요.

고령화 — 세심하게 돌봐주세요

> 1 화를 잘 낸다.
> 2 식사나 물을 요구할 때 심하게 운다.
> 3 가구나 물건에 부딪힌다.
> 4 화장실 실수를 한다.
> 5 불러도 반응이 느리다.
> 6 집의 구석이나 가구 사이에서 움직이지 못한다.
> 7 야간에 짖거나 하울링을 한다.
> 8 생활 리듬 변화로 낮과 밤이 뒤바뀐다.
> 9 집 안을 목적 없이 배회한다.

295 강아지와 고령화 치매에 걸렸을 때 어떻게 관리해줘야 하나요?

뇌에 새로운 자극을 주는 것이 중요해요
진행을 늦추는 방법은 여러 가지가 있답니다

치매의 증상은 노화 현상이나 우울증과 비슷해서 판단이 어려운 부분이 있어요. 마음에 걸리는 증상이 있다면 우선 동물병원에서 진료를 받아보세요. 치매와 매우 흡사한 질환(뇌의 종양이나 전정 질환 등)도 있는데, 이러한 질환은 치료 가능성이 높아요. 하지만 진료를 받아보지 않으면 알 수가 없습니다.

치매의 치료는 주로 투약이 일반적이에요. 강아지의 불안감을 없애기 위한 약이나 뇌의 작용을 활발하게 하는 DHA나 EPA를 포함한 보충제를 처방하여 증상을 개선했다는 보고도 있죠.

'야간 짖음이 걱정되어 강아지용 수면제를 사용한다'는 반려인이 있을지도 모르겠지만, 진행을 앞당길 우려도 있기 때문에 수의사와 상담한 후에 사용하기 바랍니다.

야간에 짖거나 집 안을 목적 없이 배회하는 치매 증상에는 다음과 같은 방법이 효과적이에요.

- **야간 짖음** … 아침에 일어나면 햇볕을 쬔다, 함께 논다, 밖으로 데리고 나간다 등 낮에 활동하고 밤에 쉬는 사이클을 만든다.
- **배회** … 원형 서클 안에 넣는 것도 한 가지 방법. 천천히 원하는 만큼 돌아다니게 한다. 가구 틈새에 들어가면 빠져나오지 못하기 때문에 틈새를 막는다.

덧붙여서 노령견에게 자주 보이는 것이 갑상선 호르몬 분비가 줄어드는 '갑상선 기능 저하증'이라는 질환입니다.

갑상선 호르몬은 신체 대사를 활성화하는 호르몬이에요. 이러한 호르몬의 분비가 저하되면 신체 모든 기능의 활동이 둔해집니다. 이러한 증상은 바로 노화 현상 그 자체로 보이지요.

- 기운이 없어진다.
- 수면 시간이 늘어난다.
- 체온 조절이 잘 안 된다.
- 표정이 거의 없고 늙었다는 인상을 받는다.
- 식사량을 줄여도 살이 찐다(대사 이상).
- 피부 색소 침착, 탈모.

노령견의 건강 진단의 일환으로 갑상선 기능 저하증 검사를 제안하는 경우가 많이 있습니다. 부족한 갑상선 호르몬을 보충하면 개선할 수 있어요.

고령화 세심하게 돌봐주세요

9장

강아지의 삶의 질

- 많은 강아지가 암과 마주하게 돼요
- 치료는 강아지의 마음이 최우선이에요

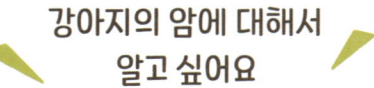

강아지 4마리 중 한 마리가 암에 걸리는 시대예요
치료법도 다양해서 반려인이 기준을 잘 세워야 해요

강아지의 수명이 늘어나면서 암(악성 종양)에 걸리는 강아지가 늘고 있습니다. 최신 데이터※에 따르면 4마리 중 한 마리가 암에 걸리는 시대지요(참고로 사망 원인※은 암 54%, 심장병 17%, 신부전 7%).

강아지의 암은 유방암, 비만세포종, 림프종 등 체표에 생기는 게 많아요. 다만 암이라고 무조건 수술을 받아야 하는 건 아닙니다. 항암제, 방사선 치료를 선택할 수도 있어요. 또한, 다음과 같은 증상이 나타나지 않거나, 진행이 더딘 암은 공존하는 경우도 있어요.

- 입이나 소화관에 암이 생겨 영양 섭취가 부족해졌다.
- 암세포의 대사 이상 때문에 살이 빠졌다.
- 폐나 간장 등에 이전되어 장기부전이 되기도 한다.
- 종양으로 여러 가지 합병증이 생긴다.
  (종양 수반 증후군. 예를 들어 고칼슘혈증, 저혈당 등)

치료의 선택지가 증가했기 때문에 반려인이 암 치료에 대한 기준을 잘 세워두어야 합니다.

※ AVMA 미국 수의사회 홈페이지
※ 일본 애니멀 클럽 '강아지·고양이 사망 원인 질환 TOP 10'

강아지의 일생
297
암을 예방하는 생활 습관을 알려주세요!

조기 발견만 할 수 있다면 두렵지 않아요 암에 걸리지 않는 7가지 생활습관을 알아두세요

강아지를 암으로부터 지키는 방법은 사람과 거의 똑같다고 생각해도 좋습니다. 정리하면 다음과 같아요.

- 일찍이 중성화 수술을 시킨다.
- 적당한 운동을 시킨다.
- 비만이 되지 않도록 한다(비만세포종처럼 비만이 원인인 암도 많다).
- 발암물질(살충제나 담배 연기)에 접촉하지 않게 한다.
- 장시간 햇볕에 노출시키지 않는다(산책은 길어도 1시간 이내로).
- 매일 양치질을 해준다.
- 매일 몸을 쓰다듬어 준다.

일생 많은 강아지가 암과 마주하게 돼요

강아지의 암에도 유전적 요인은 있지만, 주로 환경적 요인과 관계가 깊다고 합니다. 확실히 힘든 병이긴 하지만, 조기 발견만 할 수 있다면 국소마취 수술로 완치되기도 하고, 치유율도 높은 질환이지요.

반려인의 사소한 배려가 강아지의 건강을 지킬 수 있답니다.

반려견 보험에 대해서도 이야기해볼까요? 다양한 질병에 대비해 보험을 들어 두면 조금 안심이 되겠죠. 하지만 걱정되는 마음에 고액 보험에 가입할 필요는 없어요. 비교해서 잘 따져보고, 무리하지 않는 선에서 보험료를 계속 지불할 수 있는지를 최우선으로 고려하여 유리한 상품을 선택해주세요.

강아지의 일생
298 ◀ 병인지 알아차릴 수 있을까요? ▶

구강 내 악성 종양은 치주 질환과 증상이 매우 흡사해서 발견이 늦어지기 쉬워요

강아지의 구강 안쪽은 양성, 악성할 것 없이 종양이 생기기 쉬운 부위입니다. 양성 종양이면 유두종처럼 점막이나 목구멍에 콜리플라워 모양의 알갱이가 생기는 등 쉽게 알아차릴 수 있어요. 하지만 악성 종양인 흑색종(멜라노마)이나 편평상피암 등은 '침이 흐르기 쉽다', '잇몸 등에서 피가 난다', '구취가 심하게 난다' 등 치주 질환 증상과 매우 흡사해서 발견이 늦어지기 쉽지요.

한편 잇몸 염증이나 치주 농루 같은 만성 염증이 원인이 되어 멜라노마가 발견되는 경우도 많답니다. 즉 치주 질환과 암은 상관관계가 높다고 할 수 있어요.

이로써 양치질의 중요성을 또 한 번 실감하게 됩니다.

일생 - 많은 강아지가 암과 마주하게 돼요

강아지의 일생
299 식사로 서포트할 수 있는 것이 있나요?

탄수화물을 끊으세요
당질은 종양의 양분이 되어 성장을 촉진한답니다

암 진행을 늦추려면 식사에 신경을 써야 합니다. 반려견이 암이라는 사실을 알았다면 다음 사항에 신경 써주세요.

- **탄수화물을 끊는다**
  종양은 당질을 양분으로 삼아 성장한다. 콩류, 고구마류, 빵, 바나나 등 탄수화물을 가급적 끊는다.
- **단백질을 보충한다**
  대사 이상으로 살이 빠질 수 있으므로 단백질 섭취가 부족해지지 않도록 한다. 삶은 고기(붉은 살코기)나 생선을 적극적으로 급여한다.

일생 — 많은 강아지가 암과 마주하게 돼요

여기에 데친 푸른 채소(시금치, 브로콜리) 등, 비타민류를 함께 급여해주면 좋습니다.

동물병원에서 치료식으로 준비할 정도로 매우 좋은 식품이죠. 하지만 무리하게 급여해서 강아지가 입맛을 잃는 것보다는 강아지가 좋아하는 음식을 주는 게 좋아요. 맛있게 먹는 데 의미가 있답니다.

'강아지의 시간'에도 병은 진행됩니다
수술할 거라면 결단은 조금이라도 빠를수록 좋아요

멍울을 발견했을 때 "몸에 칼을 대다니, 너무 불쌍해요. 수술은 안 되겠어요."라고 말씀하시는 반려인도 적지 않습니다. 그 판단을 존중하며, 힘든 마음도 잘 압니다. 하지만 멍울을 그대로 둔다면 어떻게 될까요?

　멍울은 머지않아 사람의 주먹만한 크기가 됩니다. 이렇게까지 커지면 피부가 녹아서 궤양이 생겨요. 그 부위에 구멍이 뚫리고 매일 피고름이 나오게 됩니다. 보고만 있어도 괴로운 상황이죠.

　이런 상황을 보다 못한 반려인에게서 "역시 수술해야겠어요."라는 의뢰를 받지만, 이 단계에서는 수술을 해도 대부분 한 달을 채 버티기가 힘들어요.

　멍울은 5mm 정도 크기가 되어서야 비로소 발견됩니다. 60kg인 사람의 5mm와 2kg인 강아지의 5mm는 의미가 다르지요. 더욱이 강아지는 나이를 먹는 속도가 빨라서 병의 진행도 빠릅니다.

　수술을 할지 말지는 반려인에게도 반려견에게도 큰 문제입니다. 하지만 수술을 할 거라면 한시라도 빨리 결단을 내리는 편이 좋다고 말씀드리고 싶어요.

강아지의 일생

301 치료 방법이 망설여진다면 어떻게 해야 하나요?

"3개월 더 살 수 있어요"라는 말의 의미

대다수 반려인은 반려견을 위해 '할 수 있는 일은 모든 다 해주고 싶다'고 생각할 거예요. '하려고만 하면 할 수 있었는데 아무것도 해주지 못했어'라는 생각은 보호자의 마음에 늘 후회로 남지요.

하지만 수의사 입장에서는 '반려견이 행복한 쪽을 선택하세요'라고 말하고 싶습니다.

예를 들어 "이대로라면 앞으로 3개월밖에 살 수 없지만, 수술하면 6개월은 살 수 있습니다."라고 한다면 여러분은 어느 쪽을 선택하시겠습니까?

이 말이 의미하는 바는 3개월 더 살 수 있어도 그동안 방사선 치료와 항암 치료를 매주 실시해 생명을 연장한다는 의미예요. 그게 과연 강아지에게 행복할까요? 수의사와 충분한 상담이 필요합니다.

최근 반려동물 열풍이 불면서 동물 치료 기술도 크게 발전했어요. 하지만 저는 최첨단 치료가 반드시 강아지에게 좋은 치료는 아니라고 생각합니다.

> **일생**
> 치료는 강아지의 마음을 최우선이에요

강아지의 일생

302

▶ 진통제를 먹이고 싶지 않아요... ◀

진통제 사용으로 일상생활을 되찾은 강아지도 적지 않아요

종양은 생물입니다. 악화 속도도 다 다르기 때문에 반려견에게 암이 발견되더라도 너무 비관할 필요는 없어요.

한편 통증을 동반하는 암도 있어요. 진통제를 꺼리는 반려인도 있지만, 통증 완화 치료의 한 가지로 진통제의 힘을 빌리는 것도 나쁘지는 않습니다.

가장 많은 케이스는 이런 경우입니다. "예전보다 운동량은 줄었지만 식욕이 있으니 아프진 않은 것 같아요."라고 말하는 반려인도 있는데, 이런 강아지에게 진통제를 투여하면 '놀자'며 공을 가져오기도 해요. 아파서 움직이지 못한 것뿐이죠.

진통제를 사용하면 마지막까지 평소와 다름없는 생활을 할 수 있는 강아지도 많답니다. 반려인이 통증을 알아주는 것은 매우 중요해요.

> **일생**
> 치료는 강아지의 마음을 최우선이에요

강아지의 일생

303 더는 치료할 게 없다고 선고받으면…

강아지가 가장 행복해 할 수 있는 결정을 해주세요

반려견의 수명이 얼마 남지 않았다는 선고를 받으면 반려인은 '뭔가 좋은 방법은 없는지' 찾아보려고 합니다. 이때 인터넷 위주로 조사하면 수술이나 항암제 같은 공격적인 치료 정보를 많이 접하게 되어 그런 방법을 시도해보고 싶은 마음이 들기도 하지요.

하지만 말기라면 항암제는 오히려 악영향을 끼치는 경우가 많아서, 치료를 한다면 치유율 등을 제대로 듣고 판단해야 합니다.

반려견의 괴로움을 덜기 위한 완화 치료도 염두에 두면 좋아요.

예전에 펫로스를 겪지 않는 사람들을 대상으로 반려동물과 마지막을 어떤 식으로 맞이하고 싶은지 가볍게 조사해본 적이 있습니다.

그 결과 '이 아이를 괴롭게 하고 싶지 않아. 대신 도와줄 수 있는 새 생명을 구하자'라는 자세, 즉 한 마리라도 많은 강아지를 행복하게 하고 싶다는 의견이 많았습니다.

강아지가 괴로워하는 걸 알면서도 연명 치료를 해야 할까요?

막상 닥치면 냉정하게 판단할 수 없습니다. 지금부터 할 수 있는 준비 중 한 가지로 생각해보면 어떨까요?

일생 — 치료는 강아지의 마음을 최우선이에요

강아지의 일생

304 강아지에게 행복이란 무엇일까요?

하루라도 더 사는 것보다
마지막까지 자기답게 살아가는 것
반려인과 함께하는 거예요

일생

치료는 강아지의 마음을 최우선이에요

강아지는 사람과 달라서 미래를 걱정하지 않아요. 암을 선고받아도 충격을 받지 않죠. 즉 시한부 선고에 대한 공포심이 없어요.

하지만 통증이나 스트레스는 달라요. 암 치료를 위해 병원에 자주 드나들어야 한다면 정신적으로 큰 스트레스가 될 거예요.

치료를 망설인다면 '가능한 한 지금까지 지냈던 것처럼 사는 쪽'을 선택해주세요.

물론 완치할 수만 있다면 수술을 택하는 방법도 있어요. 하지만 그런 게 아니라면 적극적인 연명 치료를 지속하는 것은 고통스러운 일일지도 모릅니다.

견생에서 가장 중요한 것은 '삶의 질=QOL'이에요. 반려인과 동료들과의 교류, 그리고 양은 줄었더라도 매일의 맛있는 밥, 쾌적한 수면이 중요합니다.

통증이나 고통을 완화하는 치료를 통해 마지막까지 가능한 한 그 아이답게 지내게 해주세요. 지금 이 순간을 소중히 여기는 것은 반려견에게도 반려인에게도 큰 의미가 있답니다.

강아지에게 주로 발병하는 질환 일람

본문에서 자세히 다루지 못한 질환을 중심으로
주요 증상과 병원에서 진행하는 치료 방법을 소개합니다.

급성 신장병 신장 기능이 저하되어 다음다뇨 발생

■ 주요 원인 및 증상
신장에는 원뇨를 만들어 체내의 노폐물을 배출하는 기능 외에도 적혈구를 만드는 호르몬의 분비, 혈압과 체액의 조절 등 중요한 역할이 있습니다. 신장염이나 외상 등에 의해 신장의 기능이 조금씩 저하되는 것이 만성 신장병이에요. 주요 증상은 음수량과 소변량이 늘어나는 다음다뇨, 체중 감소, 원기 소실, 구토, 심한 입 냄새 등이 있습니다. 기능의 75%를 잃을 때까지 눈에 띄는 증상이 없어서 반려인이 알아차리기 힘든 질환입니다.

■ 병원에서의 치료법
혈액 검사, 혈중 요소 질소, 크레아티닌, SDMA, 소변 검사를 실시합니다. 국제 수의 신장병 연구 클럽(IRIS)에 따른 단계에 맞춰 식사 요법, 피하 주사, 혈압 강하제 등을 사용해서 QOL을 유지해요.

승모판 폐쇄 부전증 기침을 하기 시작한 노령견에게 많이 발병하는 심장병

■ 주요 원인 및 증상
심장의 좌심방과 좌심실 사이에서 문 역할을 하는 2장의 승모판이 변형되어 좌심방에서 내보내는 혈액이 역류해서 전신에 흐르는 혈액이 줄어듭니다. 초기에는 증상이 거의 나타나지 않지만, 운동할 때나 흥분했을 때 기침이 나면서 더 진행되면 생명과 직결되는 호흡 곤란이나 치아노제를 일으키지요. 청진하면 심잡음으로 알 수 있으므로 조기 발견을 위해 정기적인 건강 진단을 해주세요. 미국 수의사 내과학과에 따른 분류로 스테이지 A, B1, B2, C, D의 5단계로 나뉩니다.

■ 병원에서의 치료법
심잡음이 있으면 흉부 엑스레이 사진과 심장 초음파 검사로 질환을 진단합니다. 스테이지 A, B1에서는 식사 요법 등으로 진행을 늦추는 치료, 스테이지 B2(심잡음, 승모판 변성, 혈액의 역류, 좌심방과 좌심실 확대)에서는 식이 요법과 약물치료를 시작합니다.

알레르기성 피부염 면역 이상으로 피부에 가려움증과 염증 발생

■ 주요 원인 및 증상
식물이나 꽃가루, 집 먼지 등이 원인 물질로 면역이 과다하게 작용하여 몸이 가렵게 됩니다. 원인에 따라 가려운 부위는 다르지만, 염증이 생기면 몸에 원래 있던 상재균이나 효모균까지도 감염을 일으켜 피부가 빨갛고 더욱 가려워지기도 해요. 심해지기 전에 관리가 필요합니다.

■ 병원에서의 치료법
처방받은 항균·살균 샴푸로 집에서의 관리가 중심입니다. 원인 물질 제거와 벼룩·진드기 구충약, 가려움증을 억제하는 약을 사용하는 경우도 많아요.

담낭 점액 낭종   황달 등의 증상이 나타나면 긴급 상태

■ **주요 원인 및 증상**

담낭 내에서 점액이 과도하게 분비되어 진한 젤라틴 상태의 담즙이 내강 전체를 차지할 정도로 쌓입니다. 원인이 밝혀지지 않은 질환 중의 하나라서 무증상인 경우도 있으며, 원기 소실, 식욕 부진, 구토, 설사, 점막의 황달, 복통, 복부 팽만 등이 발생하기도 해요. 증상이 나타났을 때는 긴급을 요하는 중증인 경우가 많으므로 특히 주의가 필요합니다. 부신 피질 기능 항진증인 강아지는 발병 위험이 29배나 높다는 보고가 있습니다. 또한 갑상선 기능 저하증이나 염증성 장 질환(IBD)도 의심해 볼 수 있어요. 유전적 요인이 있는 견종은 셰틀랜드 시프도그입니다.

■ **병원에서의 치료법**

신체검사, 혈액 조사, 복부 초음파 검사 등으로 진단합니다. 담낭을 적출해야 수명이 길어지기 때문에 수술이 가장 먼저 고려되지요. 투약을 통한 내과 요법을 계속해도 담낭 파열이나 담낭염이 되어 결과적으로 수술이 필요해지는 일이 많은 질환입니다.

부신 피질 기능 항진증   종양으로 부신 피질 호르몬이 과잉 분비

■ **주요 원인 및 증상**

당 대사나 면역과 관련된 부신 피질 호르몬이 과잉 분비되는 질환으로 일명 쿠싱 증후군. 원인은 ① 부신 종양과 뇌하수체 종양에 의한 다량 분비 ② 스테로이드제 장기 투여로 나눌 수 있습니다(스테로이드제가 원인이면 휴약을 검토). 주요 증상은 다음다뇨, 복부 팽만, 탈모, 팬팅, 근육과 피부가 얇아지는 피부 석회화 등입니다.

■ **병원에서의 치료법**

혈액 검사(호르몬 농도를 확인), 복부 초음파 검사, CT나 MRT 검사를 하며, ①이 원인인 경우, 제거할 수 없는 종양은 호르몬 분비를 억제하는 트리로스테인 투여로 내과적 치료를 합니다.

슬개골 탈구   슬개골이 제 위치에서 벗어나 통증이 생김

■ **주요 원인 및 증상**

슬개골(무릎의 작은 종지 모양의 뼈)이 ① 선천적인 원인이나 ② 외상으로 제 위치에서 벗어난 질환. 선천성 질환인 경우는 뒷다리의 뼈가 변형되어 대퇴골의 홈에서 슬개골이 빠지기 쉽고, 근육이나 인대가 약해져서 슬개골이 쉽게 불안정해지기 때문이라고 생각됩니다. 외상성은 높은 곳에서 뛰어내림, 넘어짐, 교통사고 등이 원인이 되는 경우가 대부분입니다. 갑자기 '뚝' 하는 소리가 뒷다리에서 나거나 예전과 걸음걸이가 달라졌다 싶으면 특히 주의가 필요해요. 처음에는 한쪽 다리에서 시작하지만, 서서히 반대쪽 다리에도 부담이 가해져 결국 대부분 양쪽 다리가 모두 탈구됩니다.

■ **병원에서의 치료법**

주요 치료는 대퇴골 홈에 슬개골을 안정시키는 수술을 합니다. 무릎 상태와 나이에 따라서는 통증을 잠재우는 치료도 있지요. 무릎에 부담을 주지 않기 위한 체중 관리나 미끄러지지 않는 바닥재의 정비 등 환경도 개선합니다.

틈날 때 읽어두면 든든한 힘이 되는
진짜 기본
강아지 육아 304

1판 1쇄 | 2022년 6월 27일
1판 2쇄 | 2025년 3월 17일

지 은 이 | 후지이 고이치
옮 긴 이 | 장 하 나
발 행 인 | 김 인 태
발 행 처 | 삼호미디어
등   록 | 1993년 10월 12일 제21-494호
주   소 | 서울특별시 서초구 강남대로 545-21 거림빌딩 4층
          www.samhomedia.com
전   화 | (02)544-9456(영업부) / (02)544-9457(편집기획부)
팩   스 | (02)512-3593

ISBN 978-89-7849-660-5 (13490)

Copyright 2022 by SAMHO MEDIA PUBLISHING CO.

출판사의 허락 없이 무단 복제와 무단 전재를 금합니다.
잘못된 책은 구입처에서 교환해 드립니다.